秦皇岛不可移动文物

罗 军 编著

燕山大学出版社
·秦皇岛·

图书在版编目（CIP）数据

秦皇岛不可移动文物 / 罗军编著.—秦皇岛：燕山大学出版社，2021.12
ISBN 978-7-5761-0212-3

Ⅰ. ①秦… Ⅱ. ①罗… Ⅲ. ①文物－名录－秦皇岛 Ⅳ. ①K872.223.2-62

中国版本图书馆 CIP 数据核字（2021）第 138301 号

秦皇岛不可移动文物

罗　军　编著

出 版 人：陈　玉
责任编辑：王　宁
封面设计：方志强
出版发行：燕山大学出版社 YANSHAN UNIVERSITY PRESS
地　　址：河北省秦皇岛市河北大街西段 438 号
邮政编码：066004
电　　话：0335-8387555
印　　刷：英格拉姆印刷(固安)有限公司
经　　销：全国新华书店

开　　本：889mm×1194mm　1/16　　印　　张：15.5　　字　　数：328 千字
版　　次：2021 年 12 月第 1 版　　印　　次：2021 年 12 月第 1 次印刷
书　　号：ISBN 978-7-5761-0212-3
定　　价：118.00 元

编 委 会

序　言

一

历史蕴藉之地，秦皇岛如今还有多少被阐扬为物质性的文化遗产？这个足以拨动很多人好奇心的问题，此前可能连很多资深专业人士也未必说得清楚。可是，当罗军同志编著的《秦皇岛不可移动文物》一书问世，人们期待已久的确凿证明摆在眼前时，相信不少有识之士一定会清醒地意识到，此问题已不再是问题。书的价值更会不言而喻。

作为读者中的一员，我自然是感慨之、欣然之，更多的却是满满的敬意——为著书人的多年辛苦不寻常，为他卓有成效的心血结晶而衷情致敬。

《秦皇岛不可移动文物》这样一部要经得起历史推敲和检验的著述，我想应该来不得半点异想天开、虚构浪漫，或许这正是它与各类文学、文艺书籍截然不同之处。这类书耐人寻味的魅力，只能靠丰厚翔实的研究成果，靠历史、文化、考古等各学科的科学含量，靠作品的实用性、指导性及社会影响力等来最终实现。值得称道的是，罗军同志的作品做到了这些，而且为史学界、文博界等社会各界填补了不可移动文物研究的空白，也会让更多有兴趣的人，从研究本书开始去认识秦皇岛。

习近平总书记对历史文化遗产的保护和传承工作一贯高度重视，他指出："我们要加强考古工作和历史研究，让收藏在博物馆里的文物、陈列在广阔大地上的遗产、书写在古籍里的文字都活起来，丰富全社会历史文化滋养。"

站在历史和当下的交接点，让所有文物和历史全活起来，让大众从历史中反思当下，从传统中拥抱未来，这既是传承历史文化，更是涵养文化自信。可以说，一座城市在历史文化遗存中的价值和地位，很大程度上要取决于这座城市对自身传统、历史文化的追寻、认同和赓续。秦皇岛之幸，正是由于有一大批如本书作者这样的严谨执着、以行动诠释热爱的文物工作者，才能将这片土地上的文物家底摸得很清，才能使得更多的人可以循着纵贯古今的时代烙印，从大量的文化遗产中感受到历史的雄姿、文明的延续。

本书作者为读者开列了一个长长的秦皇岛不可移动文物的大名单，其中就包括已列入《世界文化遗产名录》的万里长城・山海关，全国重点文物保护单位北戴河近代建筑群及大量省级、市级文物保护单位，这是很令秦皇岛家乡父老感到骄傲和自豪的不可移动文物。原因非常简单，古往今来，人们无论是对悲惨历史痛定思痛，抑或是对太平盛世的额手称庆，都必然会为自己的命运寻根究底，上溯于至尊。人民怨愤时，会诅及桀纣；感动时，会怀及尧舜，这是一种十分自然的社会心理。本书列举出的大量文物，恰恰顺应了千百万民众情绪的潮流，可以把不同历史时期的片段连接起来，让人们洞悉到这条人类文明发展的轨迹。

穿越漫长的古意氤氲的历史时空，这些弥足珍贵的不可移动文物，见证着秦皇岛的前世今生，也留给这方土地上的人们恒久的记忆。再次为罗军同志饶有意义的劳作点赞。

沈朝阳

2021 年 6 月

序　言

二

《秦皇岛不可移动文物》将要付梓，作者罗军嘱我为此写点认识。作为文史爱好研究者，在看了该书的目录和前言及与作者多次交谈后，欣然动笔，写下一点感受，权作序言。

现在人们都知道，秦皇岛历史悠久，文化丰富。但这种认识，是在近代特别是在中华人民共和国成立后才逐渐形成并强化起来的。应该知道，秦皇岛作为城市是在秦皇岛解放后确立的。1949 年 3 月 5 日，中共冀东区党委决定将刚成立不久的秦榆市改为秦皇岛市；1949 年 8 月，中共冀东区党委撤销，中共秦皇岛市委直属河北省委领导，秦皇岛市为河北省直辖。此后，秦皇岛市的管辖地和行政区划几经变化，直至 1983 年 3 月随着“市管县”体制的形成，秦皇岛市再次成为省辖市，并最终形成四区（海港区、山海关区、北戴河区、抚宁区）三县（昌黎、卢龙、青龙）的格局。

今天我们讲秦皇岛不可移动文物，也是指在这个地域范围内的不可移动文物，它必然是丰富的、多彩的，而且是一脉相承的，它反映的不仅是秦皇岛之地的历史文化，而且也是中华文化不可或缺的重要部分。别的不说，单是北戴河秦行宫遗址的发现、发掘，就被国家文物局列为“七五”期间全国“十大考古发现”之一。而北戴河秦皇行宫遗址亦被国务院公布为全国重点文物保护单位。在秦皇岛，被列为国家级文物保护单位的有不少，至于被列为省级文物保护单位的更多，这也是《秦皇岛不可移动文物》一书内容丰富且意义重大的原因。

《秦皇岛不可移动文物》的编著者罗军 1992 年就调到市文化局工作，十年后又调到市文物处工作，曾主持过秦皇岛市第三次全国文物普查工作，秦皇岛市第六批、第七批全国重点文物保护单位的申报工作以及多项关于文物的调查保护工作，这种工作经历以及他认真好学的态度，正是这本书得以很好问世的重要原因。

秦皇岛历史悠久，文物遗存很多，不可移动文物同样丰富多彩，随着人民群众对历史文化的关注和热爱度的不断提高，以及秦皇岛市对文物考古与文博工作的不断加强，一些新的发现会不断涌现，一些认识也会不断更新和提高。希望若干年后，一本由罗军或其他文物界骨干人士编著的新的《秦皇岛不可移动文物汇编》或《秦皇岛可移动文物汇集》出版，给人以更多的收获与感悟。

我们在祝贺《秦皇岛不可移动文物》一书出版的同时，热诚期待有更多这方面的工具书问世。

孙志升

2021 年 6 月

前　言

秦皇岛风光旖旎，气候宜人，因秦始皇东巡驻跸而得名，是中国唯一一个以皇帝的帝号命名的城市。秦皇岛地处古碣石地区，北依燕山，南濒渤海，扼守华北与东北平原交通要道，拥有得天独厚的地理优势，积聚着丰富的文化遗产。

悠久的历史积淀了秦皇岛厚重的文化底蕴。据普查成果和考古研究推测，大约三万年前的旧石器晚期，就有古人类在这块土地上繁衍生息。秦皇岛古时地属东北辽西，横“之”字形篦点纹褐色陶的出现，开创了五千年前农耕畜牧的原始文明；千年孤竹古国，走出了伯夷、叔齐两位先贤；秦始皇第四次东巡至碣石，刻《碣石门辞》，彰显了大一统思想的雄才伟略。到了近代，北戴河海滨被辟为避暑地，一大批风格迥异、带有异国情调的老建筑不断涌现，无数中外著名人士来这里社交和避暑，聆听和记录了近代中国的风云变幻。新中国成立后，这里又是党和国家领导人暑期办公地。养生文化和休闲文化一脉相承，从而构成秦皇岛文物的主脉与特色。

山海与边塞造就了秦皇岛地域的文化性格。千百年来，这里战事不断，历史不断更迭，不同时期、不同民族的人们生活在这片热土上，形成了农耕与游牧文化交融的局面、开放的文化观念和民族特性，铸就了中华民族灿烂辉煌的文明史迹。223.1 千米的明长城，突显了秦皇岛地处卫京御敌的战略要地地位，使其成为世界文化遗产——万里长城最为精华的地段之一。依山面海、长城横亘，自古兵家必争的险关要冲之地，让这块土地和生活繁衍在这里的人们蕴含着独特的文化符号和文化性格，融入了尚义、重信、礼贤、仁义、兼收并蓄的中华美德。

近现代变革构成了秦皇岛地域的文化特征。19 世纪末，随着秦皇岛港自开口岸的开放，促成了铁路、煤炭运输、桥梁和玻璃制造的兴盛，让这里成为中国近代工业的摇篮。秦皇岛的特色建筑随处可见，斜坡红顶、石砌墙体、多面明廊等建筑风格独特的“老房子”，显露出中西文化融合的建筑艺术特点；简朴大方、精雕细琢、制作精美、庭院式布局的四合院民居，呈现出北方传统建筑的时代特色。今天，我们把这些近代遗产改造升级成为各类特色博物馆，深刻诠释和传承着这些优秀建筑的城市记忆和历史文脉，展现了秦皇岛开放、包容、融合中西多元艺术的时代特征，催生秦皇岛文化迈进了新纪元。

革命先驱谱写了秦皇岛地域的红色篇章。中国共产党的主要创始人李大钊在昌黎五峰山写下了《我的马克思主义观》《再论问题与主义》等重要文章，传播了马克思主义思想，为中国共产党的建立奠定了理论基础；王尽美组织和领导以山海关桥梁厂为中心的京奉铁路大罢工及在秦皇岛港举行的港口工人大罢工，使秦皇岛的革命文化在华夏大地引领时代潮流。无数的革命先烈用他们的鲜血和生命谱写了为革命斗争的光荣历史，传承着旗帜鲜明的红色基因，赓续着共产党人的精神血脉。

《秦皇岛不可移动文物》分为古遗址、古墓葬、古建筑、石刻及石窟寺、近现代重要史迹及代表性建筑和文物保护研究六部分。本书从不同门类的文物本体编辑记述，存真求实，多视角展示了秦皇岛市不可移动文物的精华部分，为深入了解秦皇岛历史文化提供了翔实准确的资料。由于编撰时间跨度长，文献资料少，难免有疏漏之处，恳请广大读者批评指正。

目 录

第三部分 古建筑 067

第四部分 石刻及石窟寺 101

第一部分

古遗址

据普查成果显示，距今3万年左右的旧石器时代晚期，我们的祖先就在这块土地上繁衍生息。山海关小毛山遗址采集到的石器距今5000年左右，表明当时人们已经开始使用较为先进的农耕工具，为研究辽西文化的发展演变提供了基础资料。从商周时期到中华民国，留存着较为丰富的古代遗址，解读了不同历史时期的文明史。北戴河秦代行宫遗址经过6年的考古发掘，其研究成果佐证了秦皇岛地名的由来，是研究秦代历史、建筑史的重要例证。海港区板厂峪砖窑的发现，找到了修建明长城墙体的主要建筑材料的来源，是研究明长城建筑史发展的重要实物资料。特别是普查新发现的一大批商周和辽金遗址，构成了秦皇岛古代遗址的鲜明特征。

本章择其112处古代遗址，予以简述。

一、旧石器时代

1. 青龙红石岭上遗址

红石岭上遗址地层剖面

红石岭上遗址，位于青龙满族自治县双山子镇黄杖子村红石岭上村西北 200 米处，红石岭村砖厂砖炉西北侧的台地上。

红石岭上遗址石核

红石岭上遗址于 2009 年第三次全国文物普查时发现。该台地为地势较平的西山南坡，周围被砖厂取土运走，中部形成四边形土台子，三面暴露出较高剖面。台地残余南北 100 多米，东西 20 多米，剖面高约 5 米，下部有一层沙砾石层。在土台子东侧剖面中部的沙砾石层顶部、红褐色沙质黏土下部，发现有打制石制品 4 件，包括 2 件石核、2 件砍砸器，原料全部为磨圆度较高的砾石。2 件石制品表面有水磨痕迹，人工特征较为明显。依据地层推测，该遗址的年代为旧石器时代晚期或稍早，距今 3 万年左右。

红石岭上遗址，2014 年 6 月 12 日公布为秦皇岛市第四批文物保护单位。

红石岭上遗址砍砸器

2. 抚宁大所各庄遗址

（1）大所各庄三村遗址

大所各庄三村遗址船底形石核正面

大所各庄三村遗址，位于抚宁区茶棚乡大所各庄三村村东 500 米处的兔耳山西南山坡上，山坡下有一东西向季节河。遗址南北 40 米，东西 60 米，在淤积台地上。遗址三面环山，南北两侧是季节河，山上有松林，一条山路通向山下村庄。遗址地表种植有果树、庄稼，西南 100 米处有采石矿。遗址上原有庙宇，已毁。

1993 年至 1995 年，抚宁县文物管理所在其地采集到石器 10 余件。1996 年，河北省文物研究所和抚宁县文物管理所组成联合考古队，对大所各庄遗址进行了调查，采集100多件石制品和碎片，有船底形石核、楔形石核、刮削器、切割器、雕刻器、石片等生产、生活用具，在季节河南台地上亦有少量旧石器发现。

2018年11月和2019年6月至7月，秦皇岛市文物管理处联合抚宁县文物保护管理所对该遗址分别进行了考古调查勘探和抢救清理。发掘揭露面积60平方米，出土石核、石叶、刮削器、端刮器、边刮器、石片等各类器形石制品786件。根据出土的石器特征推断，该遗址的年代为旧石器时代晚期。

大所各庄三村遗址船底形石核背面

大所庄旧石器遗址，2003年6月20日公布为抚宁县第三批文物保护单位。

（2）大所各庄南遗址

大所各庄南遗址，位于抚宁区茶棚乡大所各庄村南100米处的山前台地上。

大所各庄南遗址于2009年第三次全国文物普查时发现。遗址东南两侧为低山，西100米处为一水库，该台地较为平坦，中间取土分成两部分，中间为大量农田。在南侧取土剖面上部的浅灰色沙质黏土中发现1件石片，石英质，透明，同心波清晰，远端内收，剖面呈弧状，人工特征明显。依据地层分析，该遗址的年代为旧石器时代晚期。

大所各庄南遗址近景

大所各庄南遗址石片

3. 昌黎渟泗涧遗址

渟泗涧遗址，位于昌黎县昌黎镇渟泗涧村西北约500米处的响杨树沟，其地为海拔333米的晾甲山南麓最高一级台地的后缘。

1990年3月16日，河北省文物局组织本省北部地区的文物普查，专门组建的旧石器调查小组（王峰、王恩霖、高文泰、石春平）发现了这一细石器遗址，当时发现有66件石制品。1991年10月18日至11月4日，河北省文物研究所、秦皇岛市文化局文物管理处、昌黎县文物保管所联合组织昌黎渟泗涧细石器遗址的首次发掘工作，下挖最深处距地表3米，动土约50立方米，共发现石制品461件。1992年10月和1993年3月，昌黎县文物保管所组织有关人员分两段时间对该遗址进行第二次发掘，探方面积12.5平方米，掘进最深处距地表3.4米，动土约30立方米，共发掘出石制品239件。两次发掘获得的700件石制品全部出自耕作层与基岩之间的棕黄色或棕

淳泗涧遗址石制品

红色沙质黏土层上部，其中有石核4件（锤击石核3件、砸击石核1件）、石片153件、细石核19件、细石叶111件、断块73件、残片99件、碎屑210件、石器31件。石器中有刮削器15件、凹缺刮器6件、雕刻器4件、琢背小刀3件、尖状器2件、石锥1件。这些出土的石制品的原料以各种颜色的燧石为主，并有极少量的玛瑙等。石制品普遍细小，平均长20厘米、宽14厘米、厚8厘米，重量为2.1克；最大的一件石制品系断块，长度为36.4厘米，重24克。这些石器的细小程度极其罕见。石器的打片技术为直接和间接二法兼用，细石叶采用间接法制作。石片的台面有素台面、天然台面、脊台面、疤台面、线状台面、点状台面。石片较小，且微型石片（不足20厘米者）占绝大多数，长型石片略多于宽型石片。细石核均为船底形石核，其形制规整，技术精湛。出土的石器占石制品总数的4.43%，基本上是以石片为毛坯，且形体小巧娟秀，其中最大的一件石器系圆头刮削器，仅长33厘米。石器中刮削器数量较多，其余依次为凹缺刮器、雕刻器、琢背小刀、尖状器、石雕。此外，细石核、细石叶数量较多，存在端刃刮削器等细石器工业中常见的类型，并存有间接打片技术和压制修理技术，从文化上看，制作当属典型的细石器工业技术传统。这些刮削器，当主要用于割切兽皮和剔骨。从遗址的出土特点看，其地当是原始社会的先民主要用于制造或加工石器之地。根据出土文物分析研究，淳泗涧细石器遗址的地质年代应为晚更新世晚期，文化年代约距今1.5万年。（见《文物春秋》1992年增刊，《人类学学报》1997年第1期。）

4. 昌黎五峰山遗址

五峰山遗址，位于昌黎县城北4.3千米处的两山乡五峰山村中部小水库北侧。东沙河的一条支流从村中间穿过，河流北岸发育有阶地，由于当地建房取土而使地层暴露。1998年前后，昌黎县文物保管所工作人员龙建清在其地发现4件燧石质石片。

五峰山遗址石制品

五峰山遗址于2009年第三次全国文物普查时发现。在3个地点发现有石制品，于在建的一座二层小楼东侧发现1件石英残片，在楼西侧发现1件黑色燧石石片，楼西约50米处发现1件燧石残片及石英石核，皆发现于灰褐色沙质黏土中，应为同一遗址。依据遗址地层判断，该遗址的年代为旧石器时代晚期。

5. 昌黎龙山遗址

龙山遗址，位于昌黎县城西28.3千米处的昌黎县朱各庄镇孙庄村北300米处，龙山东坡的台地上。

龙山遗址于2009年第三次全国文物普查时发现。龙山为滦河东岸一条南北向的低山（海拔

141.2 米），在龙山东侧约 400 米为滦河的支流西沙河。龙山东坡，西沙河西岸发育了开阔平坦的台地，村间公路从台地中间穿过，两侧形成很长剖面，在西侧上部为 0.2 ～ 0.5 米的辽金文化层，断壁上有丰富的陶片、石器等，下部的浅红褐色沙质黏土中发现有打制石制品，比较丰富，原料有石英、石英砂岩、玛瑙等，类型有石核、石片、断块等。依据地层判断，遗址的年代为旧石器时代晚期。

二、新石器时代

1. 昌黎条子峪遗址

条子峪遗址，位于昌黎县城西北 6.3 千米处的十里铺乡条子峪村东北部，在当地人称“黑沟子”的一条沟谷东端的北侧。其地周围有民房 3 座，背靠大、小莲坨山，南侧与道士帽山相望。

条子峪遗址石器

条子峪遗址于 2009 年第三次全国文物普查时发现。遗址所处的位置为碣石山区的山地沟谷台地，土壤为黄土间夹杂砾石。地表主要种植葡萄。多年来，一些村民曾在此处发现大量磨制石器，村民刘树林保留有出土的石器标本数件，主要为石斧，另有石凿和石磨棒，石器石质为青石质。根据石器特征推测，其地为新石器时期遗址，文化年代可延伸至夏、商。

2. 抚宁邴各庄遗址

邴各庄遗址，位于抚宁区城北 2.5 千米处的抚宁镇田各庄管理区邴各庄村西北的洋河东岸第二台地上。其北 100 米处为海拔 54.6 米的丘陵，丘陵南坡为邴各庄村以及河边台地。

1985 年，抚宁县文物管理所人员到此调查，在丘陵南坡发现有战国时代的陶器残片，见有陶豆的碗、柄、足等。1986 年 11 月，邴各庄村民孙清厚在村西台地边缘挖养鱼池开地槽时，发现大量陶器及残片、镂空玉饰和 1 件石器，并将其送交县文物管理所。陶器有陶豆、陶壶、陶三足罐、陶鼎、陶碗，其中完整陶器 6 件，复原 9 件，均为泥质灰陶。制作陶土未经淘洗、含砂，制作工艺分手制和轮制。器形较复杂的分部制作后组合，其结合部多开裂解体，烧结火候低。玉饰以鸡骨玉石为料，呈土黄色，杂以紫、褐斑点。龙纹玉饰石料经切割成薄片，透雕成形，质地较细，未经打磨，切痕尚在。玉饰碎片经粘对，分龙纹、蟾纹两种，各 5 件，每种造型、尺寸大体

邴各庄遗址石磨盘、石磨棒

一致。龙纹玉饰长 9.8 厘米、宽 7 厘米、厚 0.2 厘米；蟾纹玉饰长 6.7 厘米、宽 6.3 厘米、厚 0.3 厘米。玉饰两侧中部各有一小孔。龙纹回首屈身，蟾纹四肢舒展，造型高度概括，既图案化，又生动活泼。出土石器形体不规则，表面有长期使用而形成的捏握凹痕，属敲凿用具。依其器形、质地、制作工艺、纹饰鉴定，当为战国时期遗存，具有燕国文化特点。抚宁县文物管理所于 1990 年 8 月 4 日从抚宁镇邴各庄村征集到的石磨盘比较完整，也很精美。这个石磨盘长 43 厘米、宽 27.5 厘米，呈矩形，因使用较久，中部凹陷较深，一端厚 10 厘米，中部最薄处 2 厘米。1991 年 8 月 19 日，河北省文物鉴定组鉴定其为三级文物。1990 年 3 月，抚宁县抚宁镇邴各庄村出土一个长 36 厘米、直径 9 厘米的圆柱形石磨棒；1993 年，又在该遗址发现新石器时代石磨盘 1 件（凹陷深，系长期使用所致）、石磨棒 2 件，同时发现“之”字纹陶片 1 件，属新石器时期遗存。（见《抚宁县文物志》。）

邴各庄人类遗址，2003 年 6 月 20 日公布为抚宁县第三批文物保护单位。

3. 抚宁峪门口遗址

峪门口遗址，位于抚宁区大新寨镇峪门口村西 500 米的洋河西岸海拔 127 米的台地上。遗址东为悬崖，下临洋河，岗上为黄沙土，已辟为梯田。

峪门口新石器遗址石质项链坠

峪门口遗址于 1985 年调查发现。遗址南北 100 米，东西 50 米，文化层厚 0.8 米。在遗址内发现圆形房屋基址一处，周围分布大块河卵石 6 块，系木支架柱础。房屋基址直径 2.5 米、深约 0.7 米，内部西有火塘，直径 0.6 米，火膛内有灰烬，周壁有烧结面。房屋外西侧有灰坑遗址，内有灰烬、木炭、兽骨、陶片等。在遗址中发现石斧柄 1 块、石镰残片 4 片、陶鬲足 2 个、陶纺轮 1 个、兽骨 1 块、陶片若干片。并从当地村民处征集到完整石斧 1 枚，石质为玄武岩。陶器以夹砂褐陶和灰陶为主，次之为泥质灰陶，器表多饰粗、细绳纹，可辨器形有鬲、罐、盆等，属夏家店下层文化遗存。（见《中国文物地图集·河北分册》。）另采集到辽金时期的铁镰、铁斧和铁镢等遗物。

1990 年 8 月，从抚宁县大新寨镇峪门口村征集到一个长 31 厘米、边长 7.6 厘米的方柱形石磨棒，属新石器时期遗存。（见《抚宁县文物志》。）

峪门口新石器时期遗址，1987 年 6 月 22 日公布为抚宁县第二批文物保护单位；抚宁县峪门口新石器遗址，1986 年 11 月 28 日增添为秦皇岛市文物保护单位。

4. 青龙大沟遗址

大沟遗址，位于青龙满族自治县马圈子镇头道河子村大沟庄西山上。东距大沟庄 1 千米，南为大沟南山，西 2 千米为马圈子村，北 1.5 千米为青龙县城通往土门子乡的公路。

遗址为岩石洞穴，高 2.5 米，东西（深）5.5 米，南北 6 米，面积 33 平方米。1997 年，该庄中学生陆国强、孟昭金、张志才在洞内捉兔子时发现人类骨骼，夹砂红陶钵残片，磨制石斧、石刀等遗物。夹砂红陶钵，磨制石斧、石刀具有雪山一期文化特征，推测该遗址年代为新石器时代。该遗址于 2009 年第三次全国文物复查时发现，现状保存良好。

大沟遗址人类骨骼，左为头盖骨，中上为肋骨、中下为下颌骨，右为肩胛骨

大沟遗址石斧

5. 山海关小毛山遗址

小毛山遗址，位于秦皇岛市山海关区孟姜镇小毛山村西南小山南坡。

遗址面积约 1 万平方米。暴露在地面上的遗物有石球、石斧、石锄和残碎的石磨盘、石磨棒、石凿，及多种纹饰的碎陶片，其中碎陶片以横“之”字形蓖点纹最多，质地疏松，火候不高，陶片表面的颜色为褐色，以黄褐色居多，灰褐色次之，都经过压磨。1986 年 11 月，小毛山村民陈文乔发现并拣到石斧 3 个，之后，山海关文物保管所及时进行现场调查，后又经市有关部门、单位多次组织考察，发现众多新石器时代的文物。1987 年 9 月，河北省文物研究所专家根据采集到的实物特征认为，该遗址应属于分布在滦河、老哈河和西辽河上游，距今约 5300 ～ 4700 年的富河文化类型。

三、夏商周

1. 卢龙达连巷村遗址

达连巷村遗址，位于卢龙县卢龙镇达连巷村西偏南约 180 米，俗称“平顶山”山顶，亦称“南大寺”（以县城为方位）。

达连巷村遗址于 2009 年第三次全国文物普查时发现。距其地东约 25 米，南山坡下为土路。

遗址东西80米，南北60米，各面断壁暴露部分饰条纹的残砖，泥质灰陶残板瓦，筒瓦、罐、盆等器物残片，瓷碗残片，夹砂红褐陶、夹砂灰陶器物残片，夹砂陶器表饰绳纹。西山坡下地表暴露夹砂红褐陶、灰皮褐陶、灰陶器物残片，器表饰绳纹；南山坡地表暴露灰陶残板瓦及陶器残片，白瓷、黑釉瓷碗残片等。东山坡堆积村民耕种过程中拣弃的残砖瓦、泥质灰陶器物残片、瓷碗残片等遗物。根据断壁堆积物、山坡及西山坡下地表暴露遗物特征观察，初步判定遗址年代为商代、辽代。

达连巷村遗址夹砂绳纹陶残片

达连巷村遗址残片，上为黑釉瓷，中为白瓷，下为钧瓷碗口沿残片

2. 卢龙半壁山遗址

半壁山遗址，位于卢龙县下寨乡半壁山村委会东南，当地俗称“小山”。

半壁山遗址于2009年第三次全国文物普查时发现。遗址东约200米为下寨村民居，南约100米为朱庄子村，西北约50米为半壁山村民居，西为耕地。遗址东西约300米，南北约200米，分布面积6万平方米。遗址位于一个小山包上，较平缓，现种植谷子、红薯。地表可见少许陶片、瓦片、砖块分布。在南部、北部的断面上，距地表约0.3米可见厚0.2米的文化层，内含红褐陶片。陶片以夹砂红褐陶居多，夹砂灰褐陶较少，纹饰只见绳纹，余为素面。陶器均为手制，器壁薄厚不均。可辨器形有鬲。瓦片为外素面，内布纹。砖块为勾纹砖。陶器似夏家店下层文化遗物，瓦、砖似辽金时遗物，该遗址年代初步推断为商周、辽金。

半壁山遗址残片，上排左为鬲口沿，中、右为夹砂红褐陶片，下排为夹砂绳纹灰褐陶片

3. 卢龙汤池王庄遗址

汤池王庄遗址，位于卢龙县卢龙镇汤池王庄村东北约150米，当地俗称“东沙坨子”。

汤池王庄遗址于2009年第三次全国文物普查时发现。遗址西、北、东为耕地，南为大坑，东西约300米，南北约100米，分布面积3万平方米。遗址地表有少许陶片分布，在南部大坑的北壁断面上，距地表0.4米可见厚约0.3米的文化层，呈黄褐色，内含陶片。采集标本均为夹砂褐陶片，器壁薄厚不均，

汤池王庄遗址夹砂褐陶片

手制，陶质疏松，素面，器表经打磨，器形不辨。据陶片特征分析，似夏家店下层文化遗物，该遗址年代初步推断为商周时期。

4. 青龙广茶山遗址

广茶山遗址，位于青龙满族自治县青龙镇广茶山村岳杖子自然村西纤维厂北山坡，俗称乱葬岗子。遗址东依山，西连山坡耕地，南靠纤维厂，北临沟。

广茶山遗址残片，上为素面陶釜，中为甗，下为鬲残片

广茶山遗址于2009年第三次全国文物普查时发现。遗址地势为连坡耕地，黄沙石土质，种植的农作物是玉米，间植的果树有梨、山楂。遗址东西80米，南北40米，占地面积约3200平方米，文化层自地表至深1.3米处。地表散存的遗物中，采集的陶有夹砂夹蚌绳纹红陶、夹砂夹蚌素面红陶、泥质绳纹灰陶、泥质绳纹黑陶，可辨器形有陶釜、钵、盆、罐、鬲、甗等。根据采集的文物标本特征分析，似商周时期遗物，年代断代为商周。

三十六碌子河南遗址残片，上为盆底、罐底，下为板瓦片、碗口沿、钵口沿、碗底

5. 青龙三十六碌子河南遗址

三十六碌子河南遗址，位于青龙满族自治县马圈子镇三十六碌子村河南自然村东南约400米都源河北岸二级台地上，俗称“东岭”地。

三十六碌子河南遗址于2009年第三次全国文物普查时发现。遗址东南至西北呈长条状，大致长约120米，宽约80米，占地面积约9600平方米，地表现为农田，种植玉米等。遗址地表散落陶片及瓦片，在遗址南部由于取土形成高约2.5米的断面上出露文化层，文化层顶部距地表约0.5米，厚约0.6米，灰黑色土，包含红烧土块、陶片、瓦片、瓷片、石块等。瓦多数为板瓦，灰色，外素面，内饰布纹，厚约2厘米。陶片多数为泥质灰陶，素面，可辨器形有罐、盆等。瓷片发现较少，有白釉、黑釉、绿釉之分，可辨器形有垫砂烧法碗底、钵等。厚布纹瓦及瓷片为辽金时期遗物，另在地表发现有少量夹砂绳纹红褐陶片，可见此遗址以辽金时期遗存为主，另有商代文化遗存。

大狮子沟村南遗址残片，上为夹砂红褐陶耳鋬，下为夹砂红褐陶鬲足

6. 青龙大狮子沟村南遗址

大狮子沟村南遗址，位于青龙满族自治县大巫岚乡大狮子沟村南约700米的丘陵上，此丘陵俗称“小山”。

大狮子沟村南遗址于2009年第三次全国文物普查时发现。此遗址西侧为断崖，临青龙河，西与小狮子沟村隔河相望，北为断崖，南及东为坡地，呈南北长条状，地势北高南低；南北约200米，东西约100米，占地面积约2万平方米；现为梯田，种植玉米、黄豆、黍子、红薯等。遗址地表出露较多陶片及少量瓦片等。文化性质分为商代、战国及辽金3种，商代遗存较丰富，基本覆盖整个山顶。在西断面发现文化层，文化层底部距现地表约2米，出露厚度约0.7米，由于上部杂草丛生，具体厚度及开口层位不清，文化层呈灰色，较疏松，包含草木灰、炭粒、陶片、石块等。采集陶片数量较多，有夹砂红褐陶、夹砂黑陶、夹砂黑皮陶等；器表除素面外，还有弦断绳纹等；器形有素面磨光实足根鬲足、耳鋬、直口罐口沿、罐底等。战国时期的陶片为地表采集，泥质灰陶，素面，器形有豆、甑等。辽金时期遗存面积较小，在山顶西北部发现有厚布纹瓦、瓷片等，瓷片发现有白瓷碗口沿及碗底，碗底外饰釉不到底，内有支钉痕，另有内酱色外黑色瓷片。此遗址商代文化遗存丰富，面积大，保存较好，为围坊三期文化。围坊三期文化主要分布于京津唐一带，此遗址的发现进一步表明，青龙县乃围坊三期商代文化的重要区域。

7. 青龙山东小岭台子遗址

山东小岭台子遗址石斧

山东小岭台子遗址，位于青龙满族自治县木头凳镇山东村西约1千米，俗称“小岭台子”的台地中部西侧的坡面上。此台地南侧临一台地，俗称“大岭台子”，星干河从“大岭台子”东南侧绕过。

山东小岭台子遗址残片，上为夹砂褐陶罐平底、弦断绳纹夹砂褐陶片，下为素面磨光夹砂褐陶片、夹砂褐陶片

山东小岭台子遗址于2009年第三次全国文物普查时发现。遗址东北约100米为山西自然村，由此村向西村级公路从遗址中部东西向穿过。由于此路新拓宽，在其北断面上出露两灰坑，灰坑北侧堆土处出露有较多夹砂红褐陶片及一个残石斧。由地形推断，此遗址南北约100米，东西约50米，占地面积约5000平方米。灰坑开口距地表约0.4米，深约0.8米，直壁平底，填土灰褐色，包含有炭粒、石块、陶片等。出露陶片为夹砂红褐陶，器表除素面磨光外，饰弦断绳纹，可辨器形有罐等。残石斧缺上半段，剖面为椭圆形，一面琢制，其他面磨光，双峰弧刃。由采集标本推断，此遗址的年代为商代。

8. 青龙南坎子村东台子遗址

南坎子村东台子遗址素面夹砂红陶器鋬

南坎子村东台子遗址，该遗址位于青龙满族自治县平方子乡南坎子村东北，俗称“东台子”的坡地上。

南坎子村东台子遗址于2009年第三次全国文物普查

时发现。遗址西邻乡村水泥路，北临起河，南为山体，东临村庄 20 米。遗址区东西 100 米，南北 80 米，分布面积为 8000 平方米。遗址区地势起伏，南高北低，东高西低，沙砾土质。地表发现大量的陶器碎陶片，陶质有泥质灰陶、夹砂红陶、夹砂灰陶，纹饰为素面，可辨器形有盆等。根据地表采集标本特征分析，夹砂红陶为西周时期遗物，泥质灰陶为辽金时期遗物，可以初步推断为西周、辽金时期的遗址。

9. 青龙王厂遗址

王厂遗址，位于青龙满族自治县八道河乡王厂村东 300 米的黄土台地上。

王厂遗址采集石器

王厂遗址于 2009 年第三次全国文物普查时发现。其地南 100 米是承秦出海路和季节河，北侧是山坡，东、西侧是沟谷，谷口有现代工厂。遗址现为耕地，种植玉米。东西约 200 米，南北约 100 米，面积约为 2 万平方米。遗址破坏严重，地表暴露陶片极为散碎，多为夹细砂红褐陶，少量夹砂褐陶、泥质灰陶，多数素面，少量绳纹，制作粗糙，陶质疏松，火候低，器形也相当简陋，主要为罐、钵、鬲等，有一件石尖状器，白色石英岩打制。依据遗物推断，该遗址的年代为夏家店上层文化，约相当于西周至春秋时期。

10. 昌黎东北庄东遗址

东北庄东遗址，位于昌黎县城西偏南 17.5 千米，安山镇东北庄村东。

东北庄东遗址粗瓷水井

东北庄东遗址于 2009 年第三次全国文物普查时发现。遗址土质为沙土，地表种植玉米、花生等，南北 200 米，东西 100 米，面积 2 万平方米。遗址北部有东西向土路，路南侧为周边均长 100 米的取土坑，在坑的东壁南端断面处有一粗瓷水井，口径 0.32 米，上口距地表 1.2 米处露两节粗瓷井壁，每节长 0.71 米，井深不详。其南约 10 米处断壁可见文化层，层厚 0.4 米，距地表 0.3 米，包含物有白瓷片、灰陶片。在地表采集到辽金时期白釉瓷碗残片及泥质灰陶片，并采集到绳纹夹砂红褐陶釜口沿，推断年代为战国及辽金时期。

11. 昌黎黄土庙遗址

黄土庙遗址，位于昌黎县荒佃庄乡黄土庙村东北 2 千米处的耕地内，遗址中部有东西向土路穿过。

黄土庙遗址残片，上为夹蚌红褐陶片，下为夹砂红褐陶片

黄土庙遗址于 2009 年第三次全国文物普查时发现。遗址东西 200 米，南北 100 米，面积为 2 万平方米。遗址

地势南部稍高北部稍低，褐色细沙土壤，地表种植玉米、花生等。地表暴露遗物有夹砂红陶片和夹蚌红陶片，其中夹砂红陶片饰有绳纹，器形不详；夹蚌红陶片饰有绳纹，器形为釜。另据村民讲，遗址西南部有一口古井，下为砖结构，上为木质结构，现埋于地下。根据现场采集到的标本推断，此遗址为战国时期的文化遗存。

杨古泊遗址残片，左为外饰绳纹夹砂红陶釜口沿，右为外饰绳纹夹蚌红陶残片

12. 昌黎杨古泊遗址

杨古泊遗址，位于昌黎县龙家店镇杨古泊村西侧紧邻村的养猪场附近，北部有一条杨古泊至刘古泊的柏油路，西部有零散的刘古泊村新建民居。

杨古泊遗址于 2009 年第三次文物普查时发现。遗址南北 70 米，东西 70 米，面积 4900 平方米，位于村边一取土坑内。在临柏油路的南部断面发现文化层及灰坑 1 个，文化层位于地表下 1 米，土色偏黑色，包含大量碳粒，从中发现大量夹砂红陶、夹砂红褐陶片及器物口沿。采集的陶器残片以夹砂红陶为主，次为夹蚌红陶，器表除素面外，多饰细绳纹，可辨器形有釜、盆等。根据遗物特征判断，遗址文化年代为战国时期。

13. 昌黎东北庄村南遗址

东北庄村南遗址，位于昌黎县安山镇东北庄村南偏西，当地人称“大庄窠”。

东北庄村南遗址残片，上为泥质灰陶盆口沿，下为白釉瓷碗底残片

东北庄村南遗址于 2009 年第三次文物普查时发现。遗址中部有南北向田间土路，地势平坦，黄沙土质，现地表种植玉米。遗址东西 200 米，南北 100 米，面积 2 万平方米。采集遗物有夹砂红陶片、夹蚌红陶片、夹砂灰陶片，器表除素面外，多饰绳纹，可辨器形有釜，属战国时期文化遗存。

另采集有白釉瓷片、泥质灰陶片、泥质红陶片等，可辨器形主要为盆。在遗址中部偏东有一东西 70 米、南北 50 米的取土坑。在坑的北壁断面处可见文化层，距地表 0.2 米，厚约 0.6 米，包含物有泥质灰陶盆口沿、白釉瓷片、碗口沿，属辽金时期文化遗存。

杨家燕山村凤凰山顶遗址石墙近景

14. 抚宁杨家燕山村凤凰山顶遗址

杨家燕山村凤凰山顶遗址，位于抚宁区茶棚乡杨家燕山村北的凤凰山顶部。遗址北高南低，顶部较平坦并有凹凸不平的坑。遗址东侧为山沟，东南、南、西南均为居民住房，西侧有一条通往朱家燕山的南北向公路，北侧有一

条东西向小土路，东北部有一座小型水库。

杨家燕山村凤凰山顶遗址于2009年第三次全国文物普查时发现。遗址南北200米，东西100米，面积为2万平方米。遗址周围现存一圈残石墙，石墙残高0.8～4米。遗址地表采集标本有绳纹泥质灰陶片、夹砂红褐陶片。根据采集的标本分析，该遗址的年代为战国。

朱贯各庄遗址夹砂红陶口沿残片

15. 卢龙朱贯各庄遗址

朱贯各庄遗址，位于卢龙县木井乡朱贯各庄村东，北、西、南至土路，东为农田。

朱贯各庄遗址于2009年第三次全国文物普查时发现。遗址东西110米，南北80米。据遗址西端断壁观察，文化层距现地表下0.6米，为含粗砂、碎石的褐色胶土，厚0.85米，包含泥质灰陶、泥质红陶器物碎片、残板瓦、夹砂红陶器物残片，器形有罐、盆、瓮、釜等，器表饰绳纹、凹点状纹。地表暴露遗物与文化层包含物基本相同，西侧土路以西遗址的文化层被完全破坏，暴露的陶器残片较多。根据文化层包含物、地表暴露遗物特征观察，初步判定遗址文化年代为战国时期。

16. 卢龙中坨村遗址

中坨村遗址，位于卢龙县蛤泊乡中坨村南，北至最南一排房宅北的村街，西至土路，南、东为农田、果园。

中坨村遗址于2009年第三次全国文物普查时发现。遗址东西120米，南北100米。遗址东北部为村民取土形成的取土坑，西北部村民建住房一排。据取土坑南、西断壁观察，文化层距现地表下0.6米，褐灰色胶土，厚0.55米，包含夹砂红陶釜口沿残片、腹部残片等遗物，器表饰绳纹。取土坑西部坑底地表暴露夹砂红陶、夹砂灰陶器物残片，器表饰绳纹。根据文化层包含物、坑底地表暴露遗物特征观察，遗址文化年代为战国时期。

中坨村遗址残片，左、中、右上为夹砂红陶、夹砂红褐陶釜口沿残片，右中、下为夹砂灰褐陶器物残片

17. 卢龙前坨村遗址

前坨村遗址，位于卢龙县蛤泊乡前坨村北10米，北、西至取土深沟，东南为村办饮料厂，东为农田。

前坨村遗址于2009年第三次全国文物普查时发现。遗址东西160米，南北130米。村民取土将遗址东部破坏。据取土坑东、西壁观察，现耕土层下即为文化层，黄褐色胶

前坨村遗址残片，上为夹砂红陶、夹砂褐陶釜口沿残片，下为器物残片

土，厚 0.85 米，包含夹砂红陶、夹砂灰陶器物残片，器形有釜、罐等，器表饰绳纹。东断壁发现时断时续的夹砂红陶器物残片堆积层，厚 0.05 ～ 0.12 米。根据文化层包含物特征观察，初步判定遗址文化年代为战国时期。

18. 卢龙侯各庄东南遗址

侯各庄东南遗址，位于卢龙县刘家营乡侯各庄村东南约 2 千米，当地俗称“砖瓦窑”。

侯各庄东南遗址于 2009 年第三次全国文物普查时发现。遗址东约 500 米为李蛇公路，南为薛庄养殖场，西南角为一现代墓群，西、北为耕地。遗址南北约 300 米，东西约 200 米，分布面积约 6 万平方米。遗址原为丘陵，后平整为耕地，种植玉米、花生。地表可见少许陶片、瓷片分布。在中部地埂断面上，距地表 0.3 米可见文化层，厚约 0.2 ～ 0.3 米，内含夹砂红陶、泥质灰陶。陶片以夹砂红陶居多，泥质灰陶较少，纹饰有绳纹，余为素面。因陶片碎小，器形不辨。瓷器有白釉瓷及缸胎瓷两种，可辨器形有瓮、碗。夹砂红陶片、泥质绳纹灰陶片为战国时期遗物，瓷瓮、瓷碗似辽金时期遗物。该遗址年代初步推断为战国、辽金。

染庄遗址残片，左为泥质灰陶片，
右为夹砂红褐陶片

19. 卢龙染庄遗址

染庄遗址，位于卢龙县陈官屯乡染庄村北约 500 米，当地俗称“北窑”。

染庄遗址于 2009 年第三次全国文物普查时发现。遗址北约 400 米为大秦铁路，东 50 米为田间路，南 100 米为田间路，南 500 米为染庄，西临水渠。遗址东西约 200 米，南北约 200 米，分布面积约 4 万平方米。遗址地表原较平坦，中华人民共和国成立以后建砖厂将西部取土垫低，现地表可见少许陶片分布。在中部地埂的断面上，距地表 0.3 米可见厚约 0.2 米的文化层，内含陶片。采集陶片以泥质灰陶为主，夹砂红陶较少，纹饰只见绳纹，余为素面，陶片碎小，器形不辨。据陶片特征推断，该遗址文化年代为战国时期。

20. 卢龙三里庄遗址

三里庄遗址残片，左为盆，中为瓮，右为罐

三里庄遗址，位于卢龙县卢龙镇三里庄村东北，青龙河南岸的台地上，当地俗称“王大片”“西沙岗”，相传住过“高丽人”。

三里庄遗址于 2009 年第三次全国文物普查时发现。遗址东为耕地，南为至五里台的田间土路，西南为三里庄村，西北距青龙河 700 米，北距高速公路服务区 400 米。遗址东西约 500 米，南北约 200 米，分布面积约 10 万平方米。遗址较平坦，沙土质，种植玉米、花生等，地表可见夹砂红陶片、泥质灰陶片、砖块、瓦片分布。在遗址北（青龙河南岸）的断面上，距地表0.3米可见厚约1米的文化层，呈黄褐色，内含较多的陶片、绳纹砖、绳纹瓦。以砖居多，长32.5厘米、宽16厘米、厚6.5厘米，其次为瓦、陶片。可辨器形有绳纹砖，绳纹瓦，泥质灰陶盆、罐、瓮。夹砂红陶片似战国时遗物，绳纹砖，绳纹瓦，泥质灰陶瓮、盆、罐似汉代遗物，初步推断该遗址年代为战汉时期。

21. 青龙柳树行遗址

柳树行遗址，位于青龙满族自治县肖营子镇柳树行村东2千米处的黄土台地上。北为山梁，山梁上有明代长城东西延伸，东、西都是坡地，南侧紧靠小沙河。遗址东侧现有一挖沙厂，对遗址造成了一定的破坏。

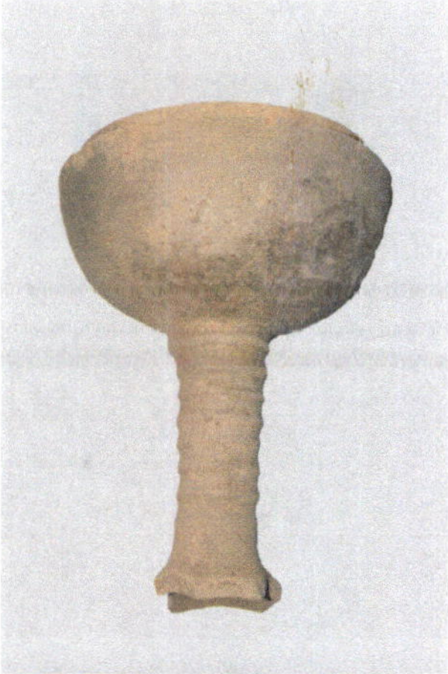

柳树行遗址陶豆

柳树行遗址陶鼎

柳树行遗址于2009年第三次全国文物普查时发现。遗址内现种植玉米，东西约150米，南北约80米，面积约为1.2万平方米。遗址破坏严重，据村民介绍，前几年挖沙厂在遗址内挖出很多陶器。在村民葛俊堂家见到当时出土的陶豆、陶鼎、陶罐（均残）等。现场采集陶片数片，多为素面，少量饰绳纹，泥质灰陶较多，夹细砂红褐陶较少。据走访得知，遗址附近还出土过铁刀。依据遗物推断，该遗址的年代应为战国至汉代，也有晚期遗存。

22. 青龙丁杖子遗址

丁杖子遗址，位于青龙满族自治县娄杖子乡丁杖子村中偏东南端，周围都是民居，附近有村中公路穿行其间。

丁杖子遗址夹砂绳纹褐陶罐残件

丁杖子遗址于2009年第三次全国文物普查时发现。据村会计丁瑞军介绍，附近村民取土、挖窖，多次出土陶罐、陶片、陶瓮等。村民丁建军家出土铜戈1件（腐蚀极重），后交给县文保所获奖10元。该遗址现已被村庄覆盖，东西约100米，南北约80米，面积约为8000平方米。遗址破坏严重，现场采集陶片多为泥质红褐陶、夹砂褐陶，少量泥质灰陶，均饰绳纹，陶质较粗糙，器形为罐、盆、钵等。依据遗物推断，该遗址的年代为战国时期。

四、秦汉隋唐

秦行宫遗址远景由西南向东北摄

1. 北戴河秦行宫遗址

北戴河秦行宫遗址，位于秦皇岛市北戴河区海滨镇赤土山村东南，总面积约为 10 万平方米，包括金山嘴、横山和横山北 3 个南北相间的地点。1986—1991 年，河北省文物研究所发掘了横山地点，发掘面积约 1.5 万平方米，揭露出大型建筑基址和大量建筑遗迹，发现许多建筑构件和生活用具等遗物。横山建筑布局紧凑，中央区域分布着 3 个大型院落。每一相对独立的建筑单元外围都普遍环以围墙，单体建筑内部多分室或分堂、室。建筑结构采用夯土墙和室内用柱，屋顶用板瓦和筒瓦铺叠而成。建筑基址区内还发现窖穴、水井、灶址和排水管道等建筑遗迹。出土遗物分建筑构件和生活用具两大类：前者有板瓦、筒瓦、瓦当、砖、陶水管道和陶井圈等，后者有泥质灰陶瓮、盆、罐、豆、釜、茧形壶等。根据建筑基址特点和出土遗物特征分析，经专家鉴定，该大型建筑群体为秦始皇东巡的行宫遗址。（见《中国文物地图集 • 河北分册》，《文物春秋》1992 年增刊。）

（1）金山嘴秦行宫遗址

北戴河金山嘴秦行宫遗址，位于北戴河区单庄东南 1.5 千米处的金山嘴路 10 号院落。

遗址占地面积约 5 万平方米。1984 年 10 月在此调查，发现地面存有破碎板瓦片和破碎夔纹、贴贝卷云纹半瓦当。1985 年 11 月 18 日，其地实施基建工程，工人在材料库区内挖储油罐地槽，挖至距地面 1 米多深处时，发现陶井 1 个。经抢救性清理，发现陶井深 2.48 米，井壁用内径 1.1 米、高 0.33 米、厚 0.03 米的陶圈砌成，完整的有 8 层，上层已被破坏。当时，从井筒内出土贴贝卷云纹瓦当和半瓦当、夔纹半瓦当、大空心砖残块、小棱格纹砖、素面砖和一个柱础石等建筑构件。

如今，仅陶井保存较好，整个遗址已经建起楼房 7 栋，文化层遭到严重破坏。

（2）横山秦行宫遗址

北戴河横山秦行宫遗址，位于北戴河区单庄村东南方向约 1 千米处俗称“横山”的小土丘上。其地中部较高，四周形成缓坡，所包括的范围，东起北戴河水产增殖实验站，西到金山嘴路，北起人大路，南到光明日报社休养所。

遗址东西约 200 米，南北约 150 米，面积约 3 万平方米。1985 年 11 月，金山嘴发现陶井并进行清理后，河北省文物研究所组织考古队对此地进行了勘查，初步了解到遗址的一些情况。1986 年 6 月 24 日到 8 月底，河北省文物研究所考古队在北戴河水产增殖实验站工地，配合工程建设进行钻探和发掘，对遗址发掘区的东南部进行初步发掘，取得了重大收获，发掘出一座平面呈矩尺形排列的房址。其北面东西通长 18.5 米，南北宽 8.9 米，墙宽约 1 米；室内分布有两排柱础石，柱础石为自然岩石，未加修整，共 6 块，支起了面阔 4 间、进深 3 间的房屋基础。其南面南北通长 15 米，宽 8.2 米，墙厚 0.85 米。室内分布两排柱础石，中间设一道隔墙，把房子分成面阔两大间。在隔墙西端与围墙相接处设立屋门，门旁用四块自然石分两组对称设置门柱。门道呈长方形，宽 1 米，深厚 0.8 米。房子北半部夯土墙址保存较好，残墙高 0.3 米，东西半部房址残损严重。发掘时发现，在矩尺形房子南部室内设置有炉灶，炉灶由灶门、火灶及排烟道组成。炉灶保存较好，红烧土灶壁和灰烬尚在，个别的嵌入夯土墙中，作为壁炉，并用筒瓦对接从墙体中伸出排烟。在房屋周围的遗存有坍塌下来的各种类型的瓦及红烧土；清理房内堆积时，出土有绳纹板瓦及筒瓦、泥质夹砂灰褐陶盆和菱形回纹空心砖残片等物。当时所揭露的建筑基址已经显示，当地有一个大型的古代建筑群存在，整个建筑群呈向西延伸的趋势。经考古钻探得知，其建筑规模南北长 100 米，东西也有 100 余米长，各组建筑有明显的层次之分。经有关专家认定，其地为秦始皇东巡碣石时在渤海沿岸驻跸的行宫建筑遗址。1987 年，河北省文物研究所考古队对遗址发掘区中北部进行发掘，揭露出一座大型的坐北朝南、方向北偏东 5° ～ 7° 的长方形夯土建筑。其东西 52 米，南北 17.5 米，墙厚 2.3 ～ 2.6 米，夯墙残存最大高度为 0.54 米。发掘发现，在建筑体的中部设一道宽 1.3 米的隔墙，把其分为东西两大室；两室内均分布着东、西 2 排间距 5 米，南、北 3 排间距 4 米的柱础石。柱础石亦完全采用自然岩石，未加修整，用其自然平面立柱，周围墙组成一座面阔 10 间、进深 4 间的大型夯土建筑。此外，两室的北墙偏东部有豁口一处，当为分属两室的门道。在与室内础石相对应的墙外，有用碎石瓦片支垫的檐柱，檐柱与主体组成有回廊。在南墙未发现有门，出土有板瓦、筒瓦、半瓦当及贴贝卷云纹圆瓦当等建筑构件；另外，发现多片陶片。1988 年，又对遗址发掘区的南部、西南部进行了全面揭露。在西南部揭露出一座南北长 40 米、东西宽 11 米、墙宽 0.87 ～ 1.5 米的长方形建筑。其残墙高度 30 ～ 40 厘米，房内设有两堵隔墙把房子分为三大间，每间西壁正中各设一门，门宽 1.1 米，用 4 个石础分两组对称设置立门柱。在门道和门框墙体上，有用方砖和板瓦铺垫或加固的迹象。在堆积中出土大量的瓦砾和灰烬，其中有各种形状的板瓦、筒瓦、瓦当等建筑构件和大量的灰烬。在其南端与房子山墙衔接处，有一向东延伸的院墙，夯土建造，宽

秦行宫遗址俯拍由北向南拍摄

1.6米。墙中部设有大门，宽3米，大门正对着主体建筑，当是整个院落的大门；门用4个柱础石分两组对称设置立门柱，门外有斜坡路面。在门西侧3米处的院墙墙体中，有埋入多节断面呈圆形的陶制水管道。1987年和1988年，共计发掘9000多平方米。至1991年，河北省文物研究所考古队基本完成了对遗址的大面积考古发掘工作，发现建筑遗迹四组，以及灶、水井、水管道、窖穴等遗迹，出土了大量板瓦、筒瓦、瓦当等建筑构件和少量的盆、甑、鉴、瓮等生活用具。有关专家认为，其文化年代主体为秦代，可能沿用到西汉初年，当为秦代行宫的重要组成部分。在遗址先后发现的诸多遗物中，瓦当纹理美观、精细，丰富多样，有夔纹、饕餮纹、卷云纹和贴贝卷云纹。瓦当的陶色为灰或灰褐色，泥质加细砂，烧制温度较高。其中半瓦当最大的为呈多半圆形的夔纹瓦当，通体长63.5厘米，高38厘米，底边（弦）48厘米，最大直径52厘米；瓦身局部有制造时拍印留下的绳纹，瓦面对称分布夔纹。圆瓦当最大的为贴贝卷云纹圆瓦当，直径42厘米，瓦身残长21.5厘米；瓦面呈圆形，四象限内分别对称对卷一组卷云纹，每组两朵云纹之间贴一像贝壳的装饰，瓦面正中心呈泡状。板瓦和筒瓦为泥质夹砂，陶色为灰和红褐两种，内侧一般多饰算点纹，瓦身多拍印绳纹。其中最大板瓦通长56厘米，厚1.4厘米，弦长2.5厘米；小筒瓦全长48厘米，厚1.5厘米，直径18厘米。空心砖一面饰菱格回纹，三面素面，通长126.5厘米，宽35厘米，厚19厘米。边墙宽3～4厘米，青灰色，陶质细腻，多组菱格回纹排列有序，回环荡漾。另有素面方砖，长32.5厘米，宽27厘米，厚2.5厘米，灰色夹砂陶。柱础石为未加修整的自然花岗岩石，用其自然平面，大小不一。最大的一块柱础石通长136厘米，宽54厘米，厚32厘米。出土的多节陶水管，每节通长57.5厘米，微呈喇叭形，大口直径30厘米，壁厚1.5厘米。水管用陶为泥质夹砂，烧制温度不均，呈灰褐色，管壁上饰有两组等距离旋纹和不规则的斜绳纹。陶盆用陶为泥质加粗砂，烧制温度较低，呈褐色；盆形为小平底，竖肩，折腹，折沿，最大口径54厘米，高27厘米，肩部饰旋纹，腹壁局部饰绳纹。出土的多件陶文，一般呈方形和长方形，边长约2～3厘米，多阴文，无边廓，多戳印在板瓦、筒瓦上，文字为典型的秦代小篆体。陶井，直径110厘米，共10圈，深350厘米，井壁有通向井外的直径20厘米的陶水管。遗址揭露出的四组建筑遗迹保存完好、稳定。

北戴河秦行宫遗址博物馆正门

2009年8月，秦皇岛市文化广电新闻出版（版权）局启动建设北戴河秦行宫遗址博物馆项目。经反复研究论证，2016年6月，遗址保护工程全面实施。2019年7月16日，河北省秦皇岛市北戴河秦行宫遗址博物馆建成并对游客免费开放。

北戴河秦行宫遗址博物馆位于秦皇岛市北戴河区金山嘴路8号，占地约26667平方米，主体建筑面积为6640平方米，建筑功能包括遗址保护区、主题展览区、临时展览区、观众互动区、办公区和配套服务区等，是集收藏、保护、研究、教育、展示于一体的公共文化设施。

秦行宫遗址的发现，被国家文物局列为第七个五年计划期间全国“十大考古发现”之一。北戴河秦行宫遗址，1986 年 11 月 28 日公布为秦皇岛市第二批文物保护单位，1993 年 7 月 15 日公布为河北省第三批文物保护单位，1996 年 11 月 20 日公布为第四批全国重点文物保护单位。

2. 北戴河剑秋路遗址

剑秋路遗址，位于北戴河区剑秋路西侧，距海岸线约 630 米处。

遗址面积约 250 平方米。1985 年 10 月间，北戴河区建委在剑秋路组织挖路沟时发现有遗存的一些碎板瓦块等，组织文物调查时，发现其中有两块比较完整的筒瓦，并从附近拾到若干绳纹陶片。从路沟断面上看，瓦片层有两处，按其路沟走向，为南北方向，相距约 9 米。每处瓦片层断面长 3 ～ 4 米、厚 0.2 ～ 0.6 米、文化层深度 0.5 米。从其地采集的筒瓦、板瓦与横山秦代行宫遗址出土的筒瓦、板瓦基本相同，质地一样，为秦汉时期的皇家建筑遗址所在地。

如今，路沟已经回填，瓦片层保留，待今后作进一步研究。

3. 山海关五花城遗址

山海关五花城遗址夯土墙体

五花城遗址，位于山海关区石河镇古城村东。

据史载，此处因有五座城池连环而建，故名五花城。遗址现仅存两处，按坐落布局分为东北城（主城）和东南城。东北城近似方形，周长 790 米，目前部分夯土墙体仍存，夯层 8 厘米，中部有一门，坡形，宽约 12 米，内高外低。东南城近似三角形，城墙为夯土版筑，南北 400 米，东西 175 米，城周长 1150 米，总占地面积 7 万平方米。其北墙系东北城的南墙，东南、南墙仍保留部分夯土墙体，夯层厚 8 厘米。1986 年 10 月，为配合大秦铁路进行线路考古调查，从遗址采集到卷云纹半瓦当 1 个。1987 年 3 月，河北省文研所考古队配合线路工程进行文物清理，发现东汉墓一座，出土陶耳杯 2 个、陶罐 1 个，均为灰陶。城内采集遗物有泥质灰陶绳纹板瓦、筒瓦和素面罐、瓮等残片。依据出土遗物特征推断，该城址的年代为汉代。（见《中国文物地图集·河北分册》。）

2020 年 11 月至 12 月，为配合遵秦高速公路建设，秦皇岛市文物保护中心联合山海关文保所对该遗址进行了考古勘探，发现城墙 2 处、活土坑 8 处、活土沟 1 处。

五花城遗址，1984 年 11 月 1 日公布为山海关区第一批文物保护单位，1986 年 11 月 28 日增添为秦皇岛市文物保护单位。

4. 抚宁骊城遗址

骊城遗址，位于抚宁区抚宁镇南壁庄村西 300 米。

骊城遗址的范围，从 102 国道往南至南望庄百慧药厂，由洋河东岸往东至原县城西护城河，

骊城遗址汉代绳纹砖

总面积约 25 万平方米。遗址的文化层在地表下 1～3 米之间。1981—2000 年，在其地陆续发现战国至辽金年代的大量文物，有石器、陶器、铁器、铜器和一些建筑材料，其中有石斧 1 件，有战国陶豆、罐，汉代陶罐、釜、碗、纺轮等多种器皿及残片，并有战国铁铧、锸、釜、凿、斧、剑、铁炉渣等发现；还发现战国五山字镜，汉代铜熨斗、铜镜、“军司马”印章、镞、带钩、马具、钱币等，以及金代“提控所弹压印”、元代铜权。在建筑材料中，有秦代空心砖残片，汉代绳纹砖、板瓦、筒瓦及云纹、兽纹、花草纹、文字瓦当等。在遗址西北边缘发现陶井 1 眼，直径约 4 米；夯土墙 1 段，长 30 米，宽 3 米，露土地面高度 3 米，下伸深度不详。（见《抚宁县文物志》，《中国文物地图集·河北分册》“抚宁城址”。）

抚宁县骊城遗址，1986 年 11 月 28 日增添为秦皇岛市文物保护单位。

5. 卢龙大杨各庄遗址

大杨各庄遗址，位于卢龙县蒲庄镇大杨各庄村西北约 100 米，村民曹庆家耕地周围，当地俗称“窑子地”。遗址东至耕地，南 100 米为民居，西、北为耕地。

大杨各庄遗址残片，上排为板瓦，下排左为筒瓦，右为陶片

大杨各庄遗址于 2009 年第三次全国文物普查时发现。遗址东西约 200 米，南北约 300 米，分布面积约 6 万平方米。遗址地表有少许陶片分布，据介绍，原地表有较多的陶片，在中部地埂断面距地表 0.3 米下可见文化层，厚约 0.3 米，内含陶片。采集的陶片以泥质灰陶居多，夹砂、夹蚌红陶较少，纹饰有绳纹、瓦纹，可辨器形有板瓦、筒瓦。据板瓦、筒瓦及陶片形制初步推断，该遗址年代为汉代。

6. 昌黎水岩寺遗址

水岩寺遗址，位于昌黎县城北偏西 4.3 千米处的碣石山主峰仙台顶南麓的宝峰台上。其地所在的宝峰台，南面碣阳湖，北依仙台顶，东有香山为屏，西连坡岭纱帽山。

水岩寺，以院落所踞高岗名“宝峰台”又称宝峰寺。水岩寺之名，当与其东北较近处的龙潭洞一带的山光水色有关。据明朝弘治年间的《永平府志》记载：“水岩山在昌黎县北十五里，一名西岩山；山有深洞，石壁间出泉，冬夏不竭。”显然，水岩寺之名源自仙台顶的别称“水岩山”。此外，水岩寺在明朝隆庆初年以前曾名“水滱寺”。1985 年重修昌黎城内的源影寺塔，工人在清理二层檐下塔身之灰垢时，发现一砖砌小洞间存锡质函匣 1 个，匣内放有造型优美、神态自然、做工精细的铜质刷金“张仓卧佛”1 尊，底盘背面有阴刻铭文“大明嘉靖二十六年春季月昌黎城北之水滱寺住持长老净释发心造张仓卧佛一尊铜匠高聪”。由此可知，在明朝嘉靖二十六年

（1547 年）时，水岩寺曾名“水瀞寺”。“水瀞寺”之称，当以宝峰台一带山高林密，时有雨云兴起，缭绕古寺之间而名。

水岩寺的修建历史久远，寺中的断碑残碣曾有“唐贞观元年重修”字样，表明其始建年代可追溯到隋朝或南北朝。在历史上，水岩寺曾多次重修。寺院殿前石栏之中，曾立有两柱呈八角菱形的经幢，上镌“唐开元灌顶国师不空奉诏译”，落款“辽朝保宁元年”（969 年）。在明朝时最大的一次重修工程，始于万历初年。隆庆元年（1567）九月，蒙古骑兵攻入界岭口，围攻昌黎县城三日不克，遂放火把昌黎城北的水岩寺烧毁一空。到万历二年（1574 年），名叫“真山”的“大比丘”决心修复水岩寺，到处募化，历经多年将水岩寺复建一新。1928 年夏天，从北京退守昌黎的奉军总参议杨宇霆见水岩寺年久失修，主持将其修葺如新。中华人民共和国成立后，水岩寺被列为昌黎县文物保护单位，在 1955 年进行了补修工作。后来，水岩寺在“文化大革命”中失去保护，于 1976 年春天被昌黎县文教局以建办公楼为由拆除，原建筑变为遗址。

水岩寺遗址正门

原有的水岩寺修筑在宝峰台的石砌坝台之上，山门前砌有石阶。中院建有大殿，两柱辽代石幢立于殿前阶栏。其后有一古井，井水甘甜清爽，井右有石阶通往又一级坝台，其上筑有千佛殿。千佛殿内所塑的十八罗汉佛像，个个金光灼灼，其衣褶不爽分，其面目不爽毫，其须眉不爽忽。西跨院为清朝后期设立的香山书院，书院前建有山神庙。东跨院较大，有正殿 5 间，内祀笑颜可掬的大肚弥勒佛铜像；其南建有供香客休憩的 5 间客厅，中有东、西配房各 3 间，为僧侣住室；客厅前筑有一个东西走向的长方形亭台，名“得月亭”，立足其上可尽览碣石门内外的秀丽风光。

20 世纪 90 年代初期，水岩寺上移至千佛殿遗址一带重建。再度修筑的水岩寺占地宽广，主要建筑摈弃明、清建筑风格，体现的是盛唐时代的建筑艺术，显得比较宏伟、壮观。其山门与天王殿合二为一，高矗于坝台之上，殿内祀有大肚弥勒佛像和四大金刚彩色泥像；居中的大雄宝殿，雕梁画栋，金碧辉煌，供奉着如来佛祖的金身塑像。1995 年 5 月，水岩寺复建工程竣工，中国佛教协会会长赵朴初应邀题写匾额。2002 年 6 月，重新修建的水岩寺移交河北省佛教协会管理，重新成为佛门净地。水岩寺变成京东地区重要的宗教活动场所之后，又扩地重修大雄宝殿，迄今新建有念佛堂、藏经楼、圆通宝殿、天王殿及钟、鼓楼、僧寮、别院等建筑，并修有寺前广场，共计兴建殿堂廊舍达 200 多间，寺院占地由不足 4667 平方米扩大至近 33333 平方米。

水岩寺遗址，2008 年 10 月 23 日公布为河北省第五批文物保护单位。

五、辽金元

1. 昌黎裴家堡遗址

裴家堡遗址，位于昌黎县城东偏北 9.6 千米处的大蒲河镇裴家堡村，在其村南 100 米处的津秦沿海高速公路路基上。

裴家堡遗址平面图

为配合沿海高速公路工程建设，2005 年 4 月，河北省文物研究所沿海高速公路考古调查队在遗址所在地发现泥质灰陶残盆、罐等古文化遗存。6 月，河北省文物研究所会同昌黎县文物保护管理所组成考古队进驻裴家堡村，进行了抢救性考古发掘。至 8 月，计布探方 56 个，发掘面积达 1500 平方米。遗址地层堆积计有耕土层、明清文化层、辽金元文化层、冲积层等 4 层。在明清文化层（浅黄色土层，质较疏松，夹杂有少量炭屑和红烧土屑），出土明清青花瓷片、泥质灰陶片若干，可辨器形有卷唇鼓腹罐、大口折沿盆、缸、瓮等；在冲积层出土战国绳纹夹砂红陶釜口沿残片等，表面磨损较重，且无棱角，当属洪水搬运所至。在辽金元文化层（黑灰褐色土层，质较硬，夹杂有大量的炭屑和红烧土颗粒），发掘清理半地穴房址 6 座，圆形、长方形、椭圆形、不规则形灰坑 35 座，灰沟 4 条，露炊遗迹 6 处和古道 2 条。出土陶器、瓷器、铜器、铁器等遗物，其中陶器有盆、罐、瓮、缸、碗、盏、甑等，纹饰多素面，少量饰弦纹和附加堆纹，个别刻画鱼纹；瓷器多仿定窑白瓷碗、盏、盘、盂、杯等，有少量酱釉瓷、鸡腿瓶等。另出土淳化元宝、祥符通宝、熙宁重宝、嘉祐通宝、元祐通宝、元丰通宝、政和通宝等宋钱及铁块、矿渣等。

从地层堆积来看，辽金文化层下尽为冲积层，且伴有战国夹砂红陶釜的出现，说明这一带从战国时起就多次发生水患。从所发掘的 6 座房址来看，其规模较大，房内设灶台、火炕、烟囱等，说明这一时期此地居民以地面定居形态为主，同时掌握了建造火炕防寒取暖的技能；从出土的盆、罐等陶器来看，器形厚重，风格粗犷，流露出北方游牧民族的民族特色。遗址现已被沿海高速公路所占。（见《文物春秋》2010 年第 3 期。）

常庄遗址残片，左为素面泥质灰陶卷沿盆口沿，右为素面泥质灰陶唇口盆口沿

2. 昌黎常庄遗址

常庄遗址，位于昌黎县城东偏北 6.5 千米处的大蒲河

镇常庄村东北侧耕地高出 2 米的土台上，其地南临东西向水泥路。

常庄遗址于 2009 年第三次全国文物普查时发现。遗址东西 60 米，南北 50 米，面积为 3000 平方米。2005 年曾在此调查，在土台南北两侧的边缘发现文化层，距地表 0.5 米，厚度为 0.3 米。发现的遗物有泥质灰陶片口沿，器形为罐；白瓷片腹片，器形为碗。文化年代为辽金。

3. 昌黎金庄遗址

金庄遗址残片，中上为泥质灰陶罐口沿、器底，中下为白釉瓷碗底、口沿残片

金庄遗址，位于昌黎县城南偏西 12.4 千米处的泥井镇金庄村北。

金庄遗址于 2009 年第三次全国文物普查时发现。其地地势平坦，黄沙土质，地表种植蔬菜，其次为玉米、花生、棉花等。遗址呈长方形分布，南北 150 米，东西 100 米，面积 1.5 万平方米。地表暴露有丰富的遗物，采集遗物有一些陶片和瓷片。陶片主要为泥质灰陶及少量的泥质红陶，素面，器形主要为罐口沿和罐底残片；瓷片为白地褐花，器形为碗。据采集的标本分析，遗址的文化年代为辽金时期。

4. 昌黎后刘坨遗址

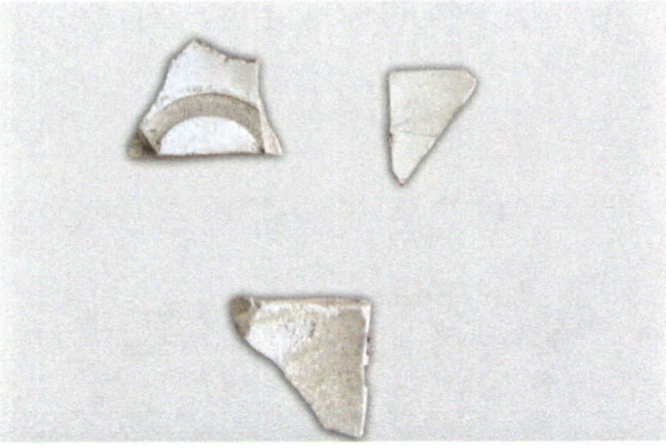

后刘坨遗址白釉外饰半釉腹部残片

后刘坨遗址，位于昌黎县城南偏西 13.7 千米处的泥井镇后刘坨村，在其村西 1 千米处的农田里，西部为自西南向东北方向的津秦沿海高速公路，北部为高速路高架桥。

后刘坨遗址于 2009 年第三次全国文物普查时发现。其地较为平坦，略有起伏，黄沙土质，地表种植花生、玉米等农作物。遗址南北 50 米，东西 70 米，面积 3500 平方米。2005 年曾在此调查，发现地表暴露有泥质灰陶陶片和瓷片，可辨器形有陶器、盆、罐等，瓷器有碗。据采集的标本推断，遗址年代为辽金时期。

5. 昌黎贾河北遗址

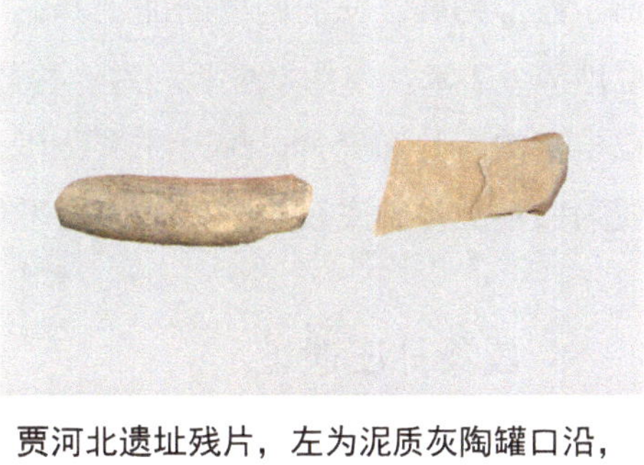

贾河北遗址残片，左为泥质灰陶罐口沿，右为器底残片

贾河北遗址，位于昌黎县城南偏东 15.7 千米处的团林乡贾河北村，在其村北约 2 千米处，当地人称“月牙塄子”或“北洼”。

贾河北遗址于 2009 年第三次全国文物普查时发现。其地原高出现地面约 1.5 米，因村民多年取土，形成较多小坑，地形破碎，凹凸不平。遗址呈长方形分布，南北 100 米，东西 50 米，面积 5000 平方米。地表为黄褐色沙性土质。2005 年曾在此调查，发现暴露的遗物主要为布

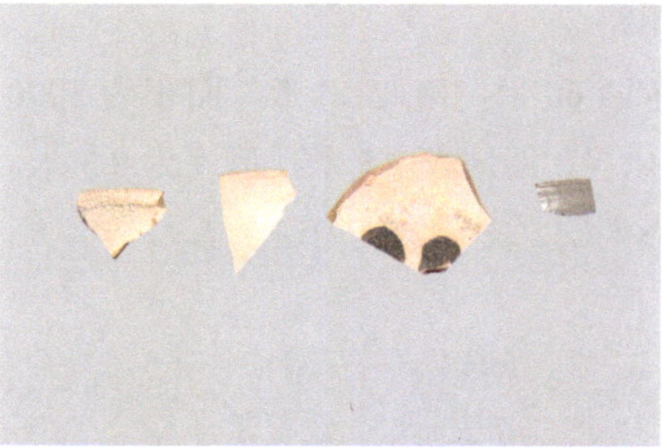

贾河北遗址白地褐花碗底、碗口沿残片

纹瓦片、青砖碎块、白地褐花残瓷碗底等。遗址中部暴露文化层，开口距现地表约 0.2 米，厚约 0.5 米，为一种较松软的灰褐沙性土，包含物为红烧土等。文化层内暴露的遗物主要为陶片和瓷片，陶片为泥质灰陶素面盆口沿、器底残片，瓷片为白釉瓷碗残片等。据现场采集的标本分析，文化年代属辽金时期。

6. 昌黎马庄子遗址

马庄子遗址，位于昌黎县城南偏西 22.3 千米处的刘台庄镇马庄子村，在其村西北约 1.5 千米处，当地人称“胡家坟”的地方。

马庄子遗址于 2009 年第三次全国文物普查时发现。其地地势平坦，黄沙性土质，遗址地表种植玉米等农作物。2005 年曾在此调查，发现地表暴露有陶片和瓷片等比较丰富的遗物。陶片主要为泥质灰陶素面罐口沿残片、泥质灰陶旋纹陶不明器物残片等，瓷片为白釉圈足残瓷碗底、酱釉残瓷碗底等。据现场采集的标本分析，为辽金时期文化遗存。

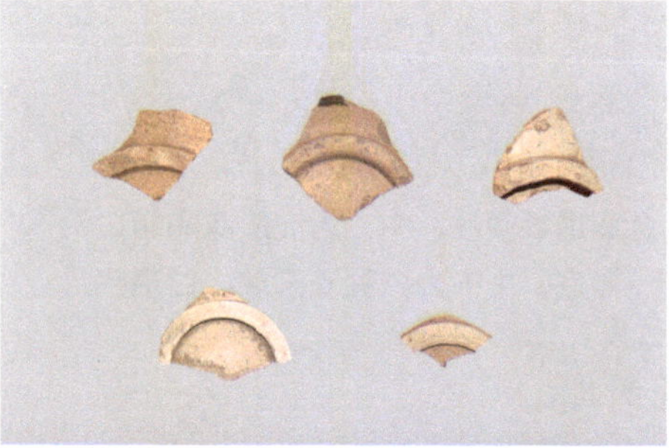

马庄子遗址残片，上左、中为酱釉圈足碗底残片，上右、下为白釉圈足碗底残片

7. 昌黎刘林子遗址

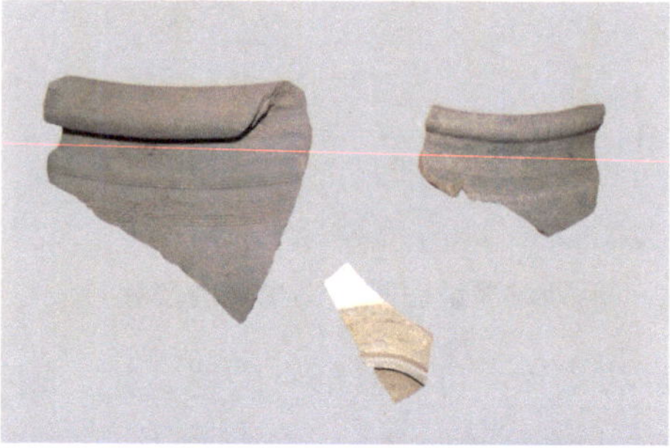

刘林子遗址残片，上为泥质灰陶罐口沿，下为白釉瓷碗底残片

刘林子遗址，位于昌黎县城西南 12.3 千米处的马坨店乡刘林子村，在村内东南部一条长约 100 米、宽约 8 米、深约 1 米的沟里，东、北各有一条土路通过。

刘林子遗址于 2009 年第三次全国文物普查时发现。其地所在位置西高东低，沙性土壤，地表种植杨树，遗址南北 100 米，东西 50 米，面积 5000 平方米。地表可见陶片、瓷片。陶片为泥质灰陶，素面，器形为罐；瓷片白釉，器形为碗。在沟两壁断面上暴露文化层，文化层开口距地表 0.2 米，厚约 0.5 米，为一种较松散的黄褐色沙质土，内包含植物的根系。文化层暴露比较丰富的陶片和瓷片，陶片主要为泥质灰陶旋纹、素面罐口沿残片和少量的布纹瓦残片，瓷片主要为白釉圈足碗底残片等。据现场采集的标本分析，文化年代为辽金时期。

8. 昌黎孙庄遗址

孙庄遗址，位于昌黎县城西偏南 28 千米处的朱各庄镇孙庄，在其村北约 300 米处的龙山坡地上，其地在龙山小学之北约 100 米处，西距龙山约 100 米。

孙庄遗址于2009年第三次全国文物普查时发现。遗址南北约60米，东西约100米，面积为6000平方米。遗址东部紧邻一条南北向孙庄至朱各庄的公路，路西侧断壁高约4米，距地0.2米可见厚约1～1.5米的文化层，包含物有泥质灰陶片、白釉瓷片、泥质灰陶布纹瓦片、勾纹砖等，可辨器形有碗、盆、罐等。文化层下为坚硬的黄土，包含旧石器时期的石制品。遗址西部地表分布大量泥质灰陶片、白釉瓷片等。据采集的标本判断，属辽金时期文化遗存。

孙庄遗址勾纹砖

9. 昌黎西蔡各庄遗址

西蔡各庄遗址，位于昌黎县城西南偏北25.5千米处的靖安镇西蔡各庄，在其村西1.5千米处的高地上。其地紧邻滦河，北距防洪大堤约300米。

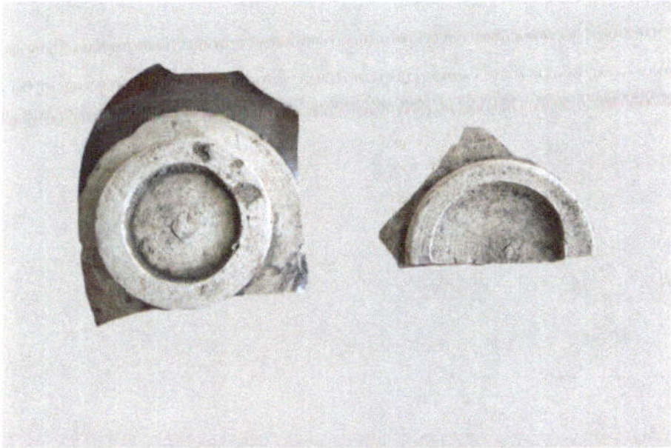
西蔡各庄遗址瓷碗底残片

西蔡各庄遗址于2009年第三次全国文物普查时发现。遗址南北200米，东西80米，面积1.6万平方米。遗址所在土台高3米，在土台西侧断面发现文化层。在地表0.1米深的耕土层下，有厚约0.4米的文化层。文化层土色偏黑，包含少量红烧土块和灰土，在其中发现大量陶片、瓷片、砖瓦残片等，可辨瓷器有碗，陶器有泥质灰陶罐、盆等。此外，地表也散落大量陶片及瓷片。据器物特点判断，属辽金时期文化遗存。

邢庄遗址酱釉碗底

10. 昌黎邢庄遗址

邢庄遗址，位于昌黎县城南偏西3.7千米处的城郊区虹桥（片村）邢庄，在其村南100米处的贾河北岸。其地地势平坦，黄褐土质，地表种植玉米、旱稻、大豆等。往东约100米为青（龙）乐（亭）公路和新世纪宾馆，北为水坑。

邢庄遗址于2009年第三次全国文物普查时发现。遗址呈长方形，东西约100米，南北约50米，面积5000平方米。地表暴露丰富的遗物，主要为泥质灰陶素面盆、罐口沿、器底残片，另有泥质灰陶旋纹盆、罐腹残片等。在遗址南部断面上暴露文化层，开口距地表约0.4米，厚约0.4米，土质为一种较硬的黄褐土，内包含红烧土粒、碎小砾石等。文化层内暴露的遗物主要为布纹瓦片、酱釉圈足碗底残片等。据对采集的标本进行分析判断，为金元时期的文化遗存。

2017年8月至9月，为配合北戴河机场快速路建设，河北省文物考古研究院会同秦皇岛市文物处和昌黎县文保所组成联合考古队，对邢庄遗址进行了考古发掘。发掘面积250平方米，共清理灰坑 8 处，墓葬 2 座，出土陶、瓷、骨、铁、铜等各类质地遗物残片百余件，小件器物标本十余件，器类有碗、罐、盆等，年代为辽金至明清。

11. 昌黎孙庄龙翔寺遗址

孙庄龙翔寺遗址，位于昌黎县朱各庄镇孙庄村北 200 米的龙山南端低矮丘陵上。

孙庄龙翔寺遗址于 2009 年第三次全国文物普查时发现。遗址呈方形，东西 100 米，南北 100 米，面积 1 万平方米，现遗址上方为一所小学。

孙庄龙翔寺遗址勾纹砖

孙庄龙翔寺遗址古井

龙翔寺又名“镇龙寺”，俗呼“我佛庙”，整个寺院宽阔，殿宇轩昂，为当地比较有名的佛门净地。中华民国年间，寺院改由龙山小学使用，原建筑逐渐被拆除。其地西北角处曾建有一座高有 33 余米的七级佛塔古塔，1956 年因变成危险建筑物而被拆除，拆除时曾发现大量经书，遇风而化。此外，寺院内有古井 1 眼，古井迄今还在使用，已加水泥盖板保护。

遗址区域内残存清代石碑 4 通（① 1.8 米 ×0.7 米 ×0.2 米，② 1.58 米 ×0.6 米 ×0.2 米，③ 1.64 米 ×0.6 米 ×0.2 米，④ 2.1 米 ×0.8 米 ×0.2 米），碑文表明，清朝乾隆、咸丰年间，寺院曾得修葺；古槐 3 棵，据传树龄超过百年；古井 1 眼，井口方形，条石垒砌，井壁为圆形，石块砌筑，边长 0.85 米，深 10 米；西北角处曾有古塔一座，20 世纪 60 年代被拆除；单件文物 9 件，传曾出土白釉瓷碗等物，现遗迹无存。校长室内存放庙宇建筑遗留的勾纹砖一块，0.46 米 ×0.23 米 ×0.1 米，泥质青灰色，正面有 7 道竖勾纹。根据考查和遗址内残存遗物推测，该寺始建年代为辽金时期。

12. 抚宁古城子遗址

古城子遗址地表采集到的瓦片、陶片、瓷片

古城子遗址，位于抚宁区榆关镇古城子村西北约 100 米处，当地人称“土城子”。

遗址所在地势较高，西部、北部边缘有高 1 米、宽 0.2 米的土埂，遗址东北侧挖有一处深 10 米左右的养鱼塘。

古城子遗址于 2009 年第三次全国文物普查时发现。该遗址平面呈长方形，东西 120 米，南北 150 米，面积约 1.8 万平方米。在鱼塘南岸台地边缘暴露文化层，文化层距地表约 0.2 米，厚约 0.4 ～ 0.8 米；土质较松软，土色呈深灰褐色，含较多黄白色沙砾；包含砖块、瓦片、陶片等。文化层下即为砂岩岩体。地表暴露较多遗物，文化内涵同于文化层，可辨器形有罐等。依据采集的标本初步推测，该遗址年代为辽金时期。

13. 卢龙西顾庄遗址

西顾庄遗址，位于卢龙县木井乡西顾庄村西偏北。村民取土形成的深沟将遗址分隔为南北两部分，东北、西南向土路穿过遗址南部。

西顾庄遗址于2009年第三次全国文物普查时发现。遗址地势自西向东渐低，较平坦，地表暴露遗物极少。据北端路沟南断壁观察，现耕土下即为文化层，为含砂粒的褐色胶土，厚1.2米，包含泥质灰陶器物口沿等残片、白瓷碗口沿残片、黑釉瓷器残片等遗物。根据文化层包含物特征初步判定，遗址年代为辽金时期。

西顾庄遗址残片，上为泥质灰陶器物残片、盆口沿残片，左下为白瓷碗口沿残片，右中、下为黑釉瓷器残片

14. 卢龙窦庄子遗址

窦庄子遗址，位于卢龙县木井乡窦庄子村村西约100米处。

窦庄子遗址于2009年第三次全国文物普查时发现。据南侧取土坑北断壁观察，现耕土下即为文化层，黄褐色胶土，包含泥质灰陶器物残片等遗物，厚度无法观察。地表暴露遗物极少，南侧取土坑北断壁下部坡状地表暴露泥质灰陶、泥质红陶罐、盆和白瓷碗等器物残片。根据文化层包含物和南侧取土坑北断壁下部坡状地表暴露遗物特征初步判定，遗址年代为辽金时期。

窦庄子遗址残片，上为泥质灰陶、泥质红陶盆，下左为罐口沿残片，下右为白瓷碗口沿残片、残圈足

15. 青龙铁瓦乌龙殿遗址

铁瓦乌龙殿遗址，位于青龙满族自治县祖山镇牛心山村南、祖山群峰深谷之中，距祖山林场苇子峪作业点7.5千米，北靠响山，西北临季节性山间小溪，东靠茂密森林的山坡。

遗址现有三级台地，南北66米，东西45米，面积2970平方米。据《永平府志》记载，铁瓦乌龙殿始建于辽代，明清两代都进行过维修。相传，辽臣奚族人回离保叛辽，曾于此称帝。1987年对该遗址进行了调查。当时，地面建筑早已被毁（据知情人讲，铁瓦乌龙殿毁于1940—1943年的日军“扫荡”），残存辽代青砖、筒瓦、陶片、瓷片以及一碑额、一碑座等遗物。遗址东南200米处有和尚坟3座，坟上砖塔于1982年被炸毁。遗址西南100米处，

铁瓦乌龙殿遗址近景

小河对岸的山崖上硃书“南无观世音菩萨”“大清康熙二十九年”题字。依据该遗址地表残存的青砖、灰陶筒瓦、陶瓷片等遗物，并结合《永平府志》记载推测，该遗址年代为辽代。

铁瓦乌龙殿筒瓦

2009 年对该遗址进行复查，遗址保存状况较好。但由于植被茂盛，已经不能整体观察遗址，有些砖瓦石墙遭到自然和人为破坏，和尚坟也被密林淹没，题字风化严重，漫漶不清。

铁瓦乌龙殿遗址，1988 年 4 月 13 日公布为青龙满族自治县文物保护单位，2014 年 6 月 12 日公布为秦皇岛市第四批文物保护单位。

16. 青龙邱杖子朝阳寺遗址

邱杖子朝阳寺遗址，位于青龙满族自治县木头凳镇邱杖子村西南约 200 米山前台地上，此地俗称“朝阳寺”。

邱杖子朝阳寺遗址柱础石

邱杖子朝阳寺遗址板瓦内布纹

邱杖子朝阳寺遗址建筑构件

邱杖子朝阳寺遗址于 2009 年第三次全国文物普查时发现。遗址西依山体，北临山沟，东、南为陡坡，东约 50 米为河流。遗址地势平坦，南北约 40 米，东西约 30 米，占地面积约 1200 平方米，地表种植玉米、果树等。在遗址北断面上夹杂有较多布纹瓦片，地表有少量瓦片，布纹瓦厚 2 ～ 2.7 厘米。在西侧发现一个素面条砖，长不详，宽 23 厘米，厚 5 厘米。另发现一白沙石质镜面柱础，长 57 厘米，宽 53 厘米，厚约 16 厘米，镜面直径约 32 厘米。初步推断，此遗址的年代为辽金时期。

17. 青龙山南遗址

山南遗址，位于青龙满族自治县大石岭乡山南村委会大院东，俗称“大队果窖”处田地，北靠低山，南临村级公路，东临土路。

山南遗址残片，左为瓦片、陶片、盆底，右为碗口沿、瓷片

青龙山南遗址于 2009 年第三次全国文物普查时发现。遗址地势北高南低，东西约 200 米，南北约 100 米，占地面积约 2 万平方米，现为农田，沙土壤，种植玉米。遗址

地表出露一些瓦片及陶瓷片，中北部有一高约 2 米的断面，断面上出露文化层，灰褐色，疏松，顶部距地表约 0.2 米，厚约 1 米，包含红烧土粒、瓦片、陶片、石块等。瓦片多数为厚约 2 厘米的布纹板瓦；陶片多数为泥质灰陶，有少量泥质红陶，多数为素面，个别有弦纹，可辨器形有盆、罐等；瓷片较碎，饰白釉，为碗、碟之类器物。根据采集的标本初步推断，此遗址的年代为辽金时期。

18. 青龙大巫岚寺庙遗址

大巫岚寺庙遗址，位于青龙满族自治县大巫岚乡大巫岚村东约 200 米，山体沟上部坡地处，俗称“庙沟”。遗址北依山岭，南望“元宝山”，北约 150 米的山顶上有移动通信铁塔，西约 100 米的山体下有联通通信铁塔。

大巫岚寺庙遗址粗绳纹砖

大巫岚寺庙遗址残片，上为砖雕，左下为筒瓦片、右下为板瓦片

大巫岚寺庙遗址于 2009 年第三次全国文物普查时发现。遗址地势北高南低，为梯田，现荒芜，南北约 30 米，东西约 20 米，占地面积约 600 平方米。在遗址地埂上出露较多砖瓦片。瓦为布纹瓦，厚 1.5 ～ 2.5 厘米，泥质灰陶。青砖多数为素面条形，厚约 6 厘米，宽 16 厘米，长不详；另发现一勾纹砖，纹宽约 1 厘米，此砖宽 24 厘米，厚约 5 厘米，长不详；还发现一砖雕建筑构件。此遗址出露陶片及瓷片极少。根据发现的建筑构件及此山沟的俗称看，此遗址应为庙址，具体庙名由于年代久远，无人知晓。根据出露的砖瓦推断，此庙址的年代应为辽金时期。

19. 青龙寿桃山冶铁遗址

寿桃山冶铁遗址炼铁炉渣

寿桃山冶铁遗址，位于青龙满族自治县木头凳镇寿桃山村西北约 200 米后扁担沟内，俗称“铁疤疤”岭的阴面山坡上。山岭下路边有一小庙，上山岭有一小路。

寿桃山冶铁遗址于 2009 年第三次全国文物普查时发现。由炼铁炉渣出露情况看，此遗址南北约 20 米，东西约 10 米，占地面积约 200 平方米。在小庙边沙石路及上山岭小路上出露较多炼铁炉渣，另在上山岭小路上出露红烧土痕迹，应为炼铁炉壁。在此遗址南约 200 米的前扁担沟内，曾发现辽金时期墓葬，因此初步推断此冶铁遗址的年代可能也为辽金时期。

老院遗址石臼

老院遗址瓷瓮

20. 青龙老院遗址

老院遗址，位于青龙满族自治县龙王庙乡老院村东100米处。

遗址北150米为山丘，西100米为老院村，南200米有一条东西向水泥路（老院—北干树），路南邻一条东西向河道，东为耕地，南50米为金家坟地，遗址中部有一条宽约2米的土埂将遗址分为东西两块。

老院遗址于2009年第三次全国文物普查时发现。遗址地势南低北高，地表高低起伏，土质为黄色沙砾土，含大量砾石，种植玉米。遗址东西300米，南北150米，面积4.5万平方米。据村民介绍，平整土地时曾出土过大量陶、瓷残片，砖瓦残块，铁器和大量铜钱。在老院村金占山家现存有一件瓷瓮，瓮为酱釉瓷，盖为青铜质，最大直径约1.2米，高0.9米。在村内还发现一件石臼。由于地表种植玉米较为茂密，故遗址地表遗物较少，采集标本主要是砖、瓦残块和少量陶片。陶片均为泥质灰陶素面，采集青砖宽15厘米，厚4厘米，长度不详；瓦为素面布纹瓦，瓦个体较大且较厚。根据采集的标本推测，该遗址年代为辽金时期。

21. 青龙瓦房遗址

瓦房遗址残片，上为罐腹，中为盆口沿，下为板瓦残片

瓦房遗址，位于青龙满族自治县龙王庙乡孟杖子村瓦房自然村西部，部分被村庄所压（田森家等）。遗址北依山丘，东为瓦房村，南邻一条东西向水泥路，遗址南约150米有一条东西向河道，西为耕地。

瓦房遗址于2009年第三次全国文物普查时发现。遗址的北半部修整为梯田，地势北高南低，高低起伏不平，土质为黄色沙砾土，含砾石较多，现种植玉米。遗址东西200米，南北100米，面积2万平方米。据村民田森讲，修整梯田挖到1.5米深时，曾挖掘出石炕，炕内有大量灰土，还出土过大量布纹瓦，同时出土铜钱、铁锅和石臼。由于地表种植玉米较为茂盛，加之淤土较厚，故地表遗物较少。采集到的标本主要为布纹瓦，在通往村内的土路旁发现1件石臼。推测遗址年代为辽金时期。

22. 青龙夏杖子村西遗址

夏杖子村西遗址，位于青龙满族自治县龙王庙乡夏杖子村西200米处。西南1.1千米为偏岭石村，东南有一条东北—西南向水泥路，有一道东北—西南向的线杆从遗址区西北部穿过，一道

夏杖子村西遗址残片，上为板瓦，
下为罐腹残片

西北—东南向的水渠把遗址分为东西两部分，部分遗址在小山丘的顶部，遗址北、西为山丘，西为耕地。

夏杖子村西遗址于2009年第三次全国文物普查时发现。遗址地势南低北高，起伏不平，土质为黄褐色沙砾土，现种植玉米。遗址东西100米，南北150米，面积1.5万平方米。在遗址的北部断面上发现大量瓦片，推断可能为一窑。据村民曹永学讲，平整土地时，在遗址内经常发现大量布纹瓦片，同时出土过陶罐、盔甲、铜钱等。由于地表种植玉米较为茂密，淤土较厚，故地表遗物较少。在水渠内发现大量布纹瓦残块，从瓦形来看，此类瓦个体较大且较厚。结合村民描述的其他器物的特征，推测该遗址年代为辽金时期。

23. 青龙夏杖子村北遗址

夏杖子村北遗址，位于青龙满族自治县龙王庙乡夏杖子村北，东约50米处有一条南北向河流，河流再向东为大山，西邻一条东北—西南向水泥路，有一道南北向线杆从遗址中穿过。

夏杖子村北遗址石臼

夏杖子村北遗址于2009年第三次全国文物普查时发现。遗址地势西北高东南低，土质为黄褐色沙砾土，含大量砾石，现种植玉米。遗址南北150米，东西70米，面积1.05万平方米。据村民曹永学讲，在遗址内曾出土过瓦片、瓷片、石臼等，在村内曾出土过铜镜。由于地表庄稼茂密且淤土较厚，故地表遗物较少。采集到的标本主要是布纹瓦、白釉瓷片，在遗址东部发现一件石臼，在村民家中发现一件酱釉瓷罐。根据采集的布纹瓦片和石臼、瓷罐的特征推断，该遗址年代为辽金时期。

夏杖子村北遗址瓷罐

24. 青龙马杖子遗址

马杖子遗址，位于青龙满族自治县干沟乡盘岭沟村马杖子自然村东300米处的台地上（当地俗称东台地）。东邻庄木沟，南邻一条村内水泥路，东为山丘，南200米有一条通往庞杖子村内的水泥路，路南为山体。

马杖子遗址残片，上下为罐腹残片，
中为白釉碗、盏、陶片

马杖子遗址于2009年第三次全国文物普查时发现。遗址地处台地上，地势北高南低，地表较为平坦，土质为黄褐色沙砾土，含砾石较多，现种植玉米。遗址分布范围

古遗址

东西 300 米，南北 200 米，面积 6 万平方米。从遗址南侧的断面可知，文化层厚约 1 米，灰褐土，含砾石较多。据村民介绍，在遗址东部建民房时，出土过大量的陶盆、陶罐、瓷碗等残片，现遗址采集的标本有少量瓷片和大量陶片。瓷片有白釉、黑釉，器型为碗、盏，陶片为泥质灰陶，大多数为素面，个别器表饰附加堆纹，可辨器形为盆、罐。根据采集的标本推断，该遗址年代为辽金时期。

榆树底村西北遗址陶罐

25. 青龙榆树底村西北遗址

榆树底村西北遗址，位于青龙满族自治县祖山镇牛心山村榆树底自然村西北 250 米与小南沟村的交界处，南邻一户居民住宅，东为秦青公路（秦皇岛—青龙县）东线，西北 300 米为西河村小南沟自然村。由榆树底村通往小南沟村的土路将遗址分为东西两部分，土路东邻一道南北向线杆。

榆树底村西北遗址陶罐底部

榆树底村西北遗址于 2009 年第三次全国文物普查时发现。遗址所处地势较为平坦，土质主要为黄褐色沙砾土，含小砾石较多，现种植玉米。遗址东西 80 米，南北 50 米，面积 4000 平方米。由于地表种植玉米较为茂盛，加之淤土较厚，故采集标本较少，主要为陶片和瓷片。陶片均为泥质灰陶，素面，器形为罐；瓷片有钧釉、黑釉、白釉，器形有碗、罐。在小南沟村一村民家有一完整陶罐也是从此遗址中出土。根据出土的器物及采集标本的特征推断，该遗址年代为金元时期。

26. 青龙五拨子遗址

五拨子遗址，位于青龙满族自治县三拨子乡四拨子村五拨子自然村中西端刘贺家院内。

五拨子遗址石臼

五拨子遗址于 2009 年第三次全国文物普查时发现。该遗址南 200 米是季节河，河南岸是乡间公路，两侧是高山。据现场调查，有一石臼藏于窖内，石臼长 0.8 米，宽 0.7 米，厚约 1 米，臼窝直径 0.4 米，深 0.3 米。据老百姓介绍，该村及附近的六拨子村曾出土石磨、铁锅、铜纺锤及大量宋钱（开元通宝、祥符元宝等）。村北王春阁家门前也挖出石臼 1 个，现存于门前，臼窝直径 0.38 米，深 0.28 米，另有石碾 1 个，长 0.3 米，直径 0.2 米。由此分析，该村整个范围处在遗址内，遗址面积约为 8000 平方米。据刘贺说，院里挖窖时，曾在距地表约 2 米处发现石臼 1 个。依据遗物推断，该遗址的年代为金元时期。

27. 青龙乱梨沟遗址

乱梨沟遗址残片，左为布纹瓦、上中为大罐口沿，下为小罐口沿、罐底

乱梨沟遗址，位于青龙满族自治县肖营子镇乱梨沟村西，紧靠村庄。

乱梨沟遗址于2009年第三次全国文物普查时发现。遗址西为山梁，南、北均为坡地，东150米是村中公路，再东50米是252国道，国道东侧是河流（沙河）。遗址现种植玉米、梨树，南北约200米，东西约80米，面积约为1.6万平方米。遗址破坏严重，地表暴露布纹瓦、陶片，俯拾皆是，但瓷片极为少见。陶片均为泥质灰陶，素面，器形为罐、盆等。据村民介绍，当地多次出土瓦、陶片、铁熨斗、铜锅等。老百姓称该地为“高丽集市”。依据遗物推断，该遗址的年代应为金元时期。

28. 青龙北庄户村东南遗址

北庄户村东南遗址残片，上为布纹瓦，下为陶片、瓷片、罐底

北庄户村东南遗址，位于青龙满族自治县娄杖子乡狮子坪村北庄户自然村东南200米的黄土台地上。

北庄户村东南遗址于2009年第三次全国文物普查时发现。遗址西南侧紧邻一砖厂，南300米有乡间公路，东为山坡，西为平地。遗址现为耕地，种植玉米、大豆。南北约150米，东西约80米，面积约为1.2万平方米。遗址破坏严重，据村民介绍，取土时多次出土布纹瓦，现场采集有布纹瓦、陶瓷片。陶片均为泥质灰陶，素面，器形为罐；瓷片为黑、白两种釉色，器形为碗。在遗址北端发现一文化层（灰坑），距地面约0.5米，平均厚0.2米，夹杂物均为布纹瓦，少量瓷片。依据遗物推断，该遗址的年代为金元时期。

29. 青龙四台子沟遗址

四台子沟遗址残片，上为布纹瓦，下为罐底、缸片

四台子沟遗址，位于青龙满族自治县娄杖子乡后牛山村四台子沟自然村西北的黄土台地上，紧靠村庄。

四台子沟遗址于2009年第三次全国文物普查时发现。遗址南侧有通往沟里的乡间便道，北侧是山梁，东、西侧都是坡地。遗址现为耕地，种植玉米、大豆和果树，东西约100米，南北约80米，面积约为8000平方米。遗址破坏严重，地表暴露陶、瓷片和布纹瓦。陶片均为泥质灰陶，素面，器形为罐、盆等；瓷片为黑釉厚瓷，器形为罐。布纹瓦分薄厚两种。遗址南侧断层暴露文化层，距地表约0.3米，平均厚0.2米，内夹杂大量瓦片。依据遗物推断，该遗址的年代为金元时期。

30. 青龙大寺台子遗址

大寺台子遗址，位于青龙满族自治县八道河乡牧马村北2千米处的山坳里，因地命名台子沟。该处山势狭窄，周围都是山岭沟壑，有山间小道穿行其间。

大寺台子遗址于2009年第三次全国文物普查时发现。遗址所在地地势平缓，为一突起的土台，旧传有寺，因此叫“大寺台子”。遗址现为耕地，种植栗树、玉米。东西约100米，南北约80米，面积约为8000平方米。遗址破坏严重，地表遍布陶、瓷片及布纹瓦。陶片均为泥质灰陶，素面，器形为罐、盆等；瓷片仅采集到黑瓷片，器形为罐。有兽面纹瓦当残件，老百姓曾在此地挖出缸、罐等物。依据遗物推断，该遗址的年代应为金元时期。

大寺台子遗址碗

大寺台子遗址六鋬铁釜

31. 青龙新升山寨遗址

新升山寨遗址，位于青龙满族自治县草碾乡新升村（原名“四台子”）西2千米处，俗称“上水泉”。

新升山寨遗址于2009年第三次全国文物普查时发现。遗址坐北朝南，背风向阳，处于山坳间，地势为山间平台。遗址残存石墙和水泉。遗址东西80米，南北60米，占地面积约4800平方米。地表有散存的遗物，采集的陶有泥质素面灰陶，瓦有泥质布纹，厚度2～3厘米不等。砖有青砖素面，残长17厘米，宽17厘米，厚5厘米。由于遗址土质肥沃，又有水泉，植被较好。据调查，曾有村民在遗址中捡到大定通宝钱币以及铜锅、铜碗。依据遗物推断，该遗址的年代应为金元时期。

新升山寨遗址残片，左上为陶罐残片，其余为布纹瓦残块

32. 青龙老爷庙村遗址

老爷庙村遗址，位于青龙满族自治县青龙镇老爷庙村山西自然村西北1.5千米，俗称“四台子碾子”。

老爷庙村遗址于2009年第三次全国文物普查时发现。遗址东为沟，西为山坡，南为四台子沟，北为北山坡，有杨树、枣树，遗址上有人工修筑的平台及石墙，墙高宽不

老爷庙村遗址石碾子

等，最高处达 3.2 米，最宽处达 1.8 米。遗址东西 60 米，南北 80 米，占地面积 4800 平方米。发现石碾 1 套，即碾盘和碾子，碾盘为扁圆体，盘面凿制伞状沟痕，直径 1.31 米，厚 0.37 米，中间圆孔呈圆形，为透孔，深 0.37 米。地表采集的陶片有泥质素面灰陶，瓦为泥质布纹红瓦、灰瓦。可辨器形有陶盆、罐及瓦。依据遗物推断，该遗址的年代应为金元时期。

老爷庙村遗址残片，上为陶罐残片，下为板瓦残块

33. 青龙车子沟遗址

车子沟遗址，位于青龙满族自治县祖山镇三间房村车子沟自然村东北，北依山丘，东邻秦青（秦皇岛至青龙）公路东线，南邻一条东西向通往村内的土路，西南为车子沟村，北有一小水渠。

车子沟遗址瓷碗

车子沟遗址瓷碗足

车子沟遗址于 2009 年第三次全国文物普查时发现。遗址地势北高南低，黄沙土，现种植大量树木、玉米。遗址南北 70 米，东西 50 米，面积 3500 平方米。据陆杖子村民陆民讲，20 世纪 90 年代在此植树时，曾挖出过瓷碗、陶罐、青铜盆等，器物埋藏深约 1 米，现村民还收藏瓷碗 1 件，瓷碗为白釉，釉色灰白，无化妆土，胎质较粗糙，碗壁有麻点，外饰半釉，内底有涩圈，外底凸起。由于农作物茂密，加之遗址埋藏较深，故现地表遗物较少。据采集的标本推测，该遗址年代为元代。

34. 卢龙五街村码头遗址

卢龙五街村码头遗址，位于卢龙县卢龙镇五街村。

遗址南北向，长约 500 米，码头的东面是卢龙古城的西面城墙，南端是卢龙古城大西门，北 100 米处是古城水西门，向西是 1995 年修的环城西路，路西是农田，路西约 1 千米是由北向南流的青龙河。码头修建于元朝大德年间，为通漕运，由吏部员外同都水监官监修，用巨大的长方形青石砌成。卢龙有城，始于东汉，古城多有护城河，至元大德年间为防水患侵城而开始修建东西二堤，东堤在明洪武年间拓建永平府城时废，西堤沿用。清以后，因青龙河水西移，堤岸渐渐失去作用，

卢龙五街村码头遗址小西门外近景

部分堤岸因失修而开始倒塌。据《永平府志》记载："青龙河沿西堤而下，船只得以傍岸。堤用条石修筑，皆以生铁。"如今，卢龙城大西门到小西门一侧存有残损的石砌堤墙。大西门处约 30 米长的堤岸和小西门以北约 100 米的堤岸保存基本完整，其余均在早年倒塌，且原来外露部分的条石已不可见，仅存岸边灰土基础。

卢龙五街村码头遗址小西门北部泊岸码头

卢龙五街村码头遗址石砌之间连接的燕尾槽

卢龙五街村码头遗址，1986 年 11 月 28 日增添为秦皇岛市文物保护单位。

六、明

1. 海港区板厂峪窑址群遗址

板厂峪窑址群遗址，位于海港区（原抚宁县）驻操营镇板厂峪村北土坎东沟丘陵上。

据史料记载，板厂峪长城砖窑始建于明万历三十六年（1608 年）。

板厂峪长城砖窑 2002 年秋长城调查时，共发现砖窑 66 座，灰窑 5 座，小打铁作坊 3 座，分布于板厂峪村北土坎、东沟丘陵之上。已发现的长城砖窑依地势而修建，沿土坎一字排开，工艺简洁大方、适用。砖窑为圆形，两窑之间相距 1 米、2.5 米、4 米不等，窑口周边有 3 个烟道，底部有窑床、柴坑，窑壁一侧有进出料券门，每窑一次烧砖 300 ～ 400 块不等。主要烧制 18 厘米 ×38 厘米的长方形墙砖，30 厘米 ×30 厘米的地板方砖，多边形的押帽砖、雕花砖、异型砖、瓦等规格的长城用砖。

2003 年 7 月经国家文物局批准，河北省文研所与秦皇岛市文物处组成联合考古队，对板厂峪高家地 2 号和 4 号砖窑进行了发掘。现以 4 号砖窑为例加以说明。

4 号砖窑呈椭圆形，南北宽 4.1 米，东西长 3.7 米，基本保存完好，部分被损坏。窑口至窑床，窑壁微内收，呈斜坡状，窑壁由于反复使用较坚硬，呈青灰色。窑底部（到窑床面）近似圆形，直径 3.8 米，窑口到窑床面高 2.4 米，窑口到火膛底部高 3.5 米，窑向 300°。

4 号砖窑由窑门、窑室、工作面三部分组成。窑门位于窑的西面，为半圆形券门，高 1.65 米，宽 1.1 米，进深 0.6 米；由 10 层砖错缝修砌，上起拱券，包括火门、抛柴口、盖风口。

窑室是窑的主要部分，包括火膛、窑床、烟孔、烟囱、风道、窑身、窑壁及窑口。

火膛位于窑门与窑床的后部，呈弦月状，上口长 2.8 米，最宽处 1.2 米，深 1.2 米，底部长 2.5 米，最宽处 1 米；火膛底部为圆底，残留 0.1 米的草木灰和碳块。窑床位于火膛后部，呈新月状，东西长 2.6 米，南北长 3.7 米，以基础岩为床体，上抹一层较厚的泥作为床面，距窑口 2.4 米；靠近火膛一侧，用砖砌成一道弧形床墙，砌法为平转错缝，共 13 层，长 3 米，高 1.2 米。烟孔共有 3 个进烟口，平均分布在窑床后部与窑壁内的烟囱相连，每个进烟口以立砖为柱呈“丁”字形将烟口分成 2 个烟孔，共 6 个烟孔。3 个烟囱均在窑床后的窑壁内，上口较小，四壁用砖砌成，下口与烟孔相连，大小稍有不同。风道长 2 米，上口宽 0.6 米，下口宽 0.2 米，深 0.6 米，与风道口相连，相连处风道底部横向平放一砖，可能与控制风量有关，上口可能是坍塌后才形成了较宽的上口。窑身为放置砖坯的窑内空间，为窑床支砖上层至窑顶部，底部直径 3.8 米，高 2 米；窑壁厚 0.4 米，由砖、泥和碎石的混合物修砌而成，后又多次修补。其中，2 号烟囱周围用单砖错缝贴砌共 13 层，高 1.1 米，长 2 米。窑口的窑壁以下是厚 0.4 米的烧土，部分窑壁上有厚 0.03 ～ 0.05 米的泥土，两个烟囱口平均分布在窑室外的窑壁内。

板厂峪窑址群遗址 2 号窑址近景

窑内堆积及包合物。窑内堆积大量回填的碎砖和石块，包合物有少量陶片和带有文字刻画痕迹的砖 4 块。窑床上仅残存一层支砖，挡火砖为竖砖，顺放 2 层，共 28 块。残存 7 组，第一组为单砖一组，均为两砖一组。六组、七组仅剩一层。床内支立砖斜放呈“波折”状，残存 140 块，7 组挡火砖间的空隙形成进火口，后面的支砖形成火道，因破坏严重仅看清 11 道，支砖上残存横放的成砖三块。

板厂峪窑址群遗址 4 号窑址群近景

窑的修建。窑依地势修建，在台地断崖处先挖一圆形坑，挖至积岩作窑床、火膛、烟囱，并将断崖掏开作窑门，外部修建工作面；烟囱、窑床墙、窑门用砖修砌，火膛与窑门处的窑壁用砖错缝叠置，修砌至窑口；其余部分用泥和碎石混合物修建，窑床面用较厚的泥抹光作床面。

在已发掘的 2 号、4 号砖窑遗址上，修建钢架顶棚式的建筑进行保护，保存现状完好。其余 64 座砖窑未动，原地保存。

根据现有砖窑遗址、遗存、遗迹的种类和数量的分布情况推测，窑址群所在的板厂峪一带是明代兵器制造、建筑材料、建筑工具和后勤保障的重地，是目前秦皇岛市所发现的明长城砖窑遗址数量最多、保存现状最为完整、文物遗存的种类最为丰富、文物遗迹分布范围最为广泛的明代长城大遗址保护区，不仅填补了秦皇岛市明长城建筑材料研究的一段空白，而且对研究明长城的建设史具有极其重要的深远影响。

板厂峪砖窑群，2003 年 10 月 17 日公布为抚宁县第三批（增添）文物保护单位，2008 年 10 月 23 日公布为河北省第五批文物保护单位，2013 年 5 月 3 日公布为第七批全国重点文物保护单位。

2. 海港区普同庵遗址

普同庵遗址寺庙东北角

普同庵遗址，位于海港区（原抚宁县）石门寨镇东塔村南 420 米的山坡台地上，西依山，北、东为沟谷，南连山，西 1 千米处有北沙河，自北南流注入八大石河。

普同庵遗址抱鼓石

普同庵遗址台阶

普同庵遗址于 2009 年第三次全国文物普查时发现。遗址所在的沟壑为东南高西北低，沟内有季节河。遗址处于沟的中部西南山坡台地上，高出河床约 20 米。现存有东、南侧石砌的护坡，东护坡中部为多级台阶，应为庵的山门。遗址南北约 30 米，东西约 20 米，总面积约 600 平方米。调查时仅存山门、北殿、西殿的部分基石和石碑残块，残碑记文为庵的四至和部分施者的功德，碑文四至可辨认的文字为“东至双石山口子峪沟，西至老虎沟，南至野蕩……”。在台阶下方两侧有抱鼓石 2 个，赑屃 2 座，古松 1 棵，碑首残块上刻龙纹图案，中心刻“普同庵记”四字。从残存的碑刻和石构件分析，推断为明代寺庙遗址。

东山根悬桥遗址远景

3. 海港区东山根悬桥遗址

东山根悬桥遗址，位于海港区（原抚宁县）驻操营镇东山根村崖口两山之间西侧山崖的下端。

东山根悬桥遗址近景

东山根悬桥遗址于 2009 年第三次全国文物普查时发现。山口为东南至西北向，山口崖壁直立，为松散块状堆积岩，此地山势陡峭，山口处为南北通行的必经之路。崖壁洞孔为3层，上层为直径0.05米的小孔2个，分析应是悬桥的上吊绳孔，高出桥面约5米。中间一排现存9个柱孔横向排列，孔间距3米，高出现河床2.5米，孔口径0.15～0.2米，深0.07～0.15米，这些孔是桥面。下端现存2个柱孔，横向排列，孔间距8米，高出河床1～1.2米，孔口径0.1～0.15米，深0.07～0.15米，洞孔微上倾，应是悬桥斜支柱孔。该地河道为石河上游的分支，原有较深的水潭，在此山间水流向为由北向南，附近山势险峻，南为明代长城。依据调查推测，该处应为明代长城外围防御所修的古栈道。

4. 海港区城子峪三元祠遗址

城子峪三元祠遗址，位于海港区（原抚宁县）驻操营镇城子峪村东南约200米的山梁顶部。

城子峪三元祠遗址石碑近景

城子峪三元祠遗址于2009年第三次全国文物普查时发现。遗址所在台地为一孤山台地，台地呈长条状，南北约300米，东西约15米，高出河床约25米，总面积约4500平方米。遗址原有明代万历二十三年（1595年）建的三元祠，清代同治四年（1865年）重修，地面建筑现已无存，仅存残碎砖瓦和石碑2通。明代碑刻碑座为赑屃座，赑屃总长1.7米、宽0.9米，碑体通高2.8米、宽0.9米、厚0.25米，碑首宽、高均为0.92米。清代碑刻碑座为长方形，长1.1米，宽0.68米，高0.44米，碑体通高2.9米，碑首高0.89米、宽1.03米，碑体部宽0.93米。碑文模糊不清，内容为明代为修庙起始的功德碑，清代为重修时的功德碑。

5. 海港区元明寺遗址

元明寺遗址，位于海港区北港镇魏家沟村北600米处。

元明寺遗址建筑构件

元明寺遗址于2009年第三次全国文物普查时发现。遗址东、北、西三面为山，南600米为魏家沟村，遗址东西40米，南北150米，面积6000平方米。遗址西侧断崖处有文化层暴露，开口距地表0.2米，文化层厚约1米，包含物有灰坑及大量筒瓦残片和板瓦残片。采集标本有板瓦残片、筒瓦残片及器物残片，筒瓦残片内、外素面，泥质灰陶；板瓦残片内、外素面经过打磨加工，泥质灰陶；陶缸腹部残片，外有一耳（提梁），内饰暗弦纹，泥质灰陶；陶盆口沿残片，直口卷沿，尖唇，内外素面，泥质灰陶；陶盆口沿残片，撇口，尖唇，内有打磨痕。根据标本特征推测，该遗址年代为明代。

元明寺遗址残片，上为盆残片，下为盆口沿残片、缸腹部残片

6. 海港区东塔村古塔基址

东塔村古塔基址，位于海港区（原抚宁县）石门寨镇东塔村南约400米的山坳台地处，东面东沟（当地村民称“狼沟”），西依高山，北为东塔村，南邻沟壑。

东塔村古塔基址全景

东塔村古塔基址石构件

东塔村古塔基址塔门正面

东塔村古塔基址于2009年第三次全国文物普查时发现，东塔村因此塔得名。东塔村西为北沙河由北南流，台地高出沟床约12米。基址现存塔座部分，塔座边框为沉积岩石条包砌内砌卵石，塔基向外平铺2米散水，塔座近似方形，边长11米×11.84米，高1.5米，东、西、北三面墙宽为1米，南墙较宽，为1.6米，中间设有塔门。塔基中部为5米×5米、宽1米的方形墙基，四角有方形柱础石，内外区间宽2米，四角间有隔墙和石券门，门高1.23米、宽0.75米。塔座上几处砌有青砖，尺寸与明长城砖相同，据此推断，该塔年代最晚应为明代。

7. 山海关黄金庄营盘遗址

黄金庄营盘遗址，位于山海关区孟姜镇黄金庄西北，今青石沟下庄村，距山海关城东2.5千米，长寿山路左侧，始建于明末。

营盘大门南向，内有土围子，东西100米，南北110米，占地面积1.1万平方米。黄金庄营盘，原东墙现存长50米、宽2米、高2米的夯土墙；西墙宽1.5米、高1.5米。营盘南北两面各宽2米，高1～1.5米，营盘内已辟为农田，稳定性较差。据《临榆县志》记载，鸦片战争后，清政府为加强海防，在山海关一带驻扎军队，构筑炮台，“黄金庄营盘”即为这一时期修建。

古营盘——黄金庄营盘，1984年11月1日公布为山海关区第一批文物保护单位。

8. 山海关天后宫遗址

天后宫遗址，位于山海关城南5千米处的一关镇南海村石河口东岸。

天后宫，原名天妃庙，始建于明初，清乾隆九年（1744年）重修时，改名“天后宫”，为航海者祭祀的场所。据说，当地渔民为便于昼夜行船和靠泊码头，在庙内曾竖立高数丈的旗帜标识，夜间悬挂长明红灯作为灯标。据记载，天妃庙“前后各三间，坚致华敞”，祠堂塑有天妃像，“复绘众神于壁间”。原遗址东西65米、南北35米、高3～5米，主建筑已毁，仅存夯土台和少许长 1.3 米、宽 0.25 米、高 0.35 米的基础条石。近年已实施原址重建，仅存部分已无迹可寻。

天后宫遗址，1984 年 11 月 1 日公布为山海关区第一批文物保护单位。

9. 抚宁椒园寺遗址

椒园寺赑屃座

椒园寺遗址，位于抚宁区抚宁镇西桃园村西椒园寺山东坡，距县城 3.5 千米。据光绪三年（1877 年）《抚宁县志》记载："椒园寺，在县西十里。明洪武元年（1368 年）建，其地产椒，因名。嘉靖乙酉（嘉靖四年，1525 年）重修，有滦州高第撰碑。"明万历二十七年（1599 年）《永平府志》和清康熙二十一年（1682 年）《抚宁县志》都有椒园寺的记载。高第，字登之，明滦州（今河北滦县）人。万历十七年（1589 年）进士，天启五年（1625 年）至七年（1627 年）任兵部尚书、蓟辽经略，与抚宁县令王道同任期相符，说明此碑为明天启末年所立。遗址地表有残赑屃座、石碑残片和大量残砖瓦，建筑地基仍存，山门地基可见，牌坊基石长 1.37 米、宽 0.66 米、高 0.43 米，柱础石 5 件。

椒园寺建筑构件

椒园寺，2003 年 6 月 20 日公布为抚宁县第三批文物保护单位。

10. 抚宁天庆禅寺遗址

天庆禅寺遗址青石碑

天庆禅寺遗址，位于抚宁区大新寨镇张黑石村北沟西北 1 千米处。

天庆禅寺，建于辽代天庆年间，明代重修，毁于 20 世纪。遗址地表有碎砖瓦等，存有青石碑一通，雕龙碑冠，碑身完整，字迹清晰，通高 2.27 米，宽 0.79 米，厚 0.18 米。明弘治十七年（1504 年）立，记述了天庆禅寺的历史环境、僧人重修工程等。

天庆禅寺遗址赑屃座

天庆禅寺遗址，2003 年 6 月 20 日公布为抚宁县第三批文物保护单位。

11. 抚宁白塔寺遗址

白塔寺遗址，位于抚宁区大新寨镇马黑石村北 500 米的山中。

白塔寺遗址殿内屋顶彩绘

白塔寺遗址建筑构件

白塔无存，残寺庙依在。白塔寺原为两进深院落，现存台阶、平台、山门、后殿，总面积 544.5 平方米。山门和后殿皆为单檐硬山直柱前廊式砖木结构。该寺新中国成立之初定产权为末代僧性元所有，性元已还俗，现有后代，仍居住在庙中。庙内现存青石料石碑一通，通高 3.275 米，碑身长 1.915 米，碑冠高 0.96 米，赑屃座 0.4 米。碑首为浮雕龙纹，碑阳为碑文及捐款名录，碑阴为捐款名录，碑文清晰完整。铭文方柱石一根，高 0.9 米，宽 0.25 米，厚 0.3 米，正面书“大明国直隶永平府抚宁神明县宣北社黑石庄居”，背面书“信人张敬郭氏嘉靖三年二月十二日吉利张堂未氏匠人赵得”。根据石柱刻石和碑文记载，白塔寺建于明代嘉靖年间，崇祯年重修。

白塔寺遗址，1987 年 6 月 22 日公布为抚宁县第二批文物保护单位。

12. 抚宁缸山龙泉寺遗址

缸山龙泉寺遗址，位于抚宁区留守营镇樊各北庄村西北 3.5 千米，缸山中部山坳中，东有沟口可至山下。

缸山龙泉寺遗址近景

缸山龙泉寺遗址残破碑首

缸山龙泉寺遗址于 2009 年第三次全国文物普查时发现。该地为沿海山区，自北向南依次为孤石顶、缸山、衡山、老虎山，此地山峦起伏，山势陡峭，海拔在 300 米以上。遗址坐落在三面环山而又凸起的山间平台处，东西 15 米，南北 10 米，面积约 150 平方米。山体为灰色沉积岩，遗址处有较薄的沙土层，地表有砖、瓦残片。建筑基址不详，现存赑屃 2 个、碑首 1 块，碑首刻二龙戏珠纹，中部双线刻“重修龙泉寺记”，碑体无存，另有一长条形石座，用途不详。赑屃一个较完整，长 1.54 米，宽 0.85 米，高 0.52 米，另一个赑屃头部残损，具体年代不详。根据碑座形制分析，应为明代始建，清代重修。

13. 抚宁驸马寨城台遗址

驸马寨城台遗址，位于抚宁区榆关镇驸马营村北端，地势较高，南部紧邻村庄，村民高占锁民房北面。

驸马寨城台遗址南墙

驸马寨城台遗址于2009年第三次全国文物普查时发现。该村原为一处平面呈长方形的城寨，城寨东侧长宽约同于村中高台的位置，后城寨的墙体被村民扒掉，仅存砌城寨的毛石、砖，其他部分无存，仅剩北部中间城台。遗址现为一长方形城台，四周石砌台邦，中为夯土台心，东西约13米，南北约12米，面积约156平方米。现南壁台邦及两转角保存较好，下脚土衬石二层，其上毛石杂砌，以石片挤缝稳固墙体，两转角处以条石砌筑。南壁可测高约3.9～4.6米，条石厚约0.68米。依据城台形制尺寸初步推断，其建造于明代后期。

14. 抚宁马驿沟遗址

马驿沟遗址北侧围墙残存部分

马驿沟遗址，位于抚宁区深沟乡马驿沟村南侧山坡下的耕地中，当地村民俗称为“高丽城”。

马驿沟遗址于2009年第三次全国文物普查时发现。该遗址西、南均为山体，北临马驿沟村及一条通往深河乡的小公路，东临一处民宅及耕地，东距北庄河水库300米。该遗址四周残存石质围墙，呈长条状，东西90米，南北30米，面积为2700平方米。遗址北侧围墙残高约3.3米，墙体最厚处为2.4米，遗址内未发现文化层，现为耕地，种植玉米、核桃等作物。根据当地人的讲述及对遗址现状的调查，初步断定遗址的年代为明代。

15. 昌黎城墙遗址

昌黎城墙遗址，位于昌黎县昌黎镇城关一街西花园的西南角。

始建于唐代后期或辽初的昌黎县城，原为一座四方城池，东、西、南、北四方的城墙各以0.5千米为距。辽、金、元时，昌黎县城的城墙为夯土而建，城内的街道自然形成“十”字形，以地势较高的城中心与东、西、南、北城门相对，构成4条街道，按方位分称东街、西街、南街、北街。昌黎县城的城墙由土筑改为砖砌，并逐渐加固，始于明代弘治年间。新中国成立后，城墙被陆续拆毁，1976年唐山大地震时，仅存的几段也难逃劫难，现仅存的遗址东西30米、南北10米，为当时城墙的西南角。地表发现少许明代烧制的大型青砖，还有一些被垒筑于居民围墙内，地下存有城墙基础。

2020年配合昌黎金上元房地产开发建设，河北元和文化传播有限公司对该遗址进行了考古勘探，发现有两段明城墙遗址夯土及一段由老旧青砖垒砌的墙体。

昌黎古城墙遗址，2005年11月11日公布为昌黎县第三批文物保护单位。

16. 卢龙红山长城采石场遗址

红山长城采石场遗址近景

红山长城采石场遗址，位于卢龙县燕河营镇城柏庄村西红山，在卢龙北部的重峪口长城以南9千米的红山山坡上。

遗址平面呈不规则哑铃形，东西两端面积较大，中间较窄，东西约1千米，南北约500米，总面积约50万平方米。遗址内散布的条石及劈石的凿痕以西部较多。遗址的西北向为一山沟，名为条石沟，遗址内的遗迹主要汇集于此，当时为修建卢龙一带的长城提供长城基石。早年，红山的表面有大量裸露在外的巨大山石，极易开采加工，而不用到山体内部采挖，再有红山的石质学名叫底部砾岩，颜色暗红，没有自然的纹理，很容易被加工成各种形状。现在遗址内的许多巨大岩石上仍然保存有当年开山劈石的凿痕，遗址内的很多地方还遗留长条状的长城基石毛料。该遗址的发现与保护，对于长城的研究具有非常重要的价值。

红山长城采石场，1985年1月3日公布为卢龙县第一批文物保护单位，1986年11月28日公布为秦皇岛市第二批文物保护单位，1993年7月15日年公布为河北省第三批文物保护单位。

17. 卢龙河南庄山寨遗址

河南庄山寨遗址寨门

河南庄山寨遗址，位于卢龙县燕河营镇河南庄村东南约1.6千米的城山上，四周均为沟。

河南庄山寨遗址于2009年第三次全国文物普查时发现。山寨遗址平面为一椭圆形，东西约100米，南北约20米，占地面积2000平方米。山寨用石块砌筑，高约6米，寨墙宽约1.2米。在墙体的西南角有石门一座，高1.8米，宽1.2米，墙体东南角有3个方形瞭望孔，约0.25米见方，西北角坍塌一段，长约5米。据老乡介绍，寨内原有石屋1座，水井1眼，现无存。山寨内现杂草丛生，有大量土堆，与寨墙平，并有土坑数个，为近年盗掘。采集到少量陶片、瓷片，其中陶片均为素面泥质灰陶，瓷片为青釉，其中一片有开片，可辨器形有碗。据山寨建筑形制及陶片、瓷片特征初步推断，其建筑年代为明清时期。

河南庄山寨遗址近景

河南庄山寨遗址瞭望孔

18. 北戴河新区大蒲河关帝庙遗址

大蒲河关帝庙遗址，位于北戴河新区（原昌黎县）大蒲河镇大蒲河村东头原大蒲河供销社院内，其地南为昌黎县城至大蒲河的旧公路，公路南为卫生院，西为民宅。

大蒲河关帝庙遗址原花厅石柱

大蒲河关帝庙的原建筑分为4层，有五门八庙。第一层为马神庙，塑两匹赤兔马及马童，其正门两根石柱上的楹联为“正气长存英雄级见成夫子，威凛佩陈与今乃圣人”。第二层为关帝庙正殿，内塑关公坐像，左右分立关平、周仓，挂有“义气千秋”横匾。庙西侧为财神庙，东侧为文昌宫，宫内塑雷公、雷母，壁上有清末大蒲河武举曹炳林所书《朱子治家格言》。文昌宫前有一钟楼，内悬铸铁钟，钟高1.5米，重约千斤。第三层为花厅，正门两根石柱上刻有楹联“花厅青莲佛手拈来传妙果，亭临碧海慈航度去袭清芬”。第四层是观音阁，内设坐于鳌兽之上的圣像。西侧为三霄娘娘庙，东侧为小女佛庙。五门指五神庙正门，南院墙东西各一门，东西院墙各一门。

该遗址现存石碑十几通（包括残碑），赑屃座4只，石柱5根。现在原庙遗址建有华严寺。

关帝庙遗址，1985年2月6日公布为昌黎县第一批文物保护单位。

七、清中华民国

1. 海港区白云山庆福寺遗址

白云山庆福寺遗址，位于海港区（原抚宁县）驻操营镇温庄村境内，在其村西北1千米的白云山上。其地三面环山，寺南有一季节性河流，寺东南有一条马车道通行。

坐北向南的白云山庆福寺，原在白云山下。明朝天启、崇祯年间，“苦行头陀”圆真和尚发誓将寺址移至山顶，到清代顺治年间，在山上新建成现在的白云山庆福寺。该寺由下而上有三层高台，三进院落。据碑文记载，其台基修建次第由后而前，后一层建于顺治五年（1648年），中间和前层建于顺治七年（1650年），其大雄宝殿建成于顺治十六年（1659年），整个庙宇于清朝宣统二年（1910年）因火灾被毁，现仅存寺基。第一层墙为石砌，高6米，东西51米，进深12米，面墙中间有台阶32级通往山下；第二层墙为砖砌，高6米，东西51米，进深18米，面墙中间有台阶 28 级通往第一层，有望柱栏板，现仅存左侧；第三层墙为石砌，已毁，尚存台阶 31 级通往第二层，东西 51 米，进深 15 米。寺院又有别院两区，寺西建有玉皇殿，寺东建有观音阁，均已毁。此外，寺西有骡子坟 1 座，已毁；寺东南 50 米有砖塔遗址 3 处，仅存基座 1 个；寺东北有一山石似碑，镌有“自然碑”三字于上，其石高约 3 米，下立小青石碑 1 通，刻有《自然碑记》。庙台居中部位建有正殿 5 间，有耳室辅侧，配庑列旁。遗址留有大小石碑 17 通，其中 4 通为高大青石碑。另外，有大量比较完好的青石雕花栏板和栏柱存留。

白云山庆福寺遗址第一层遗址，
第二层台阶与两侧四通石碑

白云山庆福寺遗址地宫

庆福寺遗址，1987 年 6 月 22 日公布为抚宁县第二批文物保护单位，1986 年 11 月 28 日公布为秦皇岛市第二批文物保护单位，2008 年 10 月 23 日年公布为河北省第五批文物保护单位。

2. 海港区双龙禅院遗址

双龙禅院遗址，位于海港区（原抚宁县）石门寨镇柳观峪村西北 3 千米处的山谷中。

双龙禅院，地处南天门山东北角，被当地人俗称为“下庵”，建成于清康熙年间。据清光绪版《永平府志》记载，双龙禅院所邻的天门洞为“山阴诸元寿”建，其地“兼雄奇秀奥而名，独晚出于诸山”。明代后期，即有僧人性存到此地结庵施茶，其圆寂后，徒弟海据募资在庵后凿崖辟地，至清康熙初年建成大殿 3 间。海据弟子寂禄“复持疏下三韩，趋齐鲁，栉风沐雨，奔走有年，于是补建韦驮殿一间两廊，六间大殿，配房四间，山门一间”。同时，修有院墙，供奉三尊慈氏像，悬挂一口铜钟，寺院建设直至清康熙十四年（1675 年）八月全部完工，从而形成“彩甍珠玑，绣柱雕题，望之如在天半”之山寺美景。时至 20 世纪，寺院年久失修，塌毁，现仅存庙宇基座、台阶和石碑等。基座长 7 米、宽 7 米、高 2 米，花岗岩砌筑，上面遗有大量砖瓦堆积，在其东侧有 19 级花岗岩石砌筑的台阶，无垂带，台阶东南有青石碑 1 通，赑屃座，碑身为长方体，通高 2.1 米，碑冠高 0.9 米，浮雕双龙戏珠纹饰，碑文

双龙禅院遗址石塔

双龙禅院遗址石碑

题为“茶盘山天门洞双龙禅院记”，落款为“康熙十七年岁次戊午孟夏之吉”，记述有禅院环境和修建纪事。1985 年调查时，青石碑身首分离（现已复原），碑文剥蚀严重，字迹已难辨识，寺院外曾建有灵骨塔 3 座。

3. 海港区城子峪娘娘庙遗址

城子峪娘娘庙遗址，位于海港区（原抚宁县）驻操营镇城子峪村西南侧 300 米处的小山坡上。

城子峪娘娘庙遗址柱础石

城子峪娘娘庙遗址筒瓦

城子峪娘娘庙遗址于 2009 年第三次全国文物普查时发现。遗址地势南高北低，东西两侧皆为沟谷，南侧为小山，北侧山坡下有一条季节河，地表为褐色土质，现为耕地，种植高粱、豆类等农作物。遗址地表可见大量的砖、瓦残片和石质柱础 1 个，分布范围东西约 30 米，南北约 20 米，分布面积约 600 平方米。采集标本有青砖、青瓦等，青砖长 31 厘米，宽 13 厘米，厚 5 厘米。根据所采集到的标本推测，该遗址为清代寺庙遗址。

4. 海港区六罗山寺庙遗址

六罗山寺庙遗址，位于海港区北港镇西连峪村东 1.5 千米处，东、北为山，南 0.7 千米为燕塞湖。

六罗山寺庙遗址柱础石

六罗山寺庙遗址残片，上为陶盆口沿，左下为遗址板瓦，右下为滴水残片

六罗山寺庙遗址于 2009 年第三次全国文物普查时发现。六罗山寺庙遗址，东西 10 米，南北 6 米，面积 60 平方米。遗址现存柱础 2 个、碑座 1 个、残碑 2 个，碑文只有捐款人姓名，其他不详。现场采集标本有板瓦残片、陶盆口沿残片、碎青砖块及滴水残片。陶盆口沿残片，直口，尖唇，夹砂灰陶；板瓦残片外饰弦纹，内饰布纹。山前新建大庙内有一石碑（残），碑长 0.6 米，宽 0.4 米，碑文记载了六罗山寺庙的建造时间为清康熙年间。根据标本特征及碑文记载推测，该遗址年代应为清代。

5. 山海关清行宫遗址

山海关清行宫遗址，位于山海关城西 1.5 千米处的石河镇孟家店村北石河西岸。

山海关清行宫始建于清乾隆年间，系在曾为清军大营驻地的文殊庵的基础上改建的。自乾隆年间起，清朝历代帝王每回盛京（今沈阳）或长白山祭祖，往返经过山海关时，均驻跸于此。据了解，清行宫在清代一直由王家大院主人管理，中华人民共和国成立后逐渐荒芜。现地表建筑及基址全无，仅存少量的柱础石和砖块。遗址原有建筑物 99 间，后院建有花园、假山、池榭，总占地面积约 4.3 万平方米，建筑布局颇具清代行宫“前殿后苑”特点。

清行宫遗址，1984 年 11 月 1 日公布为山海关区第一批文物保护单位。

6. 山海关崔庄营盘遗址

崔庄营盘遗址即崔台子营盘，位于山海关城东南 3 千米，秦皇岛市经济技术开发区东区渤海镇崔台子村北。

据《临榆县志》载，鸦片战争后，清政府为加强海防，在山海关一带驻扎军队，构筑炮台，崔庄营盘遗址即为这一时期修建。营盘原正门位北，墙体较城高，墙厚 1.5 米，条石基础，城砖砌垒。门外原有长 15 米、高 10 米、厚 2 米的影壁，早年坍毁，现辟为农田。东南、西南两角原各建一座炮台（敌台），现仅存东、南侧部分夯土墙，西北两面城墙已无存。第三次全国文物普查时，遗址所在农田区域已被基本建设工程覆盖。

古营盘——崔庄营盘，1984 年 11 月 1 日公布为山海关区第一批文物保护单位。

7. 山海关陈斗庄营盘遗址

陈斗庄营盘遗址，位于山海关城东北 3 千米，陈斗庄村东北侧。

据《临榆县志》记载，鸦片战争后，清政府为加强海防，在山海关一带驻扎军队，构筑炮台，陈斗庄营盘即为这一时期修建，即建于清光绪初年。整座营盘周长 522 米，原有门，早年坍毁，营盘原夯土筑墙呈长方形，东西 100 米，南北 70 米，周长 340 米，今已残破。现东墙长 148.7 米，南墙长 76 米，平均宽 1.5 米，高 5 米，东北角长 10 米；西墙长 150 米，较完整，西南角长 30 米已无存，其余大部分夯土墙完整，宽 6 米，外高 9 米；南墙长 99 米，仅存西南角长 20 米、高 6 米、宽 1 米的夯土；北墙长 124 米，仅存西北角长 57 米、宽 6.5 米、高 4 米的夯土。营盘内已辟为农田。

古营盘——陈斗庄营盘，1984 年 11 月 1 日公布为山海关区第一批文物保护单位。

8. 山海关后棉花庄火药库遗址

后棉花庄火药库遗址，位于山海关区孟姜镇后棉花庄村北，现存遗址面积为 2460 平方米。北墙保存较好，东西墙状况较差，南墙现已辟为农田，营盘内西北角有现代建筑平房 2 间。后棉花庄火药库旧址建于清代晚期，原建筑为城砖垒砌，有 2 个拱券室作为储存火药用，上有通风孔，下有暗沟，两室之间有隔离墙。火药库外围建有三合土墙，墙高 1 ～ 3 米，墙顶宽 1 米，墙底宽

7 米，现存东墙长 46 米，南侧有一豁口，西墙长 56 米，北墙长 70 米，中段有一豁口，豁口底宽 5.8 米，南墙现已辟为农田。

火药库——后棉花庄火药库，1984 年 11 月 1 日公布为山海关区第一批文物保护单位。

9. 山海关副都统衙署遗址

山海关副都统衙署遗址，位于山海关区关城内胜利胡同东侧，西侧为省级文物保护单位先师庙大成殿，东侧为民房，南侧临胜利胡同，北侧临居民前胡同。

山海关副都统衙署遗址近景

副都统衙署遗址，明初原为山海卫治署，始建于明洪武十五年（1382 年），后为总督军门府衙、山海镇总兵府，乾隆二十一年（1756 年）为副都统衙署。几经扩修，规模很大，是典型的东方古典建筑风格。遗址有雕刻精美“狮踏祥云”图案的石制柱础等建筑构件，经过专家考证，应是清朝二品武将的府衙。根据遗址规模及建筑构件的形制可以想象到当时建筑的宏伟气势，该遗址对研究古代军事重镇——山海关的历史文化内涵、再现古城的历史风貌有重大意义。

山海关副都统衙署遗址，2008 年 10 月 23 日公布为河北省第五批文物保护单位。

10. 抚宁陈庄百草洼寺庙遗址

陈庄百草洼寺庙遗址，位于抚宁区台营镇陈庄村北约 2 千米山沟沟头东台地上，当地人称“百草洼”。

陈庄百草洼寺庙遗址于 2009 年第三次全国文物普查时发现。该遗址所在山沟向下流入季节性河流迷雾河，该河向西注入天马湖。遗址位于一处四周环绕的台地上，自上而下分为三级台地。由北向南降低，台地东边缘用石块垒砌坝墙，高 1 ～ 2 米左右。遗址南北向约 120 米，东西约 40 米，面积约 4800 平方米。该遗址地表暴露有砖块、瓦片等遗物，砖的规格为宽 14 厘米、厚 5.5 厘米。在坝墙下暴露碑额 1 块，青石质，上浮雕二龙戏珠，宽 0.9 米，长、厚不详。在遗址上方山坡上有一处山泉。根据调查，初步推断该遗址年代为清代。

11. 抚宁干涧北大寺遗址

干涧北大寺遗址，位于抚宁区台营镇干涧村西北侧约 1.5 千米处的小山坡上。

干涧北大寺遗址于 2009 年第三次全国文物普查时发现。遗址地势北高南低，东、北两侧皆为山峰，西侧为自然沟谷，过沟谷亦为小山，南侧山脚下有一条通往干涧村的小路。遗址地表为砂石土质，现

干涧北大寺遗址台阶

为荒地，长满杂草，现地表可见少量的砖瓦残块，分布范围东西约 30 米、南北约 20 米，分布面积 600 平方米。现存毛石砌筑台基和条石台阶，台基上有石香炉 1 个。向当地群众调查得知，该遗址为一处寺庙（当地人称之为北大寺）遗址。寺庙原有建筑“文革”时期被毁，现仅存台基 2 层，皆为碎石垒砌，第一层高 1.5 ～ 3 米不等，第二层高约 3 米，中部偏东侧有石台阶 15 层，宽约 1 米。遗址中部有一座现代修建的小庙，内有石质香炉 1 个，香炉高 22.3 厘米、口径 31.2 厘米、腹径 28.2 厘米。小庙建造所用青砖应为遗址内遗存，青砖长 37 厘米、宽 18 厘米、高 8 厘米。根据地表遗物推测，该遗址应为清代寺庙遗址。

12. 青龙谢杖子寺庙遗址

谢杖子寺庙遗址，位于青龙满族自治县官场乡谢杖子村内，谢福昌民房门前，四周均为谢杖子村民房。

谢杖子寺庙遗址石鼎香炉

谢杖子寺庙遗址石刻

谢杖子寺庙遗址于 2009 年第三次全国文物普查时发现。现遗址有长 0.34 米、宽 0.16 米、高 2 米的石柱 2 块，分别刻有“大清光绪拾陆年”和“仲夏月吉日敬献”。一块长 1.25 米、宽 0.52 米、拱高为 0.26 米的半圆形石条，正中刻有“钟□千里”。一座香炉鼎，通长 0.73 米，宽为 0.44 米，高为 0.52 米；一块香炉底座，长 0.63 米，宽为 0.53 米，高为 0.3 米。根据现有建筑石构件推测，此遗址可定为清代的小庙遗址。

13. 青龙拉拉岭喇嘛庙遗址

拉拉岭喇嘛庙遗址
十八罗汉堂佛龛

拉拉岭喇嘛庙遗址，位于青龙满族自治县马圈子镇拉拉岭村北约 3 千米的喇嘛岭处，此岭为青龙县与宽城县的分水岭。

拉拉岭喇嘛庙遗址十八罗汉洞西侧

拉拉岭喇嘛庙遗址于 2009 年第三次全国文物普查时发现。此庙由庙院及十八罗汉洞组成，总占地面积约 120 平方米。十八罗汉洞南北向，位于两县间分水岭处，一车马大道从此洞间通过，庙院位于十八罗汉洞西南、车马大道西侧台地上，坐西朝东。原有前后殿，前殿 5

秦皇岛不可移动文物

间，后殿 3 间，现拾级而上入庙院。庙院南北约 20 米，东西约 30 米，庙院西侧新盖房 2 间，南屋为喇嘛殿，北屋为蛇仙殿，在北侧新盖房 1 间，为财神殿。十八罗汉洞南北长约 31.67 米、宽约 3.8 米，东西两壁墙基为 6 层条石砌筑，上部为条砖垒砌，条砖素面，长 39 厘米，宽 19 厘米，厚 9 厘米，洞顶为券顶（毁），东西两壁上各砌佛龛 9 龛，每龛面宽约 1.11 米、进深 1.35 米、高约 2.33 米，现西壁存龛 6 龛，东壁只在北部有龛痕 3 处。喇嘛教应为清代传入内地，初步推断此遗址的年代为清代。

拉拉岭喇嘛庙遗址十八罗汉堂东侧北部

14. 青龙龙潭沟魁龙庵遗址

龙潭沟魁龙庵遗址近景

龙潭沟魁龙庵遗址，位于青龙满族自治县三星口乡望宝盖子村龙潭沟自然村北约 400 米。遗址北依山岗（豁牙岭），南邻一条小河流，南为望宝盖子村通往龙潭沟村的土路。

龙潭沟魁龙庵遗址梁架结构

龙潭沟魁龙庵遗址石碑正面

龙潭沟魁龙庵遗址于 2009 年第三次全国文物普查时发现。遗址现为梯田，黄褐色沙砾土，种植玉米。魁龙庵已被拆除，现尚存一段后山墙，前门有一棵古松树。据残存痕迹推测，魁龙庵坐北向南，遗址东西 40 米，南北 10 米，面积 400 平方米。遗址内现存石碑 1 通，为青石质，碑首为透雕双龙，碑首高 0.8 米、宽 0.77 米，碑高 1.8 米、宽 0.73 米、厚 0.2 米，碑座高 0.2 米、宽 0.94 米、厚 0.38 米。碑阳面首题“魁龙庵建立碑记”，正文行书 12 行，满行 38 字，共 456 个字，主要记载了修建魁龙庵的缘由及有关事宜，尾题“乾隆十三年五月十三日”。碑文由抚宁县郭维垣撰文、卢龙县刘维锦丹书，碑阴面为捐资者人名。据村民讲，遗址东侧还有一碑，现埋于地下。

魁龙庵“文化大革命”时被拆除，后村民用拆除魁龙庵的梁架及砖、木材料，按原来的尺寸重新修建了一座庙，方向改为坐南朝北。该建筑面阔 3 间、进深 1 间，单檐硬山布瓦顶，通长 9.82 米，通宽 3.7 米。从现状推断，前檐檐柱经过装修，现前移至廊柱下，明间设板门，次间装修为菱格窗，其余三面用墙体围护，室内东次间和明间以隔扇隔开，梁架结构为五架梁前出廊，檐下无斗拱。从残存看，原来梁架上有彩绘，现大多剥落。根据碑文所记，魁龙庵始建于乾隆十三年（1748 年）。

15. 昌黎隐仙庵遗址

隐仙庵遗址，位于昌黎县城西北偏北3.2千米处的杏树园村蔡树洼。其地峰峦环拱，植被繁茂，环境比较清静、幽雅。

隐仙庵建在蔡树洼村北的平台之上，坝墙高筑，地高场阔。其为全真教道士方贯通于清朝末期修建。方贯通为昌黎城关人，曾在卢龙县仙景山修行多年。清光绪十七年（1891年），其应由卢龙转任昌黎知县的云南江川进士乐观韶约请，“慨愿募资，承修城西湘子桥、文星桥及流水沟之坍废石路”；又在“乙未（1895年）岁饥”和“庚子（1900）兵燹”时“皆随时救济，不遗余力”。清光绪三十年（1904年）前后，其归隐故里，募得抚宁县圈子营善士郭宗逵所购山场，在蔡树洼结庐建起隐仙庵。方贯通在主建隐仙庵时，见当地并无山洞，遂令工匠背依一道山崖峭壁，用卷石旋顶砌成5间洞府，名曰“朝阳洞”；洞内宽敞壮丽，正中祀有万云真宰木位。洞左有门通往洞顶，洞顶后面的山崖上修有立鹤亭（为昌黎县知事吴鹤皞所建）。洞前左方建有纠督室，室名为模仿朱熹笔法书写。朝阳洞前平台中央建有正房5间，系道士休憩之所；往东数武有门，上书“息游”二字，拾级进门依山势建有跨院，院内坐北朝南建有5间比较清秀的房屋，名“云霄阁”，为游人小憩之处。多年间，朝阳洞裹墙砌有石碑多方，刻有多篇碑文。此外，在隐仙庵西边的衡山峭壁斜坡上，凿有直径1.3米的圆形池穴，镌有“仙露池”三字；其地有山泉流过，池内玉液满盈，为浴身之地。方贯通和另一道士李诚善去世后，隐仙庵的道士在山门迤西又建有两观，一为方贯通坐化处，一为李诚善坐化处。方贯通的坐化观内悬有抚宁县著名画家许碧山绘制的方贯通羽化之前的画像。修建隐仙庵时，方贯通等人“凿石疏泉，莳花种树”，使其地鸟语花香，幽雅异常。隐仙庵建成后，游人争相前往。1917年5月6日，李大钊由北京返回乐亭家乡，路经昌黎到碣石山故地重游，曾慕名前往蔡树洼观赏春景，至隐仙庵一览。

隐仙庵建成后，汇集十几名道士修行。中华人民共和国成立后，道士先后还俗，其地的房屋曾被辟为小学教室多年，时至1973年，朝阳洞等建筑因年久失修，多处坍塌，被拆除，唯云霄阁改作民居，尚存。此外，古庙台上还遗有水井1眼。

隐仙庵遗址，1985年2月6日公布为昌黎县第一批文物保护单位。

16. 卢龙云居寺遗址

云居寺遗址近景

云居寺遗址（夷齐读书处），位于卢龙县石门镇高各庄村西山的山冈上。

云居寺遗址，东西54米，南北20米，面积1080平方米。其地东为城子山，西为牛耳山，南望团山，夏季常有云生其间，寺院故名“云居”。云居寺以山门、正殿为纵轴线，沿阶台而进，左碑右钟，碑为清乾隆二十年（1755年）立，高3米，钟高约1.7米，镌刻有“书院山云居寺重修佛堂碑记”。原有正殿5间，歇山顶、灰瓦、五脊六兽，有斗拱，前为格扇木门窗，上棂下板。殿内正像为如来佛，侍童左右；东西两厢为十八罗汉，均为泥塑坐像。如来佛像后有龛墙，转过龛墙，为正殿后门。与正殿平等两侧为配房各 3 间，进深略小于正殿。左配房供伯夷叔齐塑像，高约 0.7 米；右配房为禅堂，寺僧居住。院北有井 1 眼，井口方形 0.9 米 ×0.95 米，深约 7.3 米，水深约 2.2 米；井口条石燕尾榫，井筒上部石砌，下部山石凿穿。井北为“覆石如厦”的石屏，传“巅石屏”处有“小井”，已倾圮，不见原状。井西 39 米处的石壁上镌刻有“夷齐读书处”五字。如今，云居寺的建筑均于 20 世纪 50 年代塌毁，仅存石碑 1 通、井 1 眼、石碾 1 盘及“夷齐读书处”摩崖刻石。

夷齐读书处，1986 年 8 月 21 日公布为卢龙县第二批文物保护单位。

17. 卢龙亮甲峪隐林寺遗址

亮甲峪隐林寺遗址石碑第一通

亮甲峪隐林寺遗址，位于卢龙县蔡庄镇亮甲峪村西南约 1.5 千米，当地人俗称“九龙寺”。

亮甲峪隐林寺遗址于 2009 年第三次全国文物普查时发现。庙址坐落于山洼处，东、南、西均为山，北为山谷，东西约 30 米，南北约 50 米，分布面积 1500 平方米。据走访调查，隐林寺原有正殿 5 间、东偏殿 3 间、井 1 眼，于 1958 年拆毁，现为耕地，种植花生、地瓜。遗址上残存条石、砖及石碑 3 通。石碑第一通，重修隐林寺碑铭记：碑为糙白玉质，方首，方形座，上刻莲花。碑通高 2.09 米，其中碑座高 0.51 米，碑高 1.58 米、宽 0.7 米、厚 0.21 米。碑文为楷书，记载了隐林寺的重修情况及寺的四至：“康熙岁次壬戌仲秋越望 吉旦立 住持海珠”。石碑第二通，重修隐林寺碑记：碑为糙白玉质，碑首为二龙戏珠图案，篆文题额“佛陀寺院”，方形座，上刻莲花。碑通高 2.3 米，其中碑首高 0.7 米，碑高 1.1 米、宽 0.7 米，碑座高 0.5 米。碑文为楷书，记载了隐林寺的重修情况：“乾隆五十一年岁次丙午无射月上浣谷旦立”。石碑第三通：碑文向下，内容不清，半截埋在土中，碑通高约 1.6 米，其中碑座高 0.4 米，碑高约 1.2 米、宽 0.57 米、厚 0.15 米。据碑文内容，该寺建筑年代为清代。

亮甲峪隐林寺遗址石碑第二通

18. 北戴河新区沟儿湾清营盘遗址

沟儿湾清营盘遗址近景

沟儿湾清营盘遗址，位于北戴河新区（原昌黎县）大蒲河镇沟儿湾村东南约 1.5 千米处。

清营盘遗址东西约 176 米，南北约 174 米，四周存有部分土墙。两面有 1 米多高的土墙没有中断，由层次清楚的夯土层砌筑。营盘四周为夯筑土墙，墙外为 10 米宽的壕沟。现有西面土墙及壕沟遗存，其他被毁，遗址地面的碎砖及瓦片较多。据当地的老人介绍，其地曾发现练功用的石质器具。据《昌黎县史》记载，清道光二十年（1840 年），英军舰窜入昌黎南部沿海的狼窝口（今属乐亭），翌年，清政府派僧格林沁部署天津至山海关一线的海防，沿海各口正式设立“武汛”，并建立了一些炮台，营盘当为那时所建。据当地人说，营盘内曾驻清军六七百人，当官的姓戴，称戴统领；士兵用的武器均为火枪，打的是铅弹，有几门土炮。

清营盘遗址，1985 年 2 月 6 日公布为昌黎县第一批文物保护单位。

19. 北戴河如来寺遗址

如来寺，原来位于西联峰山中峰南麓山坳，始建于唐朝，背山面海，正殿 3 间，东西配殿各 3 间，东南角建有钟亭，厅内悬挂嘉靖四十八年（1569 年）铁钟 1 口，上有铭文。1940 年，日军在寺前修筑华北陆军医院，逼迫村民将如来寺拆除并迁往东联峰山。

如来寺 1966 年遭毁坏，仅存大殿 3 间。1991 年，北戴河区园林局按照传统寺庙建筑予以修复，增加山门、围墙、东西耳房等。如来寺单檐硬山顶，砖木结构，面宽 3 间，进深 3 间，建筑面积 100 多平方米，建筑高度为 6 米，前有廊，七架梁，三采斗拱，清式彩绘，小青砖铺地，墙为砖石垒砌。

20. 青龙吕家沟龙王庙遗址

吕家沟龙王庙遗址钟

吕家沟龙王庙遗址，位于青龙满族自治县朱杖子乡吕家沟村东北 1.5 千米，俗称“盘山沟龙泉”，又称“龙潭”。

吕家沟龙王庙遗址于 2009 年第三次全国文物普查时发现。遗址东依山，南北两面为盘山沟，西 30 米为西山坡，在龙王庙旧址上现新建龙王庙。庙后为龙泉，泉眼处被村民砌制一方形台，西侧为流水口，西 5 米处为蓄水井。庙内现有钟、磬各 1 口。钟挂于龙王庙前檐下，整体铁铸，呈圆柱形，通高 45 厘米，口径 37 厘米。钟体分 4 面，阳刻文字及花纹，一面文字曰：“民国十一年六月吉日立”；一面文字曰：“铸钟一口重三十余斤，合会人筹共立”；一面文字曰：“迁安县河流口外盘山沟龙王庙”；一面为花纹，通体有云纹、回纹图案。磬放于庙内，整体铁铸，形状呈圆形，底部 5 个圆孔，口径 0.21 米，高 0.16 米。磬体周围分 4 部分，阳刻文字及图案，一面文字曰：“迁安县冷口外杍树林子庄龙潭古磬一口，陈万山施舍”；一面文字曰：“天下太平”；一面文字曰：“民国十三年陈万山施舍”；一面纹饰似荷花。根据原庙遗物古钟及磬分析，遗址年代为中华民国。

吕家沟龙王庙遗址磬

第二部分

古墓葬

秦皇岛古墓葬比较丰富，涵盖了中国历史上的较多朝代。通过科学考古发掘，对于研究丧葬习俗及历史文化具有重要意义，墓葬出土文物成为博物馆展示陈列的重要来源之一。卢龙蔡家坟墓葬的发掘，对河北东部地区考古学的研究具有重要的推动作用。

本章择其22处古墓葬，予以表述。

一、战汉

1. 卢龙蔡家坟墓群

蔡家坟墓群，位于卢龙县卢龙镇蔡家坟村西北约 200 米，西距滦河河道约 100 米，东近距自然水沟，为滦河东岸台地，俗称“北岭”。

蔡家坟墓群文化层包含物

蔡家坟墓群于 2009 年第三次全国文物普查时发现。遗址地势自北向南渐高，西、南为断崖，东为土路（东南有断崖），东西向土路穿过遗址北部，东西 90 米，南北 120 米。据南断壁观察，现耕土下即为文化层，文化层厚 1 ～ 2 米。地表暴露遗物有夹砂褐陶、夹砂红陶、夹砂灰陶、夹砂黑皮褐陶、泥质灰陶等器物残片，其中以夹砂褐陶、夹砂灰陶为主，次为夹砂黑皮褐陶、泥质灰陶；器表饰绳纹、弦断绳纹、附加堆纹，极少素面磨光；可辨器形有甗、鬲、罐、盆、纺轮等。属夏家店下层文化遗存。（见《中国文物地图集 • 河北分册》。）

2013 年 6—9 月，河北省文物研究所、中国人民大学历史学院和卢龙县文物保护管理所三家单位联合组建考古队，对蔡家坟遗址开展了测绘、勘探和发掘工作，发掘总面积 500 平方米，发现 29 座土坑墓。从初步的整理和研究结果来看，此遗址文化内涵丰富，包含了新石器时代、青铜时代和战国时期的遗存。在遗址南部堆积的最底部发现了新石器时代的地层和少量陶片、石制品等遗物。遗址的主体遗存属于青铜时代，发现了房址、灶、柱洞以及大量的灰坑和窖穴等遗迹，出土了陶器、石器、骨器、铜器、金器以及鼓风管、石范、铜渣等铸铜遗物。时代最晚的遗迹是一批战国时期的瓮棺葬和土坑墓。瓮棺葬零散分布于发掘区的中南部，土坑墓则有一定规律地分布于整个发掘区。蔡家坟遗址堆积深厚，文化内涵丰富，完善了河北东部地区考古学文化的年代序列。瓮棺葬、土坑墓的基本特征与京津冀的燕山南麓地区、辽西地区的同类墓葬基本一致，同时土坑墓又保留了自己的特色，为讨论燕文化的传播、扩

蔡家坟墓群采集到的标本

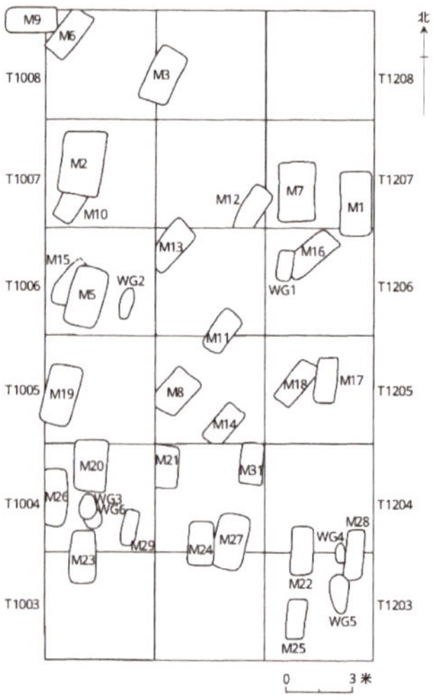

蔡家坟墓群墓葬分布图

张以及本地葬俗的发展、演变提供了新材料。（见《文物》2018年第4期。）

2. 卢龙徐家山墓地

徐家山墓地，位于卢龙县刘田各庄镇徐家山村西南约500米，北近距“引清渠”，地势东高西低，呈坡状。

徐家山墓地陶圈、奁盒盖

徐家山墓地陶仓

徐家山墓地陶灯

徐家山墓地陶钵

徐家山墓地陶灶、甑、盆、罐

2005年春，村民秦国利在栽树过程中发现长方形单室砖墓1座。东西4米，南北3米，券顶，墓门开在东面，墓底有铺地砖，墓顶在现地表下约0.7米。村民将墓顶破坏，取出完整的随葬品后将墓室回填，现墓室范围地表稍有塌陷。秦国利家现存墓葬出土的夹蚌灰陶仓2件，泥质灰陶小盆2件，圈、灶、甑、小罐、奁盒盖、泥质灰皮褐陶灯（残）、夹蚌红陶钵（残）各1件，共计11件随葬品。根据出土的随葬品特征分析，初步判定墓葬年代为汉代。

3. 卢龙范庄蔡文墓地

范庄蔡文墓地，位于卢龙县城北1千米处的范庄东北一片高地。

范庄蔡文墓地，占地2500平方米。古墓为竖穴木椁墓，平面呈“甲”字形，由墓道和墓室两部分组成。埋葬程序复杂，从封土到木椁共分7层，其中有3层五花土、2层木炭、1层白膏泥。墓室木椁分内外2层，外椁顶面长7.35米、宽6.08米，由巨型方木椁板构成。椁板之间上下又叠卧，相交的四角铆槽咬合，构筑宏伟，十分坚固。内椁为红松，虽经两千多年仍保存完好，木质色泽鲜艳，扣之有声，表面整齐、光滑，加工工艺很高。在发掘过程中发现墓室有2个盗洞：一是西北方向，二是西南方向。木炭、封土混连一起，无层次，椁木有盗洞。椁内大型黑漆棺上绘有各种朱漆流云纹饰，内葬单人。原椁内存放大量漆器，有漆奁盒、漆盒、漆木箱和大小铜镜等梳妆品，一个漆盘内绘有朱书棋盘，朱漆栏线纵横交织，格内朱书干支和职官名称，有“丁丑司马”“丙子将军”“庚辰司马”“辛已豖子”“边栏书”等字样，是目前国内罕见的棋神。在随葬品中还发现墓主人“蔡文”的白玉印章1枚，铜、铁剑各1件，磨刀石1块，铁铠甲2伯，各式铜镞120多枚和铁弹丸20多个，泥弹丸上百个，并有大量陶制鼎、壶、盆、簋等礼器及丝线。经考证，墓主人蔡文随刘邦征战有功，曾被封为侯，生卒年不详。

1987年9月，河北省文物研究所和秦皇岛市文化局联合发掘了这一古墓。有关专家认为，蔡文墓葬的发掘，为研究西汉初年上层统治阶级丧葬习俗、典章制度以及卢龙古塞的军事史提供了实物资料。（见《中国文物地图集·河北分册》。）

4. 抚宁郝各庄墓群

郝各庄墓群，位于抚宁区抚宁镇田各庄管理区郝各庄村东200米处。

郝各庄墓群分布范围，东西约500米，南北约600米，其地较周围隆起约0.5米。1986年3月，为便于浇灌稻田，农民在此取高垫低平整土地时，发现砖室墓3座，均为绳纹砖垒砌。挖掘时，一段拱券墓道遭到破坏。墓道长4.42米、宽1.16米，有耳室1方，长1.28米，宽1.28米。地面至墓室上缘最深处2米。墓道拱券皆为干砌，砖一般尺寸为长30厘米、宽13.7厘米、厚52厘米。拱券砖为一侧厚一侧薄，薄边3厘米，均为绳纹青砖。经现场勘查，墓葬埋藏过深，其范围不明。在该墓西侧20米处发现一座墓，南北向，地表下0.3米即可见砖，南北长15米。据了解，该墓南侧在20世纪六七十年代曾先后发现3座墓葬，均遭破坏。1991年7月，在村东南600米处，又暴露有砖室墓1座。砖室墓由墓室、明堂、耳室、墓道组成，棺木已腐烂，可见铁钉、漆皮，随葬品有金手镯、指环、银笄、玛瑙项链、铜镜；明堂内有陶俑、陶罐、陶钵，陶猪、羊、狗、鸡、鱼，陶仓、陶灶、陶厕、陶桶、陶磨等冥器，该墓系汉代妇女墓葬。

1991年4—6月，河北省文物研究所清理6座墓，皆为砖室墓。其中1号墓为大型多室墓，由三墓道，三甬道中甬道两侧四耳室，前室及东、西两侧室，东甬道东耳室，西甬道西耳室和后室共10室构成，南北21.35米，东西12.5米。三墓道并行北向，东西侧室和后室有人骨和棺钉。在墓圹四周的地面上，发现有用河卵石和石块垒成的一周方形围墙和方台基址、砖铺面等建筑遗迹。其余5座均为单室墓，穹隆顶。6座墓葬皆被盗，随葬品主要出自1号墓，陶器多为泥质灰陶，有1件夹砂白陶，器类有壶、罐、盆、器盖、釜、甑、匜、案、桶、耳杯、奁、尊、灶、仓、楼、灯等。铜器仅铺首2件，铜钱有五铢和花钱20枚。据发掘者推测，1号墓至少二至三代人同埋一墓，其余诸墓均在该墓以南，可能是东汉末期一家族墓地。（见《中国文物地图集·河北分册》，《文物春秋》1997年第3期。）

郝各庄汉墓群，1987年6月22日公布为抚宁县第二批文物保护单位。

5. 青龙西赶河子墓地

西赶河子墓地，位于青龙满族自治县大巫岚乡东赶河子村西赶河子自然村落西北部、松树梁山南麓。

西赶河子墓地于2010年5月28日调查时发现。墓葬东为农田，距东赶河子村2千米；南为农田，距青龙河1千米；西为农田，距青龙河400米；北与村民刘山家房屋紧邻，渐次为东西向水泥路、松树梁山。经查，1997年3月上旬，村民刘山在建房打井时发现古墓，内有南北向松柏木椁，为长方形，椁内用木板隔成三栏，在北侧格栏内发现青铜戈1件（内残缺后段）、戈柲1件（残缺，存长10厘米）和灰陶碎片，未发现尸骨。墓向不明，根据该地地形分析，应为北向。挖出的椁板散落在墓南15米处2块，一块柏木板材，长210厘米、宽30厘米、厚8.5厘米，推测为椁底板；另一块为松木板材，长103厘米、宽35厘米、厚12厘米，推测为椁隔板，或两头挡板。散落在墓西100米处水泥路北侧椁板一块，为松木板材，长221厘米、宽30厘米、厚15厘米，推测为椁帮板。依据出土的椁木长度推测，该墓长约2.6米、宽约1.7米，面积4.42平方米。采集到的遗物有青铜戈、戈柲、灰陶片。灰陶可辨器形为鼎、罐、盆等。依据采集的标本推断，该墓葬年代为汉代。

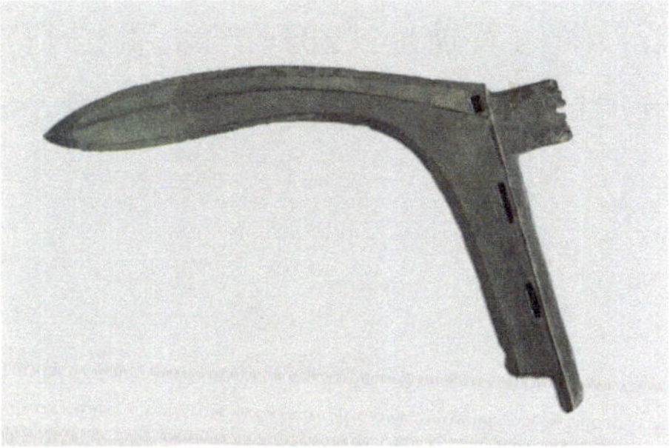

西赶河子墓地狭援长胡三穿青铜戈

墓葬已遭到严重破坏，墓地除水井占用一部分外，其余部分已回填土，地上种植蔬菜。

6. 卢龙黄家营墓群

黄家营遗址，位于卢龙县蛤泊乡黄家营村南。

遗址分布面积约5万平方米，大致可分为紧邻的3个区域。早在1957年就出土过大量的汉代砖块，还发现过有类似灶坑样的遗迹，内有烧结土。20世纪80年代，该地种植大量果树，采集到的遗物有泥质灰陶素面瓮、罐等残片。1989年文物调查时，出土过陶灶、陶耳杯、陶甑等器物。20世纪90年代改果园为农田，最南部高冈上曾经是出土砖块最多的地方。由于农田耕种的原因，地表面除农作物外，碎砖瓦比较少见。根据出土的包含物和器形推断，应是汉代生活聚落址。

黄家营墓群陶耳杯

2016年11月，秦皇岛市文物管理处组织考古队进行了抢救清理，共发现各类遗迹80处，包括墓葬77座、灰坑1处、活土坑2处，均分布在墓葬区域内。墓葬分为竖穴土圹墓、砖室墓、竖穴土圹砖室墓3类。墓葬平面布局呈长方形、方形、梯形、曲尺形以及由墓道和墓室两部分组成的“凸”字形、“刀把”形、“甲”字形、不规则形等几种形态。墓葬开口深度为0.5～1米之间，最深的墓葬底部距地表3.8米，最浅的墓葬底部距地表仅有1米。发掘墓葬6座，多为双人合葬墓，尸骨腐朽较严重，还有墓室分为南、北双人室的仰身直肢葬。随

黄家营墓群陶灶

葬品陶器多为泥质灰陶，以素面为主，均为残片。可辨器形有奁、盘、罐、耳杯、盆、案、豆等。铜器有铜钱和铜带钩。从墓葬整体分布相对集中、部分有三两集中分布上看，初步判断为同一家族的墓葬。根据墓葬结构、特征，葬式特点，葬具和随葬品的组合形式等推测，黄家营墓群应属汉代。

黄家营遗址，2014 年 6 月 12 日公布为秦皇岛市第四批文物保护单位。因经考古发掘，黄家营遗址名称变更为黄家营汉墓群，类别为古墓葬。

二、辽金元

1. 昌黎贾河北墓群

贾河北墓群，位于昌黎县团林乡贾河北村北 1.5 千米处。

贾河北墓群残片，上为内外饰弦纹鸡腿瓶底，下为泥质素面灰陶盆腹片

贾河北墓群于 2009 年第三次全国文物普查时发现。其地西临贾河北村通往吕庄村的乡间土路，北部 10 米有数座现代坟墓，南 50 米为东西向沿海高速引线。贾河北墓群东西 20 米，南北 15 米，面积 300 平方米。农民在耕地中发现砖室墓 5 座。暴露的墓葬平面呈圆形，墓道在南侧。墓砖分两种：一种比较规制，长 33 厘米、宽 17.5 厘米、厚 6 厘米；一种为楔形砖，长 31 厘米、宽 15.3 ～ 17 厘米、厚 5 厘米。均为泥质素面。墓葬中发现有酱釉、鸡腿瓶残片，年代为辽代。

2. 昌黎孙庄墓地

孙庄墓地墓葬砖

孙庄墓地，位于昌黎县朱各庄镇孙庄村北，在路东的断壁上。墓西侧为南北向孙庄至朱各庄公路，公路西侧为龙山小学。

孙庄墓地于 2009 年第三次全国文物普查时发现。孙庄墓地为砖室墓，距地表约 0.2 米，北墓壁高 1.04 米，墓室大小尺寸不详；墓砖为 13 道沟纹砖，尺寸为长 31 厘米、宽18厘米、厚4.8厘米。墓室大部分已被破坏。根据墓室形制和砖的尺寸推断，墓地年代为辽金时期。

3. 青龙小狮子沟西墓地

小狮子沟西墓地，位于青龙满族自治县大巫岚乡小狮子沟村西1.5千米，葫芦头沟北坡梯田中部田埂处。

小狮子沟西墓地椭圆形铜泡

小狮子沟西墓地，为砖砌单室墓。此墓于1980年被当地村民耕地时发现。墓为一竖井式，墓顶盖一碾盘。墓道长约3米、宽约1.5米；墓室高2米、长3.5米、宽2.5米，面积8.75平方米；墓底用砖砌平。墓已被盗。经清理发现铜饰件2枚，一枚方座上铸“玄武神”，另一枚是椭圆形铜泡。根据墓室形制及出土器物推断，该墓年代为金代。

小狮子沟西墓地“玄武神”铜饰件

据2009年文物复查，墓地现仍为耕地，墓顶石碾盘被该村邢记超运回家中盖院内水井。

三、明清中华民国

1. 卢龙东花台葛总兵墓地

东花台葛总兵墓地，位于卢龙县燕河营镇东花台村东约600米处，俗称“葛家坟”。

东花台葛总兵墓地石羊

东花台葛总兵墓地于2009年第三次全国文物普查时发现。墓葬北100米为良仁庄通往东花台村的水泥路，东为耕地，距墓约500米有移动信号塔1座；南为耕地，距河南庄约1千米；西临沟，有水坑1个，距东花台村约600米，西南角紧临石壁有大坑1个，种植花生。墓地东西约100米，南北约60米，分布面积6000平方米，现为耕地，种植玉米、花生、高粱。在墓的东南角发现石羊1只及石座1个，为红砂岩材质，其中石座长0.73米、宽0.5米。该墓葬原有石羊、石虎等石像生约10座，并有望天吼4个及石牌坊1座，传闻有并排的4口石棺。近年发现有盗墓者留下的盗洞，深约5米。据村民乔树民介绍，该处原有墓葬10余座，应为葛总兵的家族墓，“文化大革命”期间平整土地，将原有的10余座墓封土铲平，将其开垦为耕地，当时未发现随葬物品及棺椁。据该墓葬的形制及石羊纹饰初步推断，该墓葬年代为明代。

2. 昌黎马踏甸墓地

马踏甸墓地，位于昌黎县新集镇马踏甸村北约300米外的耕地内，墓地北距尖角村300米。

马踏甸墓地近景

马踏甸墓地于2009年第三次全国文物普查时发现。墓地位于耕地高台处，东西约100米，南北约100米，面积约1万平方米。高台高出周围地势2.5米左右，高台东南部为现代坟地，东南有一取土坑，墓地西50米有一南北向乡村土路。墓地地表散落大量墓砖、白釉瓷片和陶片，墓砖尺寸为长32厘米、宽15厘米、厚6厘米，可辨器形有碗、罐。由于屡次被盗和村民的大量取土，已看不出墓室的形制。根据采集到的标本和墓砖推断，该墓地年代为明清时期。

马踏甸墓地残片，上为泥质灰陶鼓腹平底残片，下为泥质灰陶残片

3. 海港区东塔村南墓群

东塔村南墓群，位于海港区（原抚宁县）石门寨镇东塔村南300米，古塔的北坡下部沟坡地上。

东塔村南墓群于2009年第三次全国文物普查时发现。东西15米，南北5米，面积约75平方米。南、西、北为山地，西北侧山势较高，东为山川。大沟内有通向沟里的便道，沟对岸有民居一处，墓地依山坡无序排列坟墓12座。中心坟前有石塔1座，塔门向东，塔为十三级密檐石塔，由塔基、塔身、塔刹三部分组成。其余墓封土明显，高出现河床约5米。

东塔村南墓群墓塔全景

4. 海港区董家口娄氏家族墓地

董家口娄氏家族墓地，位于海港区（原抚宁县）驻操营镇董家口村西北侧1.5千米，万里长城董家口景区内的小山坡上。

董家口娄氏家族墓地于2009年第三次全国文物普查时发现。墓地西南侧约2千米处为贺庄村，北侧山顶上为长城。墓地地表为砂石土质，长满楟椤树。墓地共有两座墓葬（北侧一座编号为M1，南侧一座编号为M2），东西约20米，南北约10米，占地面积200平方米，均已被盗，墓室情况不明。现存有石碑2通。M1石碑为青石质，通高1.36米，宽0.6米，厚0.12米，分为碑首、碑身两部分，碑首高0.4米、宽0.6米，碑首阴刻卷云纹图案，碑身阴文楷书“明故曾祖父、母娄府君、程太口合葬之墓，大清乾隆三十六年立”，其余碑文已漫漶不清。M2石碑为青石质，通高1.4米，宽0.6米，厚0.12米。分为碑首、碑身两部分，碑首高0.5米、宽0.6米，阴刻卷云纹图案，碑文为阴文楷书，碑文已漫漶不清，仅“大清乾隆二十六年”几字可以勉强辨认。根据碑文推测，该墓地为明代家族墓。

5. 海港区董家口骆明春墓地

董家口骆明春墓地，位于海港区（原抚宁县）驻操营镇董家口村西北侧1.5千米，万里长城董家口景区内的小山坡上。

董家口骆明春墓地石碑

董家口骆明春墓地于2009年第三次全国文物普查时发现。地势北高南低，墓西南侧约1800米处为贺庄村，北侧山顶上为长城。墓地表为砂石土质，未种植，长满楟椤树。墓葬现已被盗，墓室情况不明。东西约15米，南北约10米，占地面积150平方米。现存有石碑1通，石碑为青石质，通高1.47米，宽0.5米，厚0.13米。分为碑首、碑身两部分，碑首高0.5米、宽0.63米。碑首阴刻卷云纹图案，碑身阴文楷书碑文：“明故显考骆明春之墓，大清乾隆十六年立，原籍金华府易武县人氏”，其余碑文已漫漶不清，无法辨认。根据碑文推测，该墓葬年代为明代。根据当地群众张鹤珊讲述，该墓为明代义乌籍戍边将士的墓。该墓西北侧山脚下的董家口村为明代义乌籍戍边将士后裔村，张鹤珊父子曾到浙江义乌寻亲祭祖。

6. 卢龙郎廷佐墓地

郎廷佐墓地，位于卢龙县陈官屯乡土山村北1.5千米处。

郎廷佐墓地保护标志牌

郎廷佐墓地，当地人称“郎家坟”。墓区南北165米，东西100米。墓冢高约5米、直径约20米，南北向，土冢，砖拱穴。墓冢前有汉白玉雕制的墓碑四块和供桌供具等，墓碑上用满汉两种文字刻叙墓主郎廷佐生前所任官品职位及褒词等。墓区南端的东、西两面各有一个汉白玉雕刻的望柱，通高7米。1947年，墓地曾被当地人挖掘；1966年又遭破坏，大理石祭器和碑碣均被推倒，有的被砸碎。现存祭碑4通，祭桌1个，华表2个，神路1段及残存土冢。如今，整个墓区内是一片农田。

墓主郎廷佐，字一柱，祖籍广宁，其父熙载为明时诸生，后归降清廷，隶属汉军镶黄旗。史称郎廷佐“性行纯良，才能敏练”，生前任江西巡抚、江南江西总督、福建总督等要职。清康熙十六年（1677 年）葬于此处。御祭碑碑文为：“维康熙十六年五月十八日，皇帝遣礼部郎中加一级拜达尔谕祭故总都福建等处地方军务兼理粮饷兵部尚书兼都察院右付都御史加一级郎廷佐之灵曰：鞠躬尽瘁，臣子芳踪，恤死报勤国家盛典。尔郎廷佐性行纯良，才能敏练，克襄王事，素著勤劳，忽焉长逝，用悼联怀祭葬，特颁布以示悯测。呜呼！宠锡重垆庶享，匪躬之报，切实可行，垂信史事，昭不朽之名尔，如有知尚克歆享。”

郎家坟石雕，1985 年 1 月 3 日公布为卢龙县第一批文物保护单位。

郎廷佐墓地汉白玉碑座

郎廷佐墓地西望柱

7. 青龙马道沟王家祖坟墓地

马道沟王家祖坟墓地，位于青龙满族自治县肖营子镇马道沟村东偏北 300 米的山坡上。往西 300 米是乡间公路，往北 400 米是 252 国道，东是山坡，周围是坡地。

马道沟王家祖坟墓地正面近景

马道沟王家祖坟墓地于 2009 年第三次全国文物普查时发现。遗址现种植玉米、向日葵，墓地占地面积约为 200 平方米。墓地破坏严重，据村中王姓村民介绍，原有坟墓数十座，现多被平掉，仅存最后一座祖坟。墓地为砖室墓，青砖叠砌，墓向为正东西向，其两侧墓壁可见墓砖拱券，为五伏五券。据村民介绍，其砖券曾被人凿开，墓内已被盗掘一空，墓内四壁及墓顶均为砖券。墓内长约 4 米、宽约 3 米、高约 3 米，中有棺床 1 具。

8. 青龙老李洞村任氏墓地

老李洞村任氏墓地，位于青龙满族自治县朱杖子乡老李洞村东沟自然村东 200 米处。

老李洞村任氏墓地于 2009 年第三次全国文物普查时发现。墓地周围为近现代墓群，西 200 米为东沟自然村。墓前竖立有墓碑，通高 1.3 米，宽 0.56 米，厚 0.13 米。碑文楷书阴刻。根据碑文记载，虽无年代，该墓应在清中期，年代断代为清代。

老李洞村任氏墓地远景

响水沟邵氏墓地近景

9. 青龙响水沟邵氏墓地

响水沟邵氏墓地，位于青龙满族自治县青龙镇响水沟村东300米处，俗称“东沟老坟”。

响水沟邵氏墓地于2009年第三次全国文物普查时发现。墓坐东北向西南，墓东西两侧为山沟，西南20米为村庄，南为坡地，北依山梁。封土尚存，封土前立碑一通，供案一方，均为青石质。碑由碑首、碑身、碑座组成，碑首和碑身为一块石刻制。碑尺寸：碑首宽0.47米、高0.48米、厚0.13米；碑身宽0.43米、高0.63米、厚0.13米；碑座宽0.55米、明高0.21米、厚0.32米。碑首周围阴刻花纹，顶部篆书圆形寿字，额为楷书阴刻“百世相传”。碑身周围阳刻花纹，碑文楷书阴刻杨氏家族迁徙于此经过，以及立碑子孙的名单，立碑时间为“乾隆口申年三月口日立”（可能年限为庚申1740、壬申1752、甲申1764、丙申1776、戊申1788）。供案长0.87米，宽0.63米，高0.31米。桌上有一石香炉与桌为一体，炉为半圆形，直径0.27米，高0.11米，插香孔直径0.07米。根据碑文记载，该墓年代为清代乾隆年间。

10. 青龙大营子张富墓地

大营子张富墓地墓碑

大营子张富墓地，位于青龙满族自治县青龙镇大营子村东北1.5千米处。墓东、东北、北三面为近现代墓群，南、西两面为耕地。

大营子张富墓地于2009年第三次全国文物普查时发现。墓前立碑一通，青石质，由碑首、碑身、碑座组成。碑首高0.88米、宽0.97米、厚0.3米；碑身高1.8米、宽0.9米、厚0.25米；碑座明高0.13米、宽1.15米、厚0.76米。碑首浮雕龙纹，额阴刻篆书四字，其文字难识别。碑身周缘阴刻花纹，碑身文字楷书阴刻曰：“道光十七年岁次丁酉三月初一日，皇清诰封，安人孺人即考妣：讳字贵建。张富讳太君之墓。扦为考男自：新强贤安。”根据墓碑记载，主人姓张名富字贵建，故于道光十七年（1837年），该墓年代断代为清代。

11. 青龙官场墓地

官场墓地墓碑

官场墓地，位于青龙满族自治县官场乡官场村官场小学东北角的田地处，俗称“后山”，北靠山体，南、东、西均为农田。

官场墓地于2009年第三次全国文物普查时发现。该墓地东西5米、南北8米，分布面积为40平方米。墓地分为2座坟墓，每座坟墓都有墓碑。墓碑一，碑额宽0.52米、厚0.16米，露出地表0.56米，其余碑文均已埋入土中。据张氏后人介绍，墓主人为“乾隆年间翰林”。另一座坟墓碑宽 0.47 米、厚 0.17 米，露出地表 0.78 米，碑额宽 0.51 米、高 0.46 米、厚 0.17 米。额文为“本支百世”，碑文为“乾隆四十九年”，其余碑文均已埋入土中，据张氏后人说，墓主为乾隆年间兵部侍郎。由于后人经常祭拜，墓地保存较好。

12. 青龙老院村墓地

老院村墓地墓碑和香炉

老院村墓地，位于青龙满族自治县龙王庙乡老院村东南 30 米处，西邻一条通向村内的土路，南约 150 米为老院村至北干树村的水泥路，路南有一条东西向河道，东 50 米有一道西北至东南向线杆，北 25 米有一棵松树，东北 10 米有棵榆树。所处地势北高南低，土质为黄沙色沙砾土，种植玉米。

老院村墓地于 2009 年第三次全国文物普查时发现。现地表存墓碑 1 通、供桌 1 个、香炉 1 个。据村民介绍，这里是金家坟地，原来有数十座墓葬，农田建设时将封土挖掉。推测墓地东西约 100 米，南北约 100 米，面积约 1 万平方米。碑为青石质，墓碑上刻有牡丹花卉图形，长 2 米，宽 0.57 米，厚 0.14 米，碑阳面刻有“清故显考、妣讳朝莫太君口府君之墓”，落款“口口乾隆十七年二月二日口口”。碑前供桌长 0.92 米、宽 0.63 米、厚 0.18 米，供桌侧面刻有花纹。根据碑文推断，该墓地年代为清代。

13. 北戴河朱氏墓地

朱氏墓地，俗称“朱家坟”，位于北戴河区联峰山公园南侧山坡上，“莲花石”东约 250 米处。

“朱家坟”，为中华民国时期交通总长朱启钤家的墓地，修建于 1924 年。整个墓地以西洋式样为主，兼收中国传统的建筑风格，东西 59 米，南北 76 米，占地面积为 4484 平方米。墓地中间的小路将墓区分为东西两部分。东部有一座规模较大的主坟，为朱启钤继室于宝姗夫人墓暨朱启钤衣冠冢；西部南侧有墓 7 座，为朱氏后人墓，其中 2 座分别葬有朱启钤长子朱沛及妻子、朱启钤七女儿朱蒲筠。北侧为蠖公亭，内有朱启钤半身雕塑 1 尊。朱家坟在 1966 年 11 月曾遭到破坏，1983 年中央统战部下令，由北戴河区城建科施工队进行修复，整个墓地形成现在的样式。现保存完好。

朱氏墓地正面

朱启钤，字桂辛，号蠖公，贵州开州人。1912—1916 年先后任北洋政府交通总长、内务总长、代国务总理，1919 年任南北和谈北方总代表，1930 年组织中国营造学社，从事古建筑研究。中华人民和国成立后，任全国政协委员、中央文史馆馆员。

朱氏墓地，2004 年 10 月 27 日公布为秦皇岛市第三批文物保护单位。

古建筑

秦皇岛现存的古代建筑大多建于辽金至明清时期。就其建造的精致程度而言，大佛顶尊胜陀罗尼经幢和源影寺塔当之无愧。而境内世界文化遗产——223.1 千米的明代长城，则更具有极高的历史、艺术、文化、社会和科学价值，体现了中华民族伟大的创造力和生命力。此外，文物普查新发现了一些宅第民居，代表了区域建筑特色。

本章择其 71 处古代建筑，予以表述。

一、长城关隘及烽火台

长城，又称万里长城，是中国古代的军事防御工事，是一道高大、坚固而且连绵不断的长垣，用以限隔敌骑的行动，是以城墙为主体，同大量的城、障、亭、标相结合的防御体系。因其构筑使用年代之久远，分布范围之广阔，形制规模之宏伟，影响意义之深远，具有极高的历史、艺术、文化、社会和科学价值。1987 年被联合国列入世界文化遗产名录。

秦皇岛地处辽西走廊西端，南临渤海，北依燕山，扼守华北与东北平原交通要道，地理位置和军事战略意义极其重要，自古以来就是兵家必争之地。千百年来，这里又是汉族和北方游牧民族文化的交融之地，独具特色的自然环境与人文历史文化构成了秦皇岛长城集山、海、关、城为一体的雄伟壮丽的历史军事要塞。

秦皇岛市境内，北朝时期的古长城遗址有三段：一是海港区石门寨镇的上庄坨境内，长约 3.8 千米，另一段长约 7 千米；二是山海关外，人称“红墙子”；三是墙子里长城，在小毛山，望夫石村及往东至辽宁省万家镇墙子里村一带，长约 7 千米。

秦皇岛市境内的明长城 223.1 千米，是我国现存明长城中最精华的地段之一，有举世瞩目的万里长城——山海关，也有万里长城——九门口。从长城入海处老龙头起，到城子岭口止，由东南向西北依次为南海口关、山海关、九门口关、义院口关、界岭口关、青山关、桃林口关、刘家口关、冷口关等 28 处主要关隘，现存城、营、堡 64 座，敌台 710 座，墙台 245 座，烽燧 72 座，外加障墙、壕沟，形成了一道完备的军事防御体系。

本节选取较为重要的长城关隘及烽火台，简要介绍。

关隘

1. 山海关南海口关

南海口关，位于山海关区南海口长城线上，其南为广阔的大海，东北毗邻山海关船厂，西南侧为海神庙，北侧为澄海楼，距靖虏一号台（即 1 号台）约 80 米，是长城在滨海设置的唯一一座关口。

据明代《山海关志》记述：“南海口关，城南十里，海近岸浅处多巨石，块叠，因筑城入之。每潮汐至，水浸女埤，城尽处深不可犯。”明初徐达建山海关城时，看到这里地理形势险要，就决定在此设立海防第一要冲，驻重兵把守。是时，南海口关有官军 171 员、马 5 匹、军器 139 件。之后，又在此设置了南海口营。明天启二年（1622 年），兵部尚书孙承宗又在此设立南海口龙武营。

南海口关建筑规模不大，无突出的台身，台面高 5.4 米，下有 3.2 米宽、3.9 米高的拱券门洞，券顶为三网三伏做法；拱脚以条石砌筑，洞内以条石墁地，内有石制门槛及木质关门。城台之上原建有守关箭楼。1986 年修复老龙头工程中，在掘地基时清理出南海口关墙基，并在此基础上修复。

2. 山海关

山海关位于河北省东北部，南襟渤海，北依燕山，是连接东北与华北的咽喉要道。

山海关城基本呈方形，它的最大特点是东西的城墙一身兼二职，既是万里长城的一部分，又是关城的东面城墙。山海关城设有 4 个城门，东为镇东门，南为望洋门，西为迎恩门，北为威远门，4 个城门规模相当，现在唯有东门即天下第一关城楼保存得最完整。

山海关作为中国明长城东部的一座重要关隘，北倚燕山，南临渤海，形势险要，自古即为兵家必争之地。远在战国和秦、汉时期，山海关就是一处临海要地。据文献记载，553 年北齐时开始在这一带修筑长城。《隋书·地理志》记载，这里有长城，有关官，有临榆宫。唐朝在这里设临榆县，有临榆关。明洪武十四年（1381 年），大将军徐达在山海之间筑关建城，并将其命名为山海关。其后经明代 200 多年的陆续修建，才完成了山海关整个防御工程体系。山海关防御体系完备，关城气势雄伟，被称为“天下第一关”。

1961 年 3 月 4 日，被国务院公布为第一批全国重点文物保护单位。明长城山海关段，2020 年 11 月 26 日被国家文物局列入第一批国家级长城重要点段名单。

3. 山海关角山关

角山关位于角山中部，北距大平顶 510 米，再往北至三道关为 4.5 千米，其西南为海拔 518 米的角山顶峰，西侧紧临石河水库，东北毗邻贺家楼村。

长城跃上角山顶端之后，以嶂岩为屏，未再接连垒筑城墙。大平顶北部下临深谷，坡崖陡立，为绝险之地，令角山之顶的防守几乎无任何后顾之忧。长城复起，是在角山顶端东偏南 30 米处。至此，角山长城为补截山顶凹处，又横开列障，并使长城大体拐成“厂”字形。复起的长城沿大平顶向东偏北现有 156 米，在与驼峰顶相交的峪口，补山截谷，迂回其上，依山势联设墩台 3 处，建有 1 座关隘，以踞角山之巅，名“角山关”。角山关设置于明朝洪武年间，弘治十三年（1500年）曾重修。其关毁坏已久，遗址现主要是用山石修筑，顶部砌以砖瓦，城台长约 7 米、宽约 6 米。其关并不算显赫，却是山海关城北长城最高处的险要关隘，有着其他任何关隘不可替代的军事地位与作用。

4. 山海关三道关

三道关位于角山东北的崇山峻岭之中，在山海关北偏东 5 千米处，是秦皇岛长城线上最著名的险隘之一。

三道关在角山关与寺儿峪关（在三道关东北的高山之上，修筑较早，系角山之东的又一主要关隘）之间，地处一道由对峙的两座险峰夹成的峡谷之内。此峡谷为进入后角山的主要通道，两侧峭崖陡立，形势异常险要。在此，跃下攀上的长城除在谷中设有关隘之外，又在上、下谷口连接峭壁处另设有两道关隘，三道关隘上下呼应，珠联璧合，将峡谷紧紧锁住，“三道关”之称由此而来。头道关设在由山下入谷之处，其处山口狭而窄，绝壁高耸，涧流湍急，飞泻而下。筑在涧口的头道关紧连两旁峭壁，墙体主要以小块毛石垒筑，长有 74 米，高有 6.8 米，厚有 4.4 米（顶面宽 3 米），如拦洪大坝横遮峡谷出山处，卧坐谷底的关门如虎口锁住峡门。二道关地处山腰位置，设在头道关之上 155 米处，其两侧连接由角山而来，转往后角山而去的长城。其地山高谷深，到处是陡崖绝巘，长城砌立在石壁之上，跌宕起伏，如同挂在断崖绝壁上的锁链，形成了令人称奇叫绝的“长城倒挂”景观。二道关所在的沟底宽不足 20 米，其间筑台设关，拦腰横截。城台呈正方四棱台状，台高 10.8 米，基边长 13 米，中间置有 3 米宽的关门，城台上筑硬山黑灰瓦顶箭楼。二道关两侧的城墙直攀山崖，顺山爬行与长城主线相接，显得异常险要。第三道关隘在长城的正关——二道关之北 152 米的高处，为堵截峡谷上端而建。此处建有一道 33 米（一说 36 米）的城墙，系用块石垒筑，高有近 7 米，宽有 5 米许，在西端靠山崖处设有一孔石门，中部砌有水洞。在关门所依的西侧山梁上，修有一段长 135 米的内侧长城，由东北向西南与长城主线接连。在二道关与三道关之间的西侧峭壁，挂有一道瀑布，系古榆关八景之一，名“悬崖飞瀑”。

5. 海港区九门口关

九门口关，位于海港区（原抚宁县）驻操营镇九门口村东南 500 米处，距山海关城东北 15 千米，古称“一片石关”，历来是兵家必争之地，始建于明洪武十四年。上有长城九门，下走九江河水，雄伟壮观，在整个万里长城中独一无二，在此可见“遇山而断遇水不绝”的奇观。九门口由长城、九门桥城、一片石、围城、墩台、九门敌台等构成。

九门口关，在清朝康熙年间以前统称“一片石关”。其关之所以名“一片石”，是因关隘所在地横跨一道通往山外的峡谷，峡谷中有一条名“九江河”的河流，河床较宽，长城过此，为防止山洪暴发时河水冲毁城基，而将城基部位及城基近处的河床全用铺砌的大型花岗岩条石覆盖。条石顺河而砌，规格不一，却几乎无缝无隙；关键部位皆以浇灌的铁制银锭扣咬，异常坚固。这片面积达 7000 多平方米的石砌河床，远望恍如一片石板，“一片石”之称因此而来。其之所以名“九门口”，是因长城在此跨筑有“一片石”的宽达百余米的河床，形成过河城桥时，设有 6 孔出水洞门，此外在两岸连接城桥的城墙设有大小 3 个关门（左岸为通道，筑有围城，设大、小门各一），合称“九门”。九门口为山海关之北，是隔角山、大流子山（海拔 782 米）和塔山、大峪顶等几乎连成一体的群峰障岭的又一地势比较平缓的出口，系军事地位仅次于山海关的险要关隘，号称“京东首关”。九门口关与山海关唇齿相依，此关失守即可给山海关的后防线造成极大的威胁。明朝时蒙古骑兵进攻山海关不成，多犯此关；明末，李自成兵败石河，除吴三桂引清兵入山海关外，九门口关被清兵攻破也是一个主要因素。在中华人民共和国成立以前的军阀混战和抗日战争、解放战争中，九门口均随山海关一起发生过多次激烈的争夺战。

1986—1989 年，辽宁省葫芦岛市绥中县文物部门曾对九门口关进行修复，现保存完好。

万里长城——九门口（河北段），1996 年 11 月 20 日公布为第四批全国重点文物保护单位。明长城九门口段，2020 年 11 月 26 日被国家文物局列入第一批国家级长城重要点段名单。

6. 海港区董家口关

董家口关城位于海港区（原抚宁县）驻操营镇董家口村，古城坐落于村西侧，北距长城约

100 米，东南端距大毛山村约 1.1 千米，西距城子峪 2.25 千米，地势西高东低。

古城外观保存基本完好，四边轮廓清晰可辨。东西中轴线长 94 米，南北轴线长 80 米。古城地势北高南低，北墙紧依山坡而筑，南墙上开一门，门洞近年经群众自发修复，已改原样。门西南部由大石块重新垒砌至门洞高，高约 4 米，门前河边用水泥墙砌了护坡。东侧墙体保存较好，包砖尚存，长约 46.8 米。新修门宽 4 米、高 4 ～ 4.5 米。西墙仅存北侧约 30 米长一段较完整，高约 2 米。城门西侧及西南角城墙于 1959 年山洪暴发时被冲毁。

7. 海港区城子峪关

城子峪关城位于海港区（原抚宁县）驻操营镇城子峪村内，北距长城墙体 285 米。

城子峪关于 2006 年河北省长城资源调查队试点调查时发现。关城坐落于村中，墙体被村民民居蚕食殆尽，现只残存城楼关门和部分墙体墙基。西门已毁，残存一段东墙，残存券门位于关城南墙位置，底部为条石基础，上部用城砖包砌，平面呈矩形。券门现已残破不堪。

8. 海港区义院口关

义院口关城位于海港区（原抚宁县）驻操营镇义院口村，古城坐落于义院口村西，西北距长城 300 米，东为驻操营镇，西北为营坊村，南临蔡庄，东北毗邻板场峪。

古城四周城墙大部被毁，南门以东段内墙为宽 4 米的石墙，由石灰勾缝叠砌，里外包 1 米厚的城砖，东墙东南角至东门有近 100 米长一段保存较好。外包砖尚存，残高近 2 米。南墙保存较完整，高约 5 米，宽 6 米，里外包砖大部完好。西墙残留 3 米长一段墙基遗迹，北墙已毁，遗迹已无存。群众反映，早年有东、西、南 3 门，现已无遗迹可寻。

明长城义院口段，2020 年 11 月 26 日被国家文物局列入第一批国家级长城重要点段名单。

9. 抚宁界岭口关

界岭口关城位于大新寨镇界岭口村，关城坐落在界岭口村内，城北毗邻长城，其南为柳树沟村，东南为王家沟村，西为小罗汉洞，东为高山峻岭，洋河由北往南从古城西侧穿过。

现关城只存东月城，依山而建，保存较好。城为砖筑，外形不规则，除西门南侧有 92 米砖墙和南侧 72 米的两段墙体较直外，其余墙体均随山势弯曲延伸，由西门口至东山脚总长为 200 米，再由山脚至一山峰为 300 米。峰顶处有一长 32 米、宽 19 米的圆台 1 座。其中，东北、东南二角为直角，西侧呈圆弧。圆弧中心开拱券门 1 个，拱门两侧城墙为“八”字形，顺山势而修筑，分左右直至山脚处和西城墙南北两端相连接。关城西门尚存，拱券外高 4.7 米，里侧高 5.5 米，进深 9 米，宽 5.25 米，城墙高 3 ～ 6 米、宽 4.5 米左右。河对面也建有和东月城一样的月城建筑，但城墙墙体全筑在山上，顶峰亦有一小圈城，只是延伸至山下后已无城门建筑，遗迹也无处可寻。两月城间现辟为公路。

明长城界岭口段，2020 年 11 月 26 日被国家文物局列入第一批国家级长城重要点段名单。

10. 抚宁青山关

青山关位于抚宁区台营镇东胜寨村东 6.1 千米处。

关城墙体被民居蚕食殆尽，仅残存东墙一段，为毛石砌筑，墙体内部有灰泥痕迹，外部用灰泥抹缝；西墙残存数段墙基；北墙一段保存相对较好，并有少量包砖，墙体长约 60 米，高 6 米，宽 4 米。关城原有东、西、南 3 座城门，北墙中间有墙台 1 座，现已无存。

明长城青山关段，2020 年 11 月 26 日被国家文物局列入第一批国家级长城重要点段名单。

11. 卢龙桃林口关

桃林口关城位于刘家营镇桃林口村，坐落在村内外，东北毗邻长城，东、南两侧紧邻青龙河。

古城呈不规则四方形，东北、东南为直角，西南为弧形，西至北为斜弧线，大部分完整。古城濒邻长城，城东 200 米即为长城主线。

北门位于北墙和长城主线相交往南 130 米处。门已呈半毁状，残存一拱券残洞，中心部位券洞高 4.8 米、宽 4.2 米，券洞下部为三层花岗岩条石基础，上砌砖券，条石层高 1.15 米，券洞深 8.5 米。城门洞底层已填土抬高，抬高后券洞敞口处高 2.32 米，其中下部石碱墙高 1.33 米。中心券洞外口拱券城砖大部毁坏，原城门洞口已加宽加大，实测北侧高为 6.55 米，城门中心至边线宽 6.65 米，城墙宽为 4.2 米。

城门洞处南北外凸各 2 米，实际总深为 12.5 米。城门两侧城墙明显变窄，两侧宽各为 4.2 米，东侧长约 110 米后墙体消失。其中，墙体的东南、西北两角又向外凸出，呈直角形，凸出处南北长 4.8 米，东西宽 3.45 米。外城东侧墙体已毁，残存敌台基 8 个，其中 3 ～ 4 楼间东侧原有一月形围墙，现大部淹没在水库中，枯水期能见到一条半月形的土梁，残宽约 4 米，高不足 1 米。半月形围城墙两端各筑 2 个墩台，现只存残基及碎砖毛石。

内城关城东墙实长 60 米，保存较好，外包砖大部分完整，残高约 2 ～ 3 米。南墙长约 175 米，外包砖已无存，个别地段残高 2 ～ 4 米，宽 4 米左右。西墙长约 170 米，呈弧线形，残存 1 ～ 2 米高土墙。北墙毁坏严重，长约 240 米，残高 1 ～ 3 米，宽 2 ～ 4 米不等。关门西门早年已毁，现已找不到遗迹。

12. 卢龙刘家口关

刘家口关城位于卢龙县刘家营镇刘家口村，正南距刘家营镇 3.8 千米，东南为东风村，村北为长城主线。

古城保存基本完好。其北墙即为长城主线，西墙西侧有一条自然小河，城墙沿河岸而筑，南墙沿山脚而下向东和北墙在东山顶东尖楼处汇合。现开东、南、西三门。城墙为砖筑，南墙半毁，残墙高 3 ～ 4 米。南门已毁，由城门口至西墙长约 78 米，城门往东边 65 米为一直线城墙，往东向南直折 18 米后，再折向东直至山顶；南门至北墙中线为 111 米；西门亦毁，西门至南墙直线距离为 24 米。此城依山势而筑，除西南为直角外，余皆呈不规则形。东门较完整，其位置在东尖楼西南角上，券门洞基本完好，里口宽 2.05 米、高 2.1 米，其中拱券部高为 0.6 米，门洞深 4.85 米，门洞外口宽为 1.56 米、高约 2 米，残洞深 1.65 米。门洞外有一段长 35 米的城墙，保存较完整，高为 4 ～ 6 米。

明长城刘家口段，2020 年 11 月 26 日被国家文物局列入第一批国家级长城重要点段名单。

13. 青龙冷口关

冷口关城位于迁安县建昌营镇冷口村。古城坐落在村内，北距长城主线 700 米，东临青龙河，其东南为水泉村，西距石门子古城约 4.2 千米，城西凭临青滦公路，南依军屯村。

古城外形呈不规则三角形。南门保存较好，拱券城门洞大部分完整，门洞原深 14 米、高 5 米、宽 4.4 米，现残存进深 2.5 米，拱券上部尚存 2 米高砖墙。由南门中心至东南角长约 92 米，地面残存夯土墙心，两侧包砖已无存。东南角处现已被水文站辟为耕地。东墙南北长 195 米，其中南端有 25 米保存较完整，外包砖墙较好，高约 2.5 米，宽 3 米。由东北角至东门中心长约 109 米，东门早年已毁，遗迹已不存，残存城砖规格为 0.44 米 ×0.23 米 ×0.14 米。东北角现开一便门，残存三券三伏拱券顶露于地面，残宽 2.7 米，深 1.2 米。北墙已毁，包砖全被拆除。东侧残留高 1 ～ 2.5 米的夯土墙心，宽约 1 米。此段长城城墙上原建有 2 座敌台 1 座墙台。其中西北角上建角楼 1 座，原台于“文化大革命”中被拆除，残基面积为 13.5 米 ×13.5 米；距西北角楼往东 60 米处设敌台 1 座，现只存 3.6 米 ×3.6 米的残基，残高约 3 米；再往东 80 米处城墙上残存长 11 米、宽 11 米敌台 1 座，现只残留条石 5 层，上部砖筑台体已毁；再往东 50 米处有墙台 1 座，面积为长 10 米、宽 10 米，北侧包砖完好，高约 5 米，北侧城墙西侧保存较好，其北依托沙河绝壁，破坏较少，残宽 5 米，里高 2.5 米，但包砖已不存。中段城墙毁坏较重，包砖全被拆除，残宽 3 米，高约 2 米。西侧城墙包砖已无存，只存夯土墙心，残宽 3 米，高 1 ～ 2.5 米。为出入城内外方便，早年新开一便门，当地老乡称为西门。进门后约 20 米处有房址 1 座，长 13 米，宽 6 米。老乡说原为小庙，庙前有宽 6 米、长 13 米的广场 1 处，再往东 20 米处有长 11 米、宽 8.4 米的小庙 1 座。出西门后在西山头上建有烽火台 1 座，台基为四层红色花岗岩，高约 1.5 米，长 9.5 米，宽 9.5 米。在西山半腰处建空心敌台 1 座，内径 3 米，残高 1.5 米。在距西北山峰顶 50 米处又建敌台 1 座，原台已毁，只残留碎石块，长 8 米，宽 8 米。城东原为水关，早年已毁。

烽火台

1. 山海关边墙子烽火台

边墙子烽火台，位于山海关区孟姜镇边墙子村西北约 500 米处。

该烽火台下部为方形台座，上为圆柱形烽火台。现方形台座周边原包砌石条大部分丢失，存底部 3 层，残高 0.83 米，券门坍塌，登台石台基残存 7 级，有一多半不存；圆形烽火台下部基础条石大部分丢失，台芯外露，上部分包砖已全部破坏不存，夯土流失严重；台北侧向东盘旋向上有一条人踩踏出的登顶小道可登台顶，顶上有地质测绘坐标点标志。

方形台座每边长 50 米，台座高 6 米，四角有角台，角台边长 3.8 米，向外凸出边墙 1.1 米。高台利用了山丘顶部的自然山石，用碎石找平，上用过凿条石砌筑，下用城砖砌筑，现北部尚存

边墙子烽火台远景

一段长 10 米、4 ～ 7 层不等的包砖墙，包砖墙厚 0.8 米，包砖规格：0.37 米 ×0.19 米 ×0.1 米。台座南部正中设门，门宽 1.5 米，门洞进深 2.2 米，门洞内连接门庭，门庭进深 1.83 米、宽 2.9 米。向东为石砌登台台阶，每级台阶踏步宽 0.31 米，抬步高 0.19 ～ 0.23 米不等。门庭正对门处原建有照壁式墙，墙上镶嵌有石碑，据了解，石碑已被山海关区旅游局收回保管。

圆形烽火台位于方形台座中间，高 12.2 米，底部直径 28 米，顶部直径南北 7.3 米、东西 10.4 米，呈椭圆形。根据台芯暴露情况分析，该台下部基础部分高 5 米，环周包以条石，内以杂石充填并灌以灰浆。原石条残存 5 层，普遍存在 3 层，砌法一丁一顺，丁头作燕尾榫状，条石两端作抹头，卡在燕尾榫内，上下层错缝砌筑，坚固整齐，做工考究。上部内用素土夯筑，夯层 0.1 米，外用城砖包砌，现包砖已全部破坏不存，夯土台芯高 7.2 米。

台下有 20 世纪 60 年代挖掘修筑的战备工事，呈交叉分布，分别在东北角、西北角、西南角留有红机砖券巷道出口，在台芯会合。在圆形台东偏北的方形台上，有竖井式出入口 1 个，烽火台以西，可见一条巷道由西而来，在台西侧断开暴露在外。据当地村民讲，该烽火台下防空洞很多，走向复杂，地下几乎被挖空。

2. 山海关上庄村烽火台

上庄村烽火台，位于山海关区孟姜镇青石沟上庄村西北约 1.5 千米处。

上庄村烽火台于 2006 年河北省长城资源调查队试点调查时发现。烽火台顶部损毁严重，台体基本完整。烽火台底部南北 8.5 米、东西 7.54 米，顶部南北 6.8 米、东西 6.74 米。基础高 2.2 米，包石 4.33 米，砖墙高 1.6 米，位于角山长城的对面，距角山长城外墙 297 米。烽燧地处高耸的山头上，与长城上的敌台遥遥相望，呈掎角之势，实战略要地也。该烽燧为一座实心敌台式结构。条石基础，下部为块石砌筑，上部为包砖，平面呈长方形。该烽燧下层为实心，没有上下楼梯，其上层的南侧有一门，分析当时应为用木梯或绳梯上下相通。其门两侧石框已经缺失，残宽 1.09 米，因上部残缺，故其高度不详。史料记载，原门下两侧各设一悬挑石，以供吊附悬梯，现已缺失。门上方的“镇虏”石匾也已无存。烽燧上层残损严重，保留大部砖墙。除南面一门外，另有箭窗和射孔，每侧有 3 个垛口。中间地面有铺房一间，仅存基址。台周砌以三层拔檐砖，厚 0.35 米。东侧有出水口 1 个，突出墙外侧 0.8 米。

上庄村烽火台北立面

3. 海港区九门口二号烽火台

九门口二号烽火台东立面

九门口二号烽火台，位于海港区（原抚宁县）驻操营镇九门口村东543米处的山上。

九门口二号烽火台于2006年河北省长城资源调查队试点调查时发现。烽燧外侧有围墙，四面环绕，墙厚1.16米，东西37米，南北19.8米。围墙西距烽燧3.6米，北距烽燧3.1米。敌台式建筑，块石基础3层，台体下半部分块石包面，上半部分包砖，砖墙顶部起三层拔檐砖，台体实心。顶部西侧垛口墙中间有1门，两侧2个垛口、4个望孔，东、南、北侧各4个垛口。南侧有一出水口。没有楼梯，应为木梯上下相通。底边南北11.5米、东西11.05米、高约8米。

4. 海港区董家口一号烽火台

董家口村一号烽火台，位于海港区（原抚宁县）驻操营镇董家口村北1.3千米处。

董家口村一号烽火台于2006年河北省长城资源调查队试点调查时发现。烽火台平面呈圆形，块石垒砌，直径5.8米，高3.3米。东侧墙体部分坍塌，其余墙体保存较好。

董家口村一号烽火台西立面

5. 抚宁大石窟二号烽火台

大石窟二号烽火台，俗称八角楼，位于抚宁区大新寨镇大石窟正东1.5千米的山顶处，其北为东台子，北距长城约5.5千米。

此台为八角形，台基为花岗岩7层，高2.3米，上砌城砖楼体，总高4.2米，面积不清。中层台体为不等边八角形，即边长和八角都互不相等。东南侧开一券门，门顶外侧为拱形，内侧平顶。门宽0.77米、高1.62米，门两侧全由花岗岩条石垒砌成墙体，上部砌筑12层城砖至垛口墙下沿，高约1.2米；垛口墙砌城砖7层，高约0.7米，每面设垛口3个，其中东侧2个垛口完整。进门后约3米，有一自然山石位于台中心，占据了台内大部分空间。台顶四周有回廊相通，回廊宽约0.7米，西北角有一楼橹遗址，面积不清。烽火台已全毁。

6. 卢龙桃林口关南烽火台

桃林口关南烽火台，位于桃林口关南约500米处的孤立山峰顶端上，海拔为193米。

台基为五层长方形红色砾岩，高约1.7米。上砌实心夯土台体，外包城砖，残高4.2米。底部东西10.11米、南北10.06米，总高约5.9米。外形南、西、北三面砖墙保存较好，东面砖墙上似开一豁口，应为上顶部阶梯，梯口宽为0.7米。

7. 卢龙刘家口关烽火台

刘家口关烽火台，位于刘家口关东尖座楼北约 250 米处的山顶上。

台基为四层红色花岗岩毛石，高约 1.2 米。上部台体已残，只存中心夯土实心台体，外包砖已毁，顶部残留部分填土，残高约 4.5 米。底部面积为南北 12.9 米、东西 12.28 米。外形包砖墙体已毁，只存南面基石保存较好。

8. 青龙拿子峪四号烽火台

拿子峪四号烽火台南立面

拿子峪四号烽火台，位于青龙满族自治县祖山镇拿子峪村内西北部。

拿子峪四号烽火台于 2006 年河北省长城资源调查队试点调查时发现。烽火台底部料石基础 3 层，高 1.2 米，每层收分平均 0.15 米。台基上用料石砌角，大块毛石码边，毛石、碎石填芯。石墙包砌高 7.35 米，以上城砖包砌至垛口顶，总高 11.56 米。从底边至拔檐线角收分 0.7 米。南北两侧拔檐线角下设吐水石嘴，北侧已残。东侧垛口墙中部留有上下台顶口。台体底部为三层料石基础，以上为块石砌筑，白灰勾缝；上部有部分砖砌墙体，顶部为砖砌垛墙。整体保存较好，四面墙体有数道裂缝。

9. 青龙独石村一号烽火台

独石村一号烽火台西南立面

独石村一号烽火台，位于青龙满族自治县隔河头乡独石村东南 1.8 千米处。

独石村一号烽火台于 2006 年河北省长城资源调查队试点调查时发现。烽火台台体底边东西 9.9 米、南北 9.86 米、通高 7.6 米，至顶收分为 0.3 米。四面墙体下部块石基础高 1.57 米，不设登台台阶，于南面墙体垛墙中心部位设有一门，应为木梯或绳梯上台。此台不能登顶，故顶部及内部建筑结构不清楚。

烽火台整体保存较完整，下半部为块石砌筑，白灰浆勾缝；上半部为包砖墙，顶部为砖砌垛墙。北墙中部外侧包砖脱落严重，西北角基础石坍塌成一直径约 2 米的大洞，洞深 1 米。

二、寺观塔幢

1. 抚宁清河塔寺

清河塔寺正南面

清河塔寺，位于抚宁区榆关镇平市庄林场山中清河北岸，南距马驿沟4千米，西距宝峰禅寺2千米。

清河塔寺，现存正殿1座、厢房3间，殿南70米处原建有清河塔，已圮，遗址尚存，其寺因塔而得名。正殿和宝峰寺的建筑风格一致，均系砖石结构，歇山顶无梁殿，格局略大于宝峰禅寺，面宽8.01米，进深6.35米，高6米，坐南朝北，中间设前门。门两侧各嵌青石竖碑1块，碑高1.6米，宽0.8米，右为功德碑，左为清河塔寺修建记事碑。依据碑文记载，该寺建于元代至治年间，明正德年间重修。寺内墙壁上嵌青石27方块，墙上刻有神像，与宝峰祥寺神像基本相同。

1986年7月，清河塔寺由河北省文物局拨款翻修殿顶。

2. 抚宁宝峰禅寺

宝峰禅寺，位于抚宁区东北17.5千米处的榆关镇平市庄林场宝石顶南山谷中。

宝峰禅寺以背靠宝石山顶峰得名，又因其地山石风化多沙砾，俗称“沙龙殿”。寺院始建年代无考，明弘治十四年（1501年）重修。宝峰禅寺坐北朝南，南北进深25米，东西长30米，占地面积750平方米。现存正殿1间、西厢房3间，东厢房3间仅剩房基。正殿为石砌墙，无梁、歇山布瓦顶，圆拱石门，门两侧各镶嵌明代重修碑1通，殿内四壁镶嵌27块阴刻神像青石碑。寺院围墙已毁，西面3间厢房顶部坍塌，院内杂草丛生。院中心现存一通碑，因年代久远、风化严重，字迹难以辨认，西南50米处保留有碾盘和一眼水井。宝峰禅寺所用的砖、瓦、石料均经过仔细加工而成，大殿顶部用砖拱顶，又称无梁殿。主体建筑造型美观庄重，结构合理，顶部的砖雕吻兽，做工精细形象优美。殿内四壁镶嵌的青石阴刻神像，中间是过去、现在、未来佛，

宝峰禅寺主殿和西偏殿

宝峰禅寺正殿内阴刻神像

古建筑

左右列有文殊、普贤、地藏、观音、阿难、十二圆觉、诸大菩萨、天王、金刚等神像，形象逼真，神态各异，体态丰满，衣纹飘逸，雍容端庄，具有辽代造像艺术风格。宝峰禅寺南500米处有一山谷，两侧各有巨石凸起，使山谷变窄，当地群众称此地为进入宝锋禅寺的山门。山门东、西两侧石壁上有18幅线刻神像与“山门”镌字。1986年2月，宝峰禅寺由河北省文物局拨款翻修殿顶。

宝峰禅寺线刻神像

宝峰禅寺，1982年7月21日公布为抚宁县第一批文物保护单位，1982年7月23日重新公布为河北省第二批文物保护单位。

栖贤寺远景

3. 山海关栖贤寺

栖贤寺，位于山海关区角山景区内。

栖贤寺，原名栖霞寺，俗称角山寺，始建年代不详，明初洪武年间重建，系集儒、佛、道三教一体的古建筑。庙宇地处角山主峰大平顶之阳坳，占地约4.5万平方米。主体建筑坐北面南，分为东西两院，除东院属四合院布局外，其余殿宇分布比较零散。栖贤寺系1990年10月至翌年7月，历时9个月由山海关区人民政府筹资，在原址基础上重建的，恢复山门、望海观音殿、伽蓝殿、达摩殿、肖显读书处、三贤祠、龙神祠、魁星阁、关帝殿、桓侯祠、甘露亭等多处史载建筑，其中山门所悬“栖贤寺”匾额系中国佛教协会会长赵朴初题写。栖贤寺曾作为明清时期文人雅士读书消夏之所。据载，当地读书人常在此修学养身，其中不乏社会名流，有明成化年间时任福建按察司佥事的大书法家肖显、任陕西按察使的郑己，嘉靖年间任兵部左侍郎卒后追赐工部尚书的詹荣等名士。

栖贤寺，1984年11月1日公布为山海关区第一批文物保护单位。

4. 北戴河观音寺

观音寺，位于北戴河区联峰山公园内。

寺院坐北朝南，为四合院式建筑，有山门1间、正殿3间、东西配殿各3间。山门两侧各有1个大门，东配殿与南墙间有一角门，寺院西北角有回廊，通往院外的静修禅堂。寺院东南角有铁钟1口。山门为单檐歇山顶，砖木结构，五架梁，四角直柱垒于墙中，清式彩绘，山门门洞呈拱形，山门内有泥塑观音菩萨坐像1尊；东西配殿均为单檐硬山，直柱前廊式，砖木结构，五架梁，清式彩绘；正殿为单檐硬山，直柱前廊式，砖木结构，

观音寺山门

观音寺山门梁架

五架梁，清式彩绘，明间正中有木雕观音立像 1 尊，木雕童男女像各 1 尊。

西配殿曾为北平国立图书馆北戴河分馆，1931 年 7 月 11 日开馆，每年夏季开业，冬季停业。1935 年 7 月 6 日，该馆向北戴河海滨自治区公署赠《惟生论》《凿井工程》及《农业仓库论》等书。1937 年，七七事变后停业。

观音寺古钟

北戴河观音寺，1986 年 11 月 28 日公布为秦皇岛市第二批文物保护单位，2001 年 2 月 12 日公布为河北省第四批文物保护单位。

5. 山海关清真寺

山海关清真寺，位于山海关城西门外，北距西门城台 290 米。

山海关清真寺，始建于明洪武十三年（1380 年），系山海关建关设卫前一年修建。整个建筑坐西面东，依次为大门、影壁和北侧沐浴室、南侧殡葬室，二门、南北两侧讲堂各 3 间以及正殿。其中正殿方位背向清真圣地麦加，造型既体现伊斯兰教风格，又兼容中国古代建筑特点，具有较高的艺术价值，时为京东一绝。殿前栽有古松 2 株。

清真寺在 20 世纪 60 年代曾被山海关制鞋厂占用部分房屋，1980 年退还。1986 年经过修缮，增设了部分辅助建筑设施，现布局完整，保存较好。

山海关清真寺全景

维修后的清真寺，东西长 78 米，南北宽 36 米，总面积为 2808 平方米，寺周围以院墙、大门东向，两侧各有旁门 1 扇，另北侧新开大门 1 扇，建筑布局大体可分三层：第一层，靠门北侧设传达室，男女沐浴室共计 9 间，东西长 27.35 米，南北宽 7.6 米；南侧殡葬室两间，东西长 7 米，南北宽 5 米，全为人字架近代建筑，面积 242.9 平方米。院内中间设有假山石。第二层，中间门楼，上刻匾额“清真古寺”；门南侧石碑 1 座，西为井亭，往西有南讲堂 3 间，东西外长 10.3 米，南北宽 8 米，上刻匾额“民族团结”；对称有北讲堂 3 间，上刻匾“风雨同舟”，东为阿訇办公室两间，东西长 13.8 米，南北宽 5.5 米，为近代建筑。第三层即正殿，东西外长 10 米，南北宽 14.3 米，后廊东西长 6 米，南北宽 11.7 米；前廊东西长 5.06 米，南北宽 12.3 米。殿正面由南向北有匾额“纯则不已”，系清道光九年（1829 年）五月教曹宽、曹祥沐立；“朝朝无穷”系清乾隆二十六年（1761 年）户部尚书哈元生所立；“道合中”系清光绪十九年（1893 年）大总兵奉天总理营务长记名提督锉色巴图鲁左宝贵所立。

楹联曰：“化人化物能化化，生天生地更生生”。正殿建筑面积275平方米，建筑结构为两个硬山，一个歇山并联，上加一层四角攒尖顶，有卷棚门顶，砖木结构。2009年10月，清真寺在原有建筑基础上增加部分房屋设施。

山海关清真寺，1984年11月1日公布为山海关区第一批文物保护单位，1986年11月28日增添为秦皇岛市文物保护单位。

6. 山海关三清观

山海关三清观，位于山海关城西一关镇北后街村。

三清观，始建于明末清初，为全国七十二座道教丛林之一，曾与北京白云观、沈阳太清宫并称“京东三大名观”。建筑中轴线自南向北，依次为山门、牌楼、前殿、东西配殿、正殿和东西朵殿。其中正殿月台前设钟架1个，有古松和古柏各1株。据史料记载，观内正殿曾供奉三清（即玉清、上清、太清）道士塑像，造型高大精美，雕刻工艺玲珑，颜色鲜艳。原建筑毁于1966年12月，庙址改建为北后街小学。遗址南北74.3米，东西57米，占地面积4235.1平方米。现幸存古松1株，高约15米，树干周长2.25米，树冠形若蛇龙状，相传为元代故物，名曰蟠龙松（又称卧龙松）。

三清观正殿

三清观牌楼

2005年8月，山海关区人民政府筹集资金对三清观进行修复，2006年6月复建完工，现归属山海关区文物局管理。

三清观原址，曾于1961年6月24日被秦皇岛市人民委员会公布为秦皇岛市第一批文物保护单位，1984年11月1日公布为山海关区第一批文物保护单位。

7. 卢龙白衣庵

白衣庵，位于卢龙县刘家营乡桃林口村内。

白衣庵，始建于明早期，距今600余载，传因供奉白衣观世音菩萨而得名。现存正殿3间，木架砖石结构，歇山顶，梁架为五架梁式，柱14根，房顶上铺灰瓦。

建筑因年久失修，几近坍毁。2002年9月，秦皇岛市文物管理处为保护这一古建筑，经河北省文物局批准，将其正殿落架修补。2003年11月，白衣庵依原状重修竣工，

白衣庵正殿南面

2005 年，按原来院落布局又修筑了院墙、山门。

白衣庵，1986 年 8 月 21 日公布为卢龙县第二批文物保护单位，1986 年 11 月 28 日公布为秦皇岛市第二批文物保护单位，2001 年 2 月 12 日公布为河北省第四批文物保护单位。

8. 抚宁背牛顶太清观

背牛顶太清观，位于抚宁区大新寨镇大石窟村北的平市庄林场背牛顶山峰上。

背牛顶太清观，地处海拔 956 米的背牛顶山峰上。背牛顶孤峰如柱，起于群山之中，因其后有石如牛而得名。背牛顶峰分三级，总面积为 25 万平方米，太清观院落分布在三级台地上。顶峰第一级西端有石结构拱券山门，下临悬崖高 70 米，崖上柏木梯 6 架，为登山朝拜必经之路，清同治四年（1865 年），海阳镇袁国任铸铁链两条附于梯两侧，现柏木梯大部残毁，有铁制梯子可上山。山门顶部垛口墙下有“背牛顶太清观”小匾 1 方，进山门有一平地，松林密布，其间有明清两代所立小青石碑（只有两块完整），碑表风化，字迹已经难辨，其间有砖石砌筑的瓮井 2 眼。第一级中间部位有歇山顶无梁殿 1 座，石墙，砖拱门，前开一门，侧壁开 2 孔。殿内正面须弥座尚存，内壁原有的青石线刻神像已毁，下部围有蝉纹石雕须弥，殿前有云松 2 株。殿内北墙下有佛座，上有 3 尊木制佛像。无梁殿西南 15 米有石上凿成水池 1 方，深 2 米，池水终年不溢。无梁殿东南 30 米，原有清代所建关王殿（已毁），关王殿东 40 米石上有线刻吕祖背剑图。无梁殿东北 10 米有钟鼓楼，西北 30 米有雕琢佛龛 1 处，现有石制接引佛石碑 1 通。顶峰第二级有山洞，称金光洞，洞口面南，附有金光洞石匾 1 方，洞西侧有“海阔天高”摩崖石刻，为明代参将林桐所题。东侧石壁有明代善男信女所刻求佛记事，东北 30 米有石碾盘 1 具。此外，有捣米石槽 11 个、柱础石 13 块、小石磨 1 块、钟楼 1 座及大铁钟 1 个，完整石碑有 3 通，残石碑有 30 块。

背牛顶太清观无梁殿

背牛顶太清观远景

背牛顶太清观钟楼

背牛顶太清观，1987 年 6 月 22 日公布为抚宁县第二批文物保护单位，2001 年 2 月 12 日公布为河北省第四批文物保护单位。背牛顶庙宇，1986 年 11 月 28 日公布为秦皇岛市第二批文物保护单位。

9. 昌黎源影寺塔

源影寺塔近景

源影寺塔，位于昌黎县城西北隅，碣石山市场东面。

源影寺塔为八面十三层，实心密檐，高 36 米，平面面积 90 平方米。塔的主体建筑为砖木结构。塔基上有须弥座，其上端是用五铺作斗拱承托着的平座。平座上有仰莲两层托着砖雕的天宫楼阁，有栏板勾栏、望柱，栏板上雕刻着优美的几何图案花纹，楼阁八面均为假门。东、西、南、北的假门上各饰有四排门钉和两个门簪，其余四门为直棂三抹头隔扇。天宫楼阁上直至十三层檐下均施斗拱。平座的斗拱为五铺座双抄，是呈 45° 角的斜华拱。各单层补间为四铺作单抄斗拱，但不为斜拱。各层檐、飞有明显卷刹。十三层顶部有铸铁塔刹。源影寺塔建筑结构精细，造型优美，富有浓郁的北方文化色彩。

源影寺塔始建于金代，在历史上曾多次重修。1976 年夏天，唐山大地震波及昌黎地区，致使原已倾斜、顶部坍塌的源影寺塔由塔基向上逐渐向深度倾斜。1983 年 4 月，经河北省文物局批准，源影寺塔进行重修，至 1987 年竣工。重修后至今，源影寺保存良好。

源影寺塔，1985 年 2 月 6 日，公布为昌黎县第一批文物保护单位；1956 年 9 月 7 日，被河北省人民委员会公布为河北省文物保护单位；1982 年 7 月 23 日，被重新公布为河北省第二批文物保护单位；2001 年 6 月 25 日，公布为第五批全国重点文物保护单位。

10. 昌黎双阳塔

双阳塔，位于昌黎县城南偏西 21.5 千米处，皇佃庄镇陈青坨村南 300 米外的田野之中，南临近沿海高速公路。

双阳塔近景

双阳塔建于明万历四十一年（1613 年）。据史料记载，双阳塔初建时为双塔，居东者为赵翁宝塔，居西者为郑翁宝塔。清同治元年（1862 年），郑翁宝塔倾毁，赵翁宝塔独耸至今。现存赵翁宝塔，高 6.5 米，为密檐实心砖塔，由塔基、塔身、塔刹构成，八角五级，平面呈八角形。主体以青砖平砌，各层檐椽为砖雕仿木结构。塔基高 1.22 米、底边长 0.78 米，塔基须弥座上端三层迭涩出挑，其中第三层为砖雕仰莲承托着上部的平座。平座上有栏板、望柱，每面两块砖雕栏板，图案为高浮雕动植物花纹。平座以上为塔身，共 5 层，一层塔身高 1.03 米，二、三、四、五层均高 0.78 米。各层塔身的转角处作圆形砖雕倚柱，塔檐均为两层迭涩加砖雕仿椽短挑出檐，檐顶四层迭涩收顶。一层塔身每面的下端左侧位置各有一小型佛龛，均宽 0.1 米、高 0.08 米、深 0.15 米。正南面一层檐下镶嵌有一方青石匾额，宽 0.37 米，高 0.32 米，其上阴刻“赵翁宝塔”四字，落款为“大明万历癸丑孟夏吉旦修建”。双阳塔所在地原有一座尼姑庵，名“朝阳庵”，有 3 间正殿，供有大小泥塑佛像十几尊，并有 3 间东厢房，为尼姑居室，1949 年夏季发大水，朝阳庵被冲毁。1976 年夏季，受唐山大地震的波及，赵翁宝塔的塔身略向东北方向倾斜，仰莲、宝瓶顶落地。1992 年，陈青坨村委会负责对赵翁宝塔进行修葺时，未做到修旧如旧，用水泥补作宝瓶顶，所缺砖雕用水泥和砖代替。2013 年 7 月 28 日至 8 月 20 日，河北省文物局拨款 20 万元，对此塔进行了现状加固、局部修复，拆除了 1992 年村民维修时所补水泥，恢复了其原有面貌。

双阳塔，1985 年 2 月 6 日公布为昌黎县第一批文物保护单位，2008 年 10 月 23 日年公布为河北省第五批文物保护单位。

11. 海港区板厂峪塔

板厂峪塔，位于海港区（原抚宁县）驻操营镇板厂峪村南 100 米处的山谷中。

板厂峪塔近景

板厂峪塔为六角七级密檐式实心砖塔，高 15 米。塔由塔基、须弥座、塔身及塔刹组成。塔基六面石砌，每边长 4 米，高 1.5 米；须弥座每边长 2.5 米，高 1.04 米，有砖雕纹饰。塔身呈淡黄色，每面辟券门佛龛，上饰飞天，左右各有一尊佛像，上饰伞盖。第一级每边长 2.32 米，高 4 米。第一层檐下有砖雕斗拱，每边四攒，为一斗三升交麻叶。各层均为迭涩檐，布瓦顶。塔顶为铁制宝珠、刹杆，以淡橙粉饰。经鉴定，系明代建筑。古塔布局合理，造型优美，朴实庄重，对研究明代建筑的艺术风格具有较高价值。

板厂峪塔东北 30 米有山洞，外部有砖拱券门，上嵌明万历四十三年（1615 年）镌刻青石匾额 1 方，上书“天然洞”三字；洞口有石门 2 扇，洞身呈倒伏树根状，深邃莫测。天然洞上方原有庙宇，现存青石碑 2 通，均为清代整修殿宇记事碑。塔西 30 米有古松 1 株，高 30 余米，直径 1 米，树干挺直，树冠齐整如盖。《临榆县志》载，明万历年间道人翟尚儒在此修炼，广为民众医病解难，其死后，当地人为之修塔纪念。

宗峰寿塔近景

1997 年 4 月至 5 月，抚宁县文物管理所对板厂峪塔的顶、檐部进行简易维修，补齐脊兽和塔角风铃，并依照塔身原来颜色进行粉刷，恢复板厂峪塔的原有面貌。

板厂峪塔，1982 年 7 月 21 日公布为抚宁县第一批文物保护单位，1982 年 7 月 23 日重新公布为河北省第二批文物保护单位。

12. 海港区宗峰寿塔

宗峰寿塔，位于海港区（原抚宁县）石门寨镇柳观峪村西北 500 米处的山谷中。

宗峰寿塔，通高 4.2 米，花岗岩石砌筑，分三级，塔基部为须弥座，六面台柱体，塔身为纺锤状，面东有佛龛，佛龛上嵌青石匾额1方，上款“宗峰寿塔”，落款“康熙岁次丁卯孟秋月旦”，塔刹为石雕宝珠。

宗峰寿塔建于清康熙二十六年（1687年），整体造型规整，小巧精致。如今，其塔身松散，东、南、西南、北有不同程度的裂纹，西南部有1.3米的残缺。正六面体基座西南方有残缺，西面有裂纹，东面有一盗洞。

宗峰寿塔，1987年6月22日公布为抚宁县第二批文物保护单位，2014年6月12日公布为秦皇岛市第四批文物保护单位。

13. 卢龙重庆砖塔

重庆砖塔近景

重庆砖塔，位于卢龙县刘田庄镇塔上村。

重庆砖塔，为青砖砌成，觚棱八面，须弥座上有青砖雕砌的围栏1圈，塔身第一节各面砖雕门窗形装饰。塔身已不完整，现存5级，残高6米。塔身外表砖块多处松动，须弥座上多处砖雕构件损坏。塔身南向正中嵌石额1方，刻“重庆宝塔”四字。塔身的八面各有砖雕的门窗造型，及按后天八卦方位顺序排列的八卦符号，当是有道教渊源的塔式建筑。经鉴定，重庆砖塔为清代建筑。

重庆砖塔所在地塔上村，村西小山坡上曾建有4座塔，名塔山。

重庆砖塔，1985年1月3日公布为卢龙县第一批文物保护单位，2014年6月12日公布为秦皇岛市第四批文物保护单位。

14. 卢龙大佛顶尊胜陀罗尼经幢

大佛顶尊胜陀罗尼经幢，位于卢龙县城南门里十字路口处。向东为塔市街，向南为南大街，向西为西大街，向北为柴市街，东北方向建有卢龙县人民医院家属住宅楼，西南、西北为民宅。

大佛顶尊胜陀罗尼经幢近景

大佛顶尊胜陀罗尼经幢，高10.35米，耸立在正方形的石砌台基中央，台基四周以石雕栏柱围绕，占地面积25平方米。经幢为八棱多层式建筑，共6节，其上为莲花宝珠式幢刹，下有须弥幢座，外围龙盘玉柱，呈八龙祥扶；须弥座上各面雕饰猛兽、佛教人物、经变故事及飞天等，造型古朴，雕刻精细。第一节的石柱上刻有金大定十一年（1171年）撰写的《平州石幢记》，第二节刻有《千手千眼大悲神咒》，第三节刻有《大佛顶尊胜陀罗尼》，第四节刻有明万历二十八年（1600年）撰写的《重修北平石幢记》，第五、六节上的各个立面雕刻有浮雕佛造像。整个经幢高峻挺拔，造型别致，内容丰富，雕刻精细华美，形象生动活泼，集佛教内容与建筑、雕刻艺术为一体，是中国石雕艺术的宝贵遗产。据幢身第一节所刻的《平州石幢记》记载，经幢始建于唐仪凤年间。当时，佛教盛行，有人在此地修建经幢，刻密言于石上，以弘扬佛法，普度众生。经幢建成后，巍然屹立数百年，于金正隆四年（1159 年）毁于自然灾害。金大定九年（1169 年）五月，经幢得以重建，到明万历年间又经历了一次大规模的修缮，使之保留至今。

如今，大佛顶尊胜陀罗尼经幢须弥座和第一节之间设有幢盖和仰莲，仰莲的东南面有一块缺损；经幢向西南倾斜，须弥座底层石雕多处断裂，须弥座以上各莲花托及各层幢檐均有不同程度的断裂、破损，莲花宝珠式幢刹亦不完整，各级幢体石柱均有风化，所刻碑文不清晰。东北角栏柱断裂，东面正中栏板早年残断。由于台基的四周围有栏柱，无泄水通道，雨水下渗使台基南半部有不同程度的下沉，现经幢向西南倾斜；因中心偏斜，下部石构件受力不均匀，导致须弥座底层石雕多处断裂，须弥座以上各莲花托及各层幢檐均有不同程度的断裂、破损；经幢顶部的莲花宝珠式幢刹因 1976 年地震坠落地面时摔坏，缺损 1 块。整个经幢风化严重，2018 年 11 月对其实施了地基加固保护工程。

1956 年 9 月 7 日，大佛顶尊胜陀罗尼经幢被河北省人民委员会公布为河北省文物保护单位，1982 年 7 月 23 日被重新公布为河北省第二批文物保护单位，2006 年 5 月 25 日公布为第六批全国重点文物保护单位。

三、坛庙祠堂及戏楼衙署

1. 山海关孟姜女庙

孟姜女庙远景

孟姜女庙，位于山海关区孟姜镇望夫石村，坐落在山海关城东 6.5 千米处的凤凰山上。

孟姜女庙亦称贞女祠，占地面积为 2.125 万平方米，建筑面积 178 平方米。有房屋 2 栋、山门 1 座、钟亭 1 座、振衣亭 1 座，并有望夫石。庙正门前有 108 蹬石阶直通山门，庙内配有钟亭、前殿、后殿、振衣亭等配套建筑。前殿内立一彩塑孟姜女像，左右童男童女侍立，殿门两旁贴有一副奇联：上联“海水朝朝朝朝朝朝朝落”，下联“浮云长长长长长长长消”。后殿内塑观音、文殊、普贤三菩萨像，殿后有一天然巨石，左刻“望夫石”三个大字，右侧刻乾隆御笔题诗《姜女祠》。其中石间有一串小坑，形如脚印，传说为孟姜女望夫在此徘徊时所留，石后建有六角攒

孟姜女庙原有铁钟

尖振衣亭以及梳妆台、脸盆等物设，相传孟姜女曾在此更衣梳妆。整座庙宇简洁质朴，青砖黛瓦红墙配以苍松翠柏，显得格外古朴清幽。

孟姜女庙振衣亭藻井

孟姜女庙始建于宋以前，明朝万历二十二年（1594年）、崇祯年间、民国十七年（1928年）曾重修，1956年、1973年、1979年、1985年分别维修。

1956年9月7日，孟姜女庙被河北省人民委员会公布为河北省文物保护单位；1961年6月24日，被秦皇岛市人民委员会公布为秦皇岛市第一批文物保护单位；1982年7月23日，被河北省人民政府重新公布为河北省第二批文物保护单位。

2. 山海关先师庙

山海关先师庙，位于山海关城内西大街北侧的胜利胡同，西距西门城台335米。

先师庙大成殿远景

先师庙，即孔庙。庙宇坐北面南，呈矩形，是以大成殿为主体的建筑群，属庙、学合一式建筑。其建筑规模在京城以东实属罕见，明清时期曾冠以“文化教育摇篮”之美称。先师庙为元代草创，明正统十四年（1449年）扩建，后不断重修和增建。大成殿居中五楹，东西两庑各七楹在阶下。明天顺六年（1462年），指挥刘刚补构；清康熙五年（1666年）西庑坏，通判陈天植重修。前为戟门，建于明成化十一年（1475年），十三年（1477年）重修。门外泮池为桥三，明隆庆六年（1572年）主事任天祚改甃三桥，“又南为神道，左金声门，右玉振门，旁设下马碑”，“桥于南日大成，又南照壁，又南大成坊”。现存大成殿1座，东西长26.65米，宽9.5米，建筑面积约253.18平方米。其建筑为七楹五进深，砖木结构，单檐歇山筒瓦屋顶，屋脊有龙头鸱尾兽4组，正脊为二龙戏珠砖雕；檐下有明柱12棵排列前后，殿前有古柏4株。因年久失修，现南侧、北侧

先师庙大成殿内明柱下部石雕

先师庙大成殿戗脊

檐椽腐朽，瓦件脱落，墙体破损严重。20 世纪 50 年代后期至 70 年代末，大成殿等建筑曾经为建国小学使用，后为山海关区第三中学所用。1980 年春，山海关区第三中学曾对大成殿进行维修，油漆彩绘，改建门窗、顶棚。2003 年，山海关区文物局负责管理并完成整体修缮。

大成殿，1984 年 11 月 1 日公布为山海关区第一批文物保护单位；先师庙，2001 年 2 月 12 日公布为河北省第四批文物保护单位。

3. 山海关北海神庙

北海神庙西配殿北侧斗拱及梁架结构

山海关北海神庙，位于山海关区一关镇南海村，老龙头西侧，驻山海关区部队院内。

北海神庙原有山门、钟鼓楼、二门、东配殿、西配殿、正殿、后殿，20 世纪六七十年代被拆毁，现仅存西配殿 3 间。西配殿面阔 10.9 米、进深 5.5 米，悬山顶，砖木结构，一斗二升交麻叶斗拱，平身科每间 4 个，柱头科 4 个，室内上三架梁，下五架梁。庙宇西围墙基础残存，用大条石砌筑，石与石之间凿有银锭槽，用铁水浇注加固。檩下随檩枋，屋顶梁架已损坏，殿前有古松 1 株。史载海神庙系清乾隆四十四年（1779 年）敕建，光绪元年（1875 年）重修。当地船户居民将航海安全寄希望于神灵保护，遂有海神庙宇之建。据传，除北海神庙外，其周围还建有大小十余座“神庙”。

北海神庙，1984 年 11 月 1 日公布为山海关区第一批文物保护单位。

4. 昌黎五峰山韩文公祠

五峰山韩文公祠，位于昌黎县城北偏西 5 千米处的西五峰山中峰——平斗峰前的半山腰坝台上。

五峰山韩文公祠，坐北朝南，东、西、北三面环山，南临深谷。现有房屋 4 处、山门 2 处、山洞 2 处、水井 1 口、碾 1 副、石刻 7 处、碑碣 10 通、残碑 5 通、塑像 1 尊。韩文公祠其始建于明崇祯十四年（1641 年）。是年春，山石道范志完谒拜昌黎县城的韩文公祠后，来此游览，云其地“天成文笔峰”，提议再建一座韩文公祠，当年在圆通寺之西施工建成“正祠献殿共六楹，次及斋室、厨房，再次及品墙、碑楼”。当时，范志完还在庙后峭壁高处令人刻下“泰山北斗”“五峰环翠”8 个大字。清朝时，五峰山韩文公祠历经两次较大规模的修葺：第一次是康熙十年（1671 年）至十三年（1674 年）的扩建工程。祠堂因“地址狭隘，室宇幽晦”，而由圆通寺僧人济存“发愿增修”，“举梵宇而新之，移祠堂而右之，撤庭舍而葺之”。同治十三年（1874 年）春，昌黎县韩营村举人韩振先筹资并主持扩修。20 世纪 40 年代后期，五峰山韩文公祠因年久失修而开始坍塌。1987 年 7 月，为缅怀革命先驱李大钊，中共昌黎县委、昌黎县人民政府采用“公办民助”的方法，将其重修一新。五峰山韩文公祠是李大钊生前喜爱之地。李大钊在其一生中，曾多次到五峰山韩文公祠游览和山居。1919 年夏，他在这里写出《再论问题与主义》《我的马克思主义观》等重要论著。1924 年，他为躲避北洋军阀政府的通缉，曾到这里避居，并由此启程赴苏联首都莫斯科参加共产国际第五次代表大会。多年间，李大钊还在此写过一些游记、诗歌、信札等。1999

年 10 月，中共河北省委、河北省人民政府将此地定为五峰山李大钊革命活动旧址，确定为河北省爱国主义教育基地。

五峰山韩文公祠遗址，1985 年 2 月 6 日公布为昌黎县第一批文物保护单位，1986 年 11 月 28 日公布为秦皇岛市第二批文物保护单位，2001 年 2 月 12 日公布为河北省第四批文物保护单位。

5. 抚宁大新寨老爷庙

大新寨老爷庙，位于抚宁区大新寨镇大新寨村小学院内。

大新寨老爷庙斗拱

大新寨老爷庙于 2009 年第三次全国文物普查时发现。该庙坐北朝南，面阔 3 间，进深 3 间；通面阔 10.63 米，通进深 9.32 米，建筑面积 99.02 平方米。房基以虎皮石搭砌，面压明条石 1 圈，单檐硬山式布瓦顶建筑，排山勾滴，后枋柱头设垫板，两山墀头砌成双重束腰，梁架结构为五架梁前后单步梁，檐下施斗拱。原装修已无，现前后檐金柱有装修卯口痕迹，原为前后廊，进深 1 间。依建筑形式判断，此建筑应为清代建筑。

大新寨老爷庙正面

6. 抚宁岚山村娘娘庙

岚山村娘娘庙，位于抚宁区榆关镇岚山村小学院内。

岚山村娘娘庙于 2009 年第三次全国文物普查时发现。娘娘庙坐北面南，面阔 1 间，进深 1 间，单檐硬山式布瓦顶。通面阔 4.1 米，通进深 6.23 米，建筑面积 25.5 平方米。台明用压面石一道交圈，两山前后檐设墀头（叠涩式）。内部无梁架，檩条置于两侧山墙上。前后檐有木檐飞椽，筒板瓦屋面，灰陶脊饰。东、西内墙绘有五彩壁画，壁画内容为观音普门品，山尖为水墨壁画。根据建筑形制初步推断，该寺庙建造于清代。

岚山村娘娘庙壁画 1

岚山村娘娘庙壁画 2

岚山村娘娘庙壁画 3

岚山村娘娘庙壁画 4

7. 青龙都山望海娘娘庙

都山望海娘娘庙远景

都山望海娘娘庙，位于青龙满族自治县青龙镇老爷庙村西北，都山主峰西南横梁下的山洼处。

都山望海娘娘庙，占地面积约600平方米。庙四周有石砌的围墙，院内分前殿和后殿两层，之间相隔10米，每层各一间，为石砌殿房。殿墙四壁用条石对砌，顶盖亦为条石铺成。殿高3米、面阔6米、进深3米，建筑面积36平方米。殿内北部靠石墙处曾设有佛龛，龛上供有用木、泥、石质雕成的各种佛像（已毁坏）。依据佛造像具有清代风格推测，文化年代为清代。

2009年复查时，庙已经整体向其正北部搬迁至近山梁处，建筑主体基本按原建筑规格形制用原建筑材料条石迁建，但屋顶由平顶改建成硬山顶。

8. 青龙金马村白龙洞庙

金马村白龙洞庙1号庙

金马村白龙洞庙，位于青龙满族自治县安子岭乡金马村东南3.5千米处的山脊上，俗称“老婆岭”。

金马村白龙洞庙于2009年第三次全国文物普查时发现。该庙坐北向南，东西长40米，南北30米，总占地面积为1200平方米。小庙共有5座，1号庙长1.33米、宽1.3米、高1.2米，保存完好，但有现代修葺的痕迹；2号庙长1.3米、宽1.1米、高1.63米；3号庙分为庙和香炉，庙长1.33米、宽1.04米、高1.22米，香炉长0.28米、宽0.19米、高0.17米；4号庙为白龙洞，洞口直径约为0.35米，洞口的香炉长0.3米、宽0.19米、高0.17米；5号庙仅存痕迹，有石块雕版痕迹。根据小庙形制结构推断，小庙年代为清代。

城山沟小庙正立面

9. 青龙城山沟小庙

城山沟小庙，位于青龙满族自治县隔河头乡城山沟村东，老百姓俗称“老五脏庙”。东紧邻村房，西邻乡间公路，南邻村间公路，北为空地，庙前有一棵古松树。

城山沟小庙于2009年第三次全国文物普查时发现。该庙坐北向南，通高1.72米，长1.3米，宽1.1米，整座庙由方块石材构建，歇山有石孔洞，庙顶与正脊为一块石材雕刻，有条形沟槽。庙前有一座香炉与炉座雕刻在一起，通高0.68米，宽0.38米，长0.38米。根据小庙建筑风格和村民介绍，文化年代可以定为清代。

10. 青龙干树沟村小庙

干树沟村小庙，位于青龙满族自治县安子岭乡干树沟村大河西庄自然村东侧，东紧靠乡间水

干树沟村小庙正立面

泥路，其余方位为田地，种植树木。

干树沟村小庙于2009年第三次全国文物普查时发现。小庙东西2米、南北2米，占地面积为4平方米。该小庙坐北向南，长1.15米，宽1.03米，高1.65米。石基为两块石条，庙门为石拱形，庙顶有条形沟槽，正脊为石质，两端有圆状石雕花。庙前有一座香炉，长0.40米，宽0.35米，高0.23米。小庙年代不详。

11. 青龙三岔口古戏楼

三岔口古戏楼近景

三岔口古戏楼，位于青龙满族自治县祖山镇牛心山村南、祖山旅游风景区乌龙谷口东侧（原位于南杖子乡三岔口村街中心，后迁建于此）。

三岔口古戏楼系单体建筑，单层单檐歇山顶，高台砖木结构，占地面积84平方米。戏台平面布局为“凸”字形，突出的部分为舞台，台高1.7米，长6.5米，宽4米；后半部为候场和化妆室，长14.5米，宽4米。前楼由4根石柱支撑顶盖，前两根为八棱，后为四棱，阑额下有彩绘。后台墙用青砖砌筑，用木门将前后台隔开。戏台前方有石碑两通，分别为“青龙河义渡碑”和“创建戏楼碑”。原戏台因1994年修建桃林口水库被拆除，构件运至青龙县城保管；2004年8月迁建至祖山风景旅游区东门，按原形制、原构件迁建，油饰一新。迁竖“戏楼创建碑”1通，另竖“戏楼迁建碑”1通。

三岔口古戏楼，1986年11月28日增添为秦皇岛市文物保护单位。

12. 山海关清道台署衙门

清道台署衙门南面

清道台署衙门，位于山海关区南关街道东水关街南门外火车站西侧420米，东距南关大街70米，西距南海西路立交桥125米，南距京沈铁路80米，北距兴华市场130米。

清道台署衙门始建于清末同治年间，为清代洋务派大臣李鸿章所建，初为山海关北洋铁路官学堂，是中国第一所铁路学堂，西南交通大学的前身，后易为清道台署衙门。中华民国时期曾为铁道学院和唐山铁道学院，日伪时期是警护团驻地，中华人民共和国成立以后又为铁路公安段所用，现为锦州铁路分局山海关办事处办公室。清道台署衙门现有房屋4栋，四合院布局，建筑为青砖瓦房，砖木结构，建筑高度6米，建筑面积1242.77平方米。2009年4月，由铁路部门出资对其进行了保护性修缮。

1989年5月10日，公布为山海关区第二批文物保护单位，公布名称为“铁路地区办事处”；2004年10月27日，公布为秦皇岛市第三批文物保护单位，公布名称为“清道台署衙门”。

四、石桥古井及影壁

1. 卢龙燕窝庄石桥

燕窝庄石桥近景

燕窝庄石桥，位于卢龙县燕河营镇燕窝庄村内西南部，桥东、西为民居，南、北为河。

桥东西长 10.38 米、南北宽 4.1 米，建筑面积约 42.56 平方米。桥为单孔石拱桥，东西向，桥面呈拱形，栏板、望柱保存较完整。桥南面石券上浮雕有 2 条龙及花卉，桥拱两侧砌筑有 4 个吞水兽。桥北石券上刻“力士”图案，砌筑有 2 个吞水兽。在桥下券石上刻有条状、圆点状图案，具体寓意不详。桥下西侧石券刻“大明嘉靖□山”“□师昌□月十四日”“一九六三年三月重修石桥一座”字样。桥保存较好，现仍作为村中交通要道使用。

燕窝庄石桥石券

燕窝庄石桥，2014 年 6 月 12 日公布为秦皇岛市第四批文物保护单位。

2. 卢龙陈官屯古井

陈官屯古井，位于卢龙县陈官屯乡陈官屯村的西北部北街。井南面是一条东西向的小路，路南是民居，沿小路向西有南北向大路，可通大型车辆。井北面是一条自然排水水沟，沿水沟向东，是位于古井东北方向的搪瓷厂。

古井的井口为方形，用条石砌成，在井口的南侧一长条石上，刻有“大安元年二月十三日造井”等字，井壁用杂石垒砌，是当地村民的吃水用井。20 世纪 80 年代还保持完好，后来当地居民不再使用该井之水了，便被废弃。由于井北面的水沟中雨水的冲刷，20 世纪 90 年代后期，该井北面的井壁已经倒塌。该井对研究卢龙的历史有一定的参考价值。

陈官屯古井毛石垒砌的井壁

陈官屯古井，1985 年 1 月 3 日公布为卢龙县第一批文物保护单位。

古建筑

3. 北戴河满井

满井，位于北戴河区（原抚宁县）牛头崖镇满井村村中路旁。

满井，据明嘉靖十四年（1535 年）版《山海关志》记载，以“百余家共之，随汲随满，虽大旱亦然”得名。其井一大一小两眼，分为南、北相邻，井周围石砌，大的是原来的旧井，小的是后打的新井，两井占地面积为 22.4 平方米。北井口为方形，边长 0.5 米，水深 10 米；南井口长 0.46 米，宽 0.49 米，井深亦为 10 米。原井台为石砌，已坍塌，经村民维修，修复后为水泥混凝土双眼井台，并加有铁盖。据清光绪三年（1877 年）版《抚宁县志》记载，满井以“井水常满，汲取不竭”出名，“庄因以名”；并记满井“相传为唐太宗东征遗迹”。当地民间也广为流传，说此井为唐贞观十九年（645 年）李世民东征高句丽时，大军行至此地，饥渴难耐，作为先锋官的大将薛礼用两枪戳出的双眼井，故又称“白袍井”。“相传为唐太宗东征遗迹”，当指此类传说。

满井井口

满井，2003 年 6 月 20 日公布为抚宁县第三批文物保护单位。

4. 昌黎燕山路古井

燕山路古井，位于昌黎县县城燕山路中段路东，原鼓楼北偏东的近处。

古井南北 2 米、东西 3 米，面积为 6 平方米。井口形状为六角形，直径 1.6 米，由花岗岩条石垒砌而成。1998 年秋天，昌黎县城进行鼓楼北街（燕山路的前身）旧城改造，拆除旧居民房时发现这眼被掩藏已久的六壁古井。经有关专家鉴定，古井为辽金时期所遗，封盖年代不详。现井口已经加盖特厚铁板实施保护。

5. 昌黎源影寺古井

源影寺古井，位于昌黎县城旧城区西北隅的源影寺塔西侧。

井口为四方形石砌井台，井深约 16 米左右，终年泉水盈盈，甘甜可口，四周曾砌有石栏相护。

源影寺古井，当开凿于建塔之前，或是修塔之后。源影寺塔所在寺院，历经多次战乱荒圮失名，到明朝万历四十八年（1620 年），昌黎知县杨于陛在主持重修寺院时，以塔下有井，而“水自有源，塔自有影”，定寺名为“源影寺”，塔与井遂称“源影寺塔”“源影寺井”。井、塔相交，在国内诸多古塔中极为罕见。随着被定为金代始建的源影寺塔升级为全国重点文物保护单位，源影寺井也一同得到有效的保护。

源影寺古井近景

如今，源影寺古井已经成为千年古城昌黎保留的唯一一口古井，至今仍间或使用。

6. 山海卫学双文井

山海卫学双文井，位于山海关城内胜利胡同，先师庙西侧。始建于明正统元年（1436 年），清乾隆二年（1737 年）设临榆县后，改为县学，中华民国年间改为儒学，20 世纪 20 年代至 40 年代作为山海关小学校、教育局职业学校校址，中华人民共和国成立以后作为胜利小学校址。建筑毁于 20 世纪四五十年代。山海卫学建筑纵轴线的最前端为照壁，临街东侧建训导署，西侧建教谕署。照壁后为大门，四柱三楹。向北为仪门，单间，门前东侧有“双文井”，井口一圆一方，现仅存圆井，系该建筑的附属设施。

据《山海关志》记载：“双文井在儒学射圃前，城中他井皆成卤，惟此二井甘滑，一口方一口圆。”明景泰七年（1456 年）陈循等纂《寰宇通志》抚宁县记载：“俱在山海卫学前西偏。卫城七十余井，水皆咸，惟二井甘清，因在学前故名。”

古时相传喝了井中之水便能高中进士，外国使臣也带井水回国，馈赠亲朋。

山海卫学双文井，2016 年 6 月 3 日公布为山海关区第三批文物保护单位。

7. 昌黎大峪沟古井

大峪沟古井，位于昌黎城北偏西 3.5 千米处的杏树园大峪沟村，在止园别墅遗址西偏南的沟谷之中。

大峪沟古井近景

大峪沟古井，当为乐亭县著名学者史梦兰于清同治二年（1863 年）春天在大峪沟购置山场，修建止园别墅时所开凿，以供止园别墅日常饮用。其井台用条形花岗石垒就，平平整整，古色古香。其井并不深，却异常丰盈，是得山泉浸润所致。每到丰水时节，井水几乎漫出，逼近井口；而涸水时，井水也取之不竭。史梦兰号“香崖”，此井堪称“香崖井”。

8. 海港区归提寨影壁

归提寨影壁，位于海港区西港镇归提寨村内。

归提寨影壁于 2009 年第三次全国文物普查时发现。归提寨影壁，坐北向南，中间为方砖铺砌，正中有一石制雕刻，刻有鹿、鹤、松树等图案，四角有砖雕花草纹饰，背立面石雕为兽类，下碱墙刻有麒麟，下碱墙为须弥座，基础为条石铺砌压面石，下为毛石基础。影壁系清代建筑，系宅第建筑的外围部分，原为当地杨氏村民所有，

归提寨影壁正立面

归提寨影壁石雕

其他建筑已拆除。影壁保存较为完整，但瓦顶正脊残损较严重，两侧望兽已被拆除，瓦顶布瓦大部分都已缺失；须弥座东侧叠檐部分损坏，须弥座内部分砖雕遭到破坏。

五、宅第民居

1. 昌黎西山场赵家老宅

赵家老宅，位于昌黎县城西偏北 7.5 千米处的十里铺乡西山场村，地处碣石山深处的全国农业旅游示范点——昌黎葡萄沟农业生态景区。

赵家老宅隔扇

赵家老宅建于清代道光、咸丰年间，现有房屋 3 处、圈棚 2 处。整个院落为三进门，一进门内有羊棚、猪圈等，二进门内有东、西耳房和正房、厢房。与其毗连的西院亦为典型的旧式宅院，建于清代光绪年间。20 世纪 80 年代，正房南山墙曾拆除重修。

赵家老宅刻石

抗日战争时期，赵家老宅成为战斗在滦东地区的八路军、游击队的堡垒，冀东军区司令员李运昌曾在此留住一周左右。近些年，赵家老宅已经成为昌黎葡萄沟的热门景点之一。

赵家老宅，2005 年 11 月 11 日公布为昌黎县第三批文物保护单位，2008 年 10 月 23 日公布为河北省第五批文物保护单位。

2. 山海关东四条 11 号宅院

东四条 11 号宅院，原机关招待所。坐落于山海关区城内的东四条胡同，西邻南大街，是山海关主要的商业街道，道路规整，体现了旧城区的建筑风貌。

宅院建于清末，由四套较为完整的院落组成。全院坐北朝南，建筑结构为青砖瓦房，总面积 3172.31 平方米。整座院落布局庄重雅致，古朴大方，具有浓厚的地方民俗特色。其中，一进院有正房 5 间，前出廊，东配房 3 间，东、西厢房各 3 间，北正房 5 间；二进院有东、西厢房各 3

间，正房 5 间，东、西山墙两处各配房 1 间；三进院有东、西厢房各 3 间；四进院有门房 5 间，正房 5 间。

机关招待所，1984 年 11 月 1 日公布为山海关区第一批文物保护单位，公布地址为“东四条胡同 11 号、12 号、13 号”。

东四条 11 号宅院二进院正房

东四条 11 号宅院三进院

3. 山海关东四条 14 号宅院

东四条 14 号宅院，位于山海关区城内东四条胡同。

宅院系晚清至中华民国初期建筑，大院坐北朝南，为五正六厢四合院。现有正房，面阔 5 间，进深 1 间。东、西厢房，面阔 3 间，进深 1 间。倒座东侧一间为院落大门。

四合院原归属于山海关区房产局，古城保护开发后归属于山海关古城管理委员会。修缮后的东四条 14 号建筑面积为 205.53 平方米，占地面积为 667.91 平方米，保存完整。

东四条 14 号宅院正房北侧

东四条 14 号，1989 年 5 月 10 日公布为山海关区第二批文物保护单位。

4. 山海关东三条 29 号宅院

东三条 29 号宅院，原为四合院，位于山海关城东三条胡同，西邻南大街。

东三条 29 号四合院建于清末。全院为青砖瓦房，坐北朝南，具有典型的北方四合院建筑特点。现有正房 5 间、东西厢房各 3 间、北正房 5 间。室内开阔明亮，结构简朴大方。院正门前分别配有上马石和下马石。门枕抱鼓石上刻凸雕麒麟、狮子等象征吉祥、喜庆等意义的民间传统纹饰。房屋墀头上端戗檐板和山墙上端博风头处各有青砖雕刻，题材多为松、梅、莲、菊、牡丹等四季花卉。2003 年，东三条 29 号四合院归属山海关区文物局，并进行了修缮。2004 年，山海关区文物局与天津房地产开发有限公司合作开发后，辟为山海关民俗博物馆。

东三条 29 号宅院门房北侧

四合院，1984 年 11 月 1 日公布为山海关区第一批文物保护单位。

5. 山海关东三条 30 号宅院

东三条 30 号宅院北正房正脊雕花

东三条 30 号宅院，位于山海关城东三条胡同。

东三条 30 号宅院为坐北朝南的四合院建筑，现有房屋 4 栋，其中正房 5 间、东西厢房各 3 间、北正房 5 间。全院为青砖瓦房，为典型的北方四合院形式建筑。室内开阔明亮，结构简朴大方。大院正门前分别配有上马石和下马石。门枕抱鼓石上刻凸雕麒麟、狮子等象征吉祥、喜庆等意义的民间传统纹饰。房屋墀头上端戗檐板和山墙上端博风头处各有青砖雕刻，题材多为松、梅、莲、菊、牡丹等四季花卉。整个院落建于清代末期。

东三条 30 号宅院南正房南侧

东三条 30 号宅院花墙

2003 年，东三条 30 号四合院归属于山海关区文物局，并进行了修缮；2004 年，山海关区文物局与天津房地产开发有限公司合作开发，将其辟为山海关民俗博物馆。

东三条 30 号，1989 年 5 月 10 日公布为山海关区第二批文物保护单位。

东三条 31 号宅院南院

6. 山海关东三条 31 号宅院

东三条 31 号宅院，位于山海关城东三条胡同，建于清代末期。

宅院为坐北朝南的四合院建筑，现有房屋 4 栋，其中正房 5 间，东、西厢房各 3 间，北正房 5 间。全院为青砖瓦房，为典型的北方四合院形式建筑。室内开阔明亮，结构简朴大方。大院正门前分别配有上马石和下马石。门枕抱鼓石上刻凸雕麒麟、狮子等象征吉祥、喜庆等意义的民间传统纹饰。房屋墀头上端戗檐板和山墙上端博风头处各有青砖雕刻，题材多为松、梅、莲、菊、牡丹等四季花卉。

东三条 31 号宅院北正房勾头滴水

2003 年，东三条 31 号四合院管理权归属于山海关区文物局，并进行了修缮。2004 年，山海关区文物局与天津房地产开发有限公司合作开发，将其辟为山海关民俗博物馆。目前东三条 29 号、30 号、31 号宅院 3 处已合并，辟为“山海关民俗博物馆”

东三条31号，1989年5月10日公布为山海关区第二批文物保护单位。

东三条31号宅院南正房
东山墙北侧砖雕

东三条31号宅院南正房
西山墙北侧砖雕

东三条29、30、31号宅院人文简介。

清末，山海关东、西、南、北四条街有四大家族，俗称“东宫西姚南余北曹”。这四大家族除曹家后人还在外，其他三家现已无从查考。

现所称的东三条29、30、31号宅院，房主叫王辅周（1860—1944年），系山海关城东陈斗庄村农民，幼年读过私塾，农闲练书法，写得一手好字。19岁时，王辅周离乡“闯关东”，经人介绍去奉天（今沈阳），在张作霖的兴业银行作护勇（相当于现在的保安）。一天夜里，一伙强盗闯进银行抢劫，作为护勇的王辅周舍命与强盗拼斗，喊叫惊动四邻。强盗没能得手，但临走时开两枪，均击中王辅周腹部。翌日，张作霖闻知此事，给予王辅周很高评价，着人将他送进医院，并提出要不惜一切代价医好他的枪伤。王辅周伤愈后，张作霖给予他很多赏赐，并提拔他为兴业银行襄理，参与银行事务，就此一直干到退休。

退休前，王辅周用几十年积蓄在原籍买房置地，买了东三条余家半个院落（即余家的后院，共计25间）。王辅周共生三子，陆续在院子的东边刘家买房18间、16间，王辅周随长子住25间，次子住18间，三子住16间，3个院落相邻，但各不相扰。

7. 山海关王家大院建筑群

山海关王家大院建筑群，位于山海关区城内东三条胡同。该院落为东三条19、20、21、22号，包括影壁、王家祠堂、两侧三进四合院，建筑面积2190平方米。

山海关王家大院建筑群，原院主叫王鸿录，号仲泉，绰号“王三佛”。建筑群以建筑中轴线由南向北依次为影壁、前殿和后殿。中轴线西侧为硬山瓦顶廊式民居建筑，柱头有斗拱等饰件，规制较高。中轴线东侧院落东、西厢房为平顶，正房为瓦顶。整个建筑群落保存较好，影壁和祠堂现为山海关古城仅存的一处，有较高的历史和研究价值。

抗战时期，为日本司令部大院。抗美援朝时期，军队曾留守山海关待命，此建筑曾作为家属大院。现东三条19号院为私产，东三条20～22号由秦皇岛军分区使用。

山海关王家大院建筑群，2016年6月3日公布为山海关区第三批文物保护单位。

8. 卢龙河南庄盛江宅院

河南庄盛江宅院，位于卢龙县燕河营镇河南庄村中大街南部。

河南庄盛江宅院于2009年第三次全国文物普查时发现。宅院东、南、西均为民居，北临街，宅院南北27.53米，东西16.6米，占地面积约457平方米。宅院从北向南依次为大门，二门，东、西厢房，正房三进院落。东厢房已无存，西厢房残存砖墙。大门在1976年地震中被毁，为后来修补。二门为硬山覆瓦顶，檐部为砖砌仿木结构，有砖雕。正房，面阔5间，进深1间，硬山仰瓦顶，脊部有鸱吻，窗子为隔扇窗，未做大的改动，保存较好。据该宅院建筑形制及房主介绍，初步推断其建筑年代为清末。

河南庄盛江宅院正房南面

河南庄盛江宅院正房梁架

河南庄盛江宅院砖雕

9. 山海关马家民居

马家民居，位于山海关城内北大街新建胡同6号，山海关一中西侧，建于清末。

该建筑为硬山青瓦顶廊式民居建筑，现存5间正房，建筑面积166平方米。因年久失修，房屋结构现状堪忧。原使用人为马李氏、马晏舒、马东泉等，现归属于古城保护开发有限公司。

马家民居，2016年6月3日公布为山海关区第三批文物保护单位。

10. 海港区庄河费氏民居

庄河费氏民居，位于海港区（原抚宁县）驻操营镇庄河村三趟街。

庄河费氏民居于2009年第三次全国文物普查时发现。仅存正房1座，后临三趟街，坐北面南，面阔5间，进深1间，前出廊，单檐硬山布瓦顶，通面阔17.78米，通进深6.86米，建筑面积约122平方米。前檐金柱置装修，其余三面砌墙，明、梢间为门连窗，次间为槛窗。梁架为五架梁前单步梁。前后檐墀头，后檐置挑檐石。屋顶前后檐施圆椽，仰瓦硬山屋面，灰陶脊饰。依据建筑形制推断，其建造年代为清代末年。

庄河费氏民居内部梁架

庄河费氏民居槛墙石雕

11. 北戴河村李氏民居

北戴河村李氏民居，位于北戴河区戴河镇北戴河村前中街22号，西距村委会200米。

北戴河村李氏民居于2009年第三次全国文物普查时发现。民居现存有一进院门，二进院，东、西厢房。一进院门，一层平顶式前门，下碱墙、下槛墙均为青白石质，上有雕刻，下碱墙有松、鹤、鹿、人物等石雕，下槛墙为莲瓣等物，门内墙上左右各一枚灯的空隙。一进院内西厢房为后建红砖平房3间。二进院为硬山式起脊建筑，下碱墙、下槛墙为青白石，无雕饰，门枕石为石雕门枕，瓦件部分残损，正脊保留较完整，门两侧院落为砖雕墙体。二进院内有东、西两侧厢房，现已无人居住，两侧厢房均面阔3间，进深1间，屋面、室内梁架内隔断墙装修，保留较完整。此建筑为清代民居。

北戴河村李氏民居全景

北戴河村李氏民居一进院门楼

12. 昌黎张家胡同民居

张家胡同民居，位于昌黎县昌黎镇鼓楼西街北侧张家胡同南端。

张家胡同民居于2009年第三次全国文物普查时发现。现已多年无人使用，建筑坐北向南，面阔3间，进深1间，硬山起脊仰合瓦屋面，通面阔12.28米，通进深7.4米。因无法进入建筑内部，从外部观察建筑明间采用隔扇门装修，次间为槛墙支摘窗装修，并且保存较好。建筑后部明间开门，此为冀东地区的地方特色。民居基本保存良好，屋顶及山墙有部分损坏，现有部分现代维修痕迹。根据建筑特点推测为清代民居。因昌黎县经历过大地震，保留下的代表性建筑很是稀少，此建筑用材较规整，木雕较精美，是现存的少数古县城建筑，能够代表一定时期昌黎县的建筑风格。

庄河毛氏宅院内部梁架结构

13. 海港区庄河毛氏宅院门楼

庄河毛氏宅院门楼，位于海港区（原抚宁县）驻操营镇庄河村三趟街上，为毛廷昌宅院大门。

庄河毛氏宅院门楼于2009年第三次全国文物普查时发现。门楼北临三趟街，坐南面北，面阔进深均1间，单檐卷棚悬山布瓦

庄河毛氏宅院砖雕墀头

庄河毛氏宅院门楼近景

顶，通面阔 3.2 米，通进深 3.45 米，建筑面积 11.04 平方米。四柱间均作余塞板门，前檐置台阶二步，梁架为三步梁通达前后檐，前檐柱外皮筑砖跺封护，上置砖雕墀头。筒板瓦屋面，灰陶脊饰，砖跺两侧砌筑围墙。依据建筑形制初步推断其建造于清代末期。

14. 海港区庄河李庆东宅院垂花门

庄河李庆东宅院垂花柱

庄河李庆东宅院垂花门，位于海港区（原抚宁县）驻操营镇庄河村一趟街。2009 年第三次全国文物普查时发现。李庆东宅院，坐北面南，面阔进深均 1 间，单檐卷棚悬山布瓦顶，通面阔 3.14 米，通进深 2.99 米，建筑面积约 9.39 平方米。前檐柱间均作余塞板和板门，后檐柱间作四扇屏门，前檐置台阶二步。梁架为四架梁通达前后檐，前檐柱上悬挑垂柱，前檐柱外砌筑砖跺封护，筒板瓦屋面，灰陶脊饰，砖跺两侧砌筑围墙（东墙不存）。该建筑角背、垫枋、额枋雕花，山面悬鱼和博风头雕花，木雕精美。依据建筑形制初步推断其建造于清代中期。

庄河李庆东宅院垂花门门簪木雕

庄河李庆东宅院垂花门东南一角木雕及梁架

15. 昌黎长峪山村垂花门

长峪山村垂花门，位于昌黎县两山乡长峪山村东北部，东为东山，四周土地潮湿，灌木丛生。

长峪山村垂花门于 2009 年第三次全国文物普查时发现。现存木门楼及西侧看面墙。门楼为垂花门，坐北朝南，面阔 1 间，进深 1 间。卷棚顶，布瓦屋面，垂背筒瓦盖顶，四檩月梁，隔扇及梁上有博古彩绘及山川房屋人物故事，剥落严重。门前有门鼓石 1 对，呈方形，上浮雕博古画，门前有踏跺。垂花门通面阔 2.78 米，通进深 2 米，看面墙宽 2.4 米，占地面积共 8 平方米。门两侧原有看面墙，现仅存西侧。墙帽为仿木结构，墙上嵌石雕，内容为狮子滚绣球。建筑为曹家大院二进院门，现主人为曹江元。依据建筑形制特点推测其属清末风格。

长峪山村垂花门近景

长峪山村垂花门看面墙近景

石刻及石窟寺

秦皇岛石刻多以叙人、记事为题，大多出自名流之手，文辞优美，书体高雅，笔迹秀劲。以年代划分，摩崖石刻明清居多，辽金次之；从分布上看，呈现出区域集中的特征，仅昌黎碣石山一地就多达34处摩崖石刻。

本章侧重于摩崖石刻，择其61处摩崖石刻及岩洞石窟，予以叙述。

一、石刻

1. 昌黎碣石山摩崖石刻

（1）北平牧高侯记游摩崖石刻

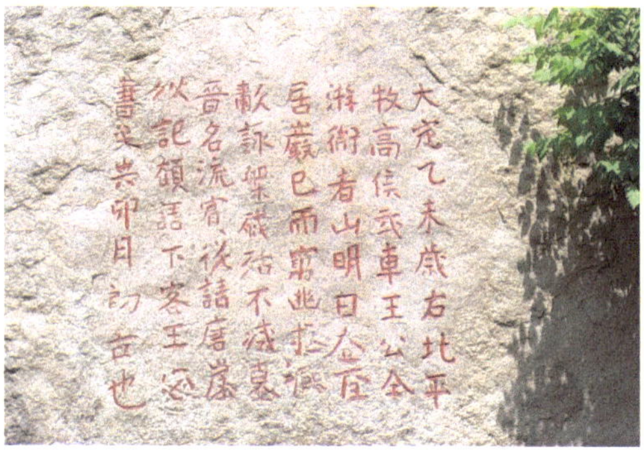

北平牧高侯记游石刻

位于昌黎县城北偏西 4.3 千米，碣石山主峰仙台顶山心洞之南的巉岩向阳石壁上。

该石刻为秦皇岛地区最早的记游刻石。其巉岩南部下方的迎面壁石之间，镌有“字大如杯”的北平牧高侯等游记石刻，石刻全文为：“大定乙未岁右北平牧高侯贰车王公同游道者山明日登圣居岩已而穷幽绝胜磅礴啸歌不减唐晋名流宾从请磨崖以记顾谓客王密书之时卯月初吉也”。其原义为：“大定乙未岁，右北平牧高侯、贰车王公同游道者山，明日登圣居岩；已而，穷幽绝胜，磅礴啸歌，不减唐、晋名流。宾从请磨崖以记，顾谓客王密书之，时卯月初吉也。”“大定乙未岁”，系金代大定十五年，即公元 1175 年；“卯月初吉”，农历二月之初。从刻文中可知，1175 年春暖花开之际，驻守平州首城卢龙的右北平牧高侯和皇亲贵胄—— 贰车王公一同到时名“营州”和“广宁”的昌黎境内游览，前一天在昌黎县城西偏北的凤凰山一带的道者山（石刻中的“衜”字为“道”字古写）游览之后，又到昌黎城北的碣石山主峰仙台顶龙潭洞下慕名“登圣居岩”；其时，“穷幽绝胜，磅礴啸歌”，众人皆深觉其情其境“不减唐、晋名流”，待“宾从请磨崖以记”，遂命下客王密书写出这则记游刻石。其所“登”的“圣居岩”，即山心洞；“居岩”之“圣”应为当时或在那之前比较出名的一个高僧。

（2）刘仲洙仙台顶记游摩崖石刻

位于昌黎县城北偏西 5.3 千米，碣石山主峰仙台顶后顶的一方较大的“镇顶”岩石壁面。

刘仲洙仙台顶记游石刻

刘仲洙仙台顶记游石刻，刻于金代明昌元年（1190 年）的晚秋时节，为自称“燕山”的刘仲洙所遗。由于年代久远，记游石刻字体多难以辨认，尚可认清的有“明昌元年”“廿三日”“刘仲洙□来”“刑吏□□军儿贾□□从行”等字样。对于这一记游刻石，清代年间编修的《永平府志》和《昌黎县志》均有记载；民国二十二年（1933 年）重修的《昌黎县志·金石志》引述《永平府志》记载，在记《碣石山摩崖石刻》时云：“碣石山在县北八里，山顶有石卓立如柱，相传为天桥柱，碣石之名以此。其石壁镌文五十四，为石花所封，仅存明昌年字，乃金章宗年号也。”其记载把碣石山绝顶与“小碣石”天桥柱混为一谈，有语焉不清之处；但从“其石壁镌文五十四，为石花所封，仅存明昌年字”看，当指仙台顶后顶上的“镇顶”岩石摩崖石刻。

据《金史 • 刘仲洙传》记载，刘仲洙，字师鲁，大兴宛平人（今北京市人）。金大定三年（1163 年），其“登进士第”，历任龙门主簿、香河酒税、深泽令、河北西路转运司支度判官、刑部主事、右司员外郎等官职，于金大定二十九年（1189 年）任祁州刺史；金世宗继位改元明昌，被任命为中都西京等路提刑副使，次年又被“授并王傅，兼同知大同府事”，“寻改平阳，移德州防御使”，“升为定海军节度使”。刘仲洙于“泰和八年卒，年七十五”。以其卒年推算，刘仲洙来碣石山游览时已经 57 岁，正在担任中都西京等路提刑副使。其是在明昌元年八月廿三日登临碣石山的主峰仙台顶的，并在仙台顶后顶最高处的“镇顶”岩石上留下了记游石刻。

（3）刘仲洙天桥柱记游摩崖石刻

位于昌黎县城西北偏北 6.7 千米，“小碣石”天桥柱东部根处的摩崖壁面凹处。

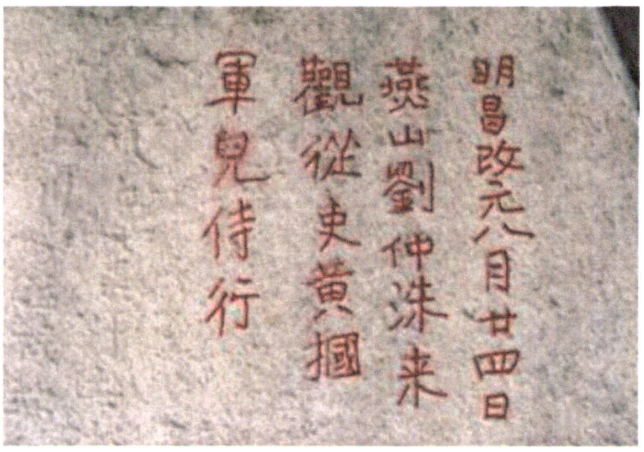

刘仲洙天桥柱记游石刻

刘仲洙天桥柱记游石刻，刻于金代明昌元年（1190 年）的晚秋时节，亦为自称“燕山”的刘仲洙所遗。石刻内容与仙台顶后顶记游刻石大体一致，其全文为：“明昌改元八月廿四日燕山刘仲洙来观从吏黄掴军儿侍行”；加标点当为：“明昌改元八月廿四日，燕山刘仲洙来观，从吏黄掴，军儿侍行。”在汉字石刻的左边稍下位置，又刻镌有同样内容的女真文字。显然，当年刘仲洙是在率领跟从的官吏和军士登上碣石山主峰仙台顶的次日，又经在凤凰山一带的道者山，到达同样比较神奇的“小碣石”天桥柱观览，并在天桥柱留下了记游石刻的。

天桥柱自古为碣石山中与仙台顶毗连的名胜古迹，金代中都西京等路提刑副使刘仲洙题留的记游镌字表明，天桥柱至少在上千年前就已成为堪与碣石山主峰仙台顶媲美的游览胜地。

（4）仙台顶般若波罗蜜多心经摩崖石刻

位于昌黎县城北偏西 5.3 千米，碣石山主峰仙台顶后顶东南部向东峭壁的岩石壁面。

仙台顶般若波罗蜜多心经石刻，刻于由仙台顶前顶通往后顶的山路接近后顶顶端处，其东为一斜坡石台（转弯即可登上后顶上端）。其处的般若波罗蜜多心经镌刻年代久远，很可能镌刻于辽金时期。由于风剥苔蚀，字迹大多模糊不清，尚可辨析一些。清代和民国版《昌黎县志》对此经刻均有记载。

（5）山心洞南巉岩“独立不惧”摩崖石刻

位于昌黎县城北偏西 4.3 千米，碣石山主峰仙台顶山心洞之南的巉岩石壁上。

山心洞南巉岩石刻

“独立不惧”石刻，与金代北平牧高侯记游石刻镌刻在同一个巉岩之上，在其巉岩高处的西面壁面，钩线镌有“独立不惧”4个如斗大字，署名“太原一斋”。此外，在其下又镌有“念佛”两字。镌刻年代均为明代嘉靖年间。

山心洞明代石刻

（6）山心洞诗摩崖石刻

位于昌黎县城北偏西4.3千米，碣石山主峰仙台顶山心洞之内的石壁上。

石刻坐落于龙潭洞下方坡岭上的山心洞洞穴，比较深阔。在洞中顶部靠北镌有“山心”两个大字之南的顶面，镌有几首大体均为明代嘉靖年间的文人墨客题留的诗刻。靠东顶壁刻镌的是署名“一斋”的题诗：“沧滨无际入仙台，绝壁龙潭挂断崖。更有山心人未识，茂林深处洞门开。”又有署方泉李学诗的题诗：“此处山心在，千秋一得之。山灵可意会，未许世人知。”在靠西顶壁又镌有“方泉李学诗平度州人嘉靖九年二月十日书”的题诗：“为爱山居懒慢便，竹床石灶引清泉。渴来一漱香生齿，谁识仙台别有仙。”又旁有署“洙滨孙允中”的题诗：“仙遗幻像岩空在，龙住寒潭水自青。览胜不妨多载酒，万山寂寂海滨溟。”

（7）山心洞“海山景会”摩崖石刻

位于昌黎县城北偏西4.3千米，碣石山主峰仙台顶山心洞的巉岩石壁上。

山心洞“海山景会”石刻，横镌于覆盖山心洞的“心”状巨石岩面，为明代御史赵得所题，喻其地可尽情远观沧海风光，为秀美的碣石山景与壮丽的渤海水景相会之地。

山心洞“海山景会”石刻

（8）黑鹰峪“削壁流泉”摩崖石刻

位于昌黎县城北偏西4.7千米的黑鹰峪内。

“削壁流泉”石刻，镌刻于仙台顶之东一条长而深的沟壑的黑鹰峪中上部西侧峭壁高处，刻凿于明代万历年间，署“剑门杨于陛”。其字匀圆秀耸，大如斗，显得分外遒劲、古朴；旁边钉有一铁环，不知是为镌刻时系身使用，还是有其他寓意。

黑鹰峪峡谷西侧为仙台顶东部的高崖尽处，皆为刀削斧劈般高达数十米的峭壁；东侧为与其

黑鹰峪“削壁流泉”石刻

对峙的林立耸崖，亦极险峻。峡谷不宽，山水冲出的河道乱石滚滚；河道东畔有一条山间小道隐于密密麻麻的茅草、荆棘之中。由于两侧的峭壁、悬崖极为高峻，峡谷里面显得比较狭迫、幽深，置身其中，令人有阴森森的感觉，为此旧版《昌黎县志》记其“两山夹峡，翳不见日，长谿路滑，湛湛阴阴”，“两山峡立，昼日阴晦，长谿滑路，如堕地狱”（古时有“地井”之称）。其东侧的长长峭壁，一旦暴雨降临，山水飞下，就会形成“飞泉瀑流，荡涤峰崖”之景。“削壁流泉”石刻形容的即此瀑布景色。另据清康熙五十年（1711 年）版《永平府志》记载，黑鹰峪中“有洗心泉飞千尺，冬夏不竭”。所谓“洗心泉”，当即“削壁流泉”的瀑布泉。

杨于陛，四川剑州举人，明代万历四十四年（1616 年）出任昌黎知县。据《昌黎县志》记载，其任昌黎知县期间，遍游古碣石的名胜古迹，“文学吏治，两擅其美；重修邑志，笔削简当”。

（9）龙潭洞东“忠孝节义”摩崖石刻

龙潭洞东“忠孝节义”石刻

位于昌黎县城北偏西 4.5 千米，碣石山主峰仙台顶龙潭洞之东的峭壁之上。

石刻为双排竖镌，“忠孝”居右，“节义”居左。据清康熙十四年版《昌黎县志》记载，其“字大七尺余，苍古有神”，为明代嘉靖年间任昌黎知县的山东宁阳县举人王世业于嘉靖三十五年（1556 年）题留。

（10）仙台顶“物外烟霞”摩崖石刻

位于昌黎县城北偏西 4.8 千米，碣石山主峰仙台顶登山路西侧岩石壁面。

仙台顶“物外烟霞”石刻

仙台顶“物外烟霞”石刻，镌刻于登碣石山主峰仙台顶必须穿越的“南天门”下的“吊砂口”的南部入口处路左峭壁之上，字体不大，33 厘米见方。“物外”一词，晋朝大诗人陶渊明常用以喻世俗之外；“物外烟霞”，是指已到脱却世俗之处，应沉浸在烟霞云雾之中，忘掉人世间的一切烦闷。由其处顺仙台顶“绝壁万仞，形如瓮鼓”的东壁与中壁交割的涧壑之左贴绝壁根部高处开凿的山径继续上行，可达“吊砂口”的顶部——“南天门”。“南天门”为登仙台顶的第一道险隘，迎面石壁曾上镌有“天门第一”四字，下镌“解脱岭”三字（镌字已随壁面裂毁不复存在，现已在原地重刻）。上得“南天门”，脚踏那似鹰隼下俯的悬崖，则意味着完全来到远离尘世间一切的“物外”之地，获得“解脱”，成为脱离烦恼、自在无碍之人。“物外烟霞”，为其地的切景石刻，当为明代万历年间的昌黎知县题留。

1985 年 6 月，在“物外烟霞”石刻附近的上方岩石壁面增刻有“振衣千仞”等镌字。

（11）仙台顶“凭岘一啸”摩崖石刻

位于昌黎县城北偏西 4.9 千米，碣石山主峰仙台顶登山路西侧岩石壁面。

仙台顶“凭岘一啸”石刻

石刻在穿越“南天门”后的解脱岭上方。其地为一狭长的旁崖险台，左峙一堵向山岭高处伸延的峭壁，右临一道下面为深壑的悬崖。在路左峭壁斑斑斓斓的石岩壁面，横镌有“凭岘一啸”4 个字。这 4 个字为明代万历年间的昌黎知县杨于陛题留。杨于陛之所以在此题镌“凭岘一啸”，当因其当年“迢递陟陉岘”（南朝诗人谢灵运《从斤竹涧越岭溪行》句，“岘”为小而高之山岭），即从“吊砂口”涉险而上的（时“吊砂口”几乎无路可寻），至此方深觉大可“凭岘一啸”。

1985 年 6 月，其地增刻有“入胜”（镌刻于迎路山崖之上）、“云步跨天”（镌刻于路右悬崖顶上的平板石岩上）、“奇观”（镌刻于奇岩怪石林立的岩石壁面）等镌字。

（12）仙台顶“天风海涛”摩崖石刻

位于昌黎县城北偏西 5 千米，碣石山主峰仙台顶登山路左侧岩石壁面。

石刻在“凭岘一啸”刻石之上方的路左一柱平面峭岩壁面，其字遒劲清秀，为古人题留。古人之所以在其处镌有“天风海涛”四字，当以其处已是高风扑面，且可远望渤海之涛而题。

（13）仙台顶老虎口摩崖石刻

位于昌黎县城北偏西 5 千米，碣石山主峰仙台顶登山路迎面巉岩壁面。

老虎口石刻，镌于“天风海涛”处附近的路右矗立的一柱扑面而来的峭岩之上。其壁面刻有一下山猛虎，上题“老虎口”三字。其石呈虎形，为登仙台顶的第二道隘口——“老虎口”。其壁面所刻下山猛虎图为古人绘镌，“老虎口”三字为今人于 1985 年 6 月增刻。

仙台顶老虎口石刻

（14）仙台顶修路碑摩崖石刻

位于昌黎县城北偏西 5 千米，碣石山主峰仙台顶老虎口之上、把式场之西的登山路迎面岩石壁面。

仙台顶修路碑，为明代天启五年（1625 年）在由老虎口上行把式场的一个路口左侧石壁上镌刻，外廓呈立碑形，内刻修路纪事，文字比较简朴。其上则为大峭壁之上的宽敞石台——把式场。

（15）仙台顶“碧云峰”摩崖石刻

仙台顶“碧云峰”石刻

位于昌黎县城北偏西 5.2 千米，碣石山主峰仙台顶前顶南部的山顶峭壁高处壁面。

仙台顶“碧云峰”石刻，镌刻的是仙台顶前顶的山名“碧云峰”，字体较大，有 1 米见方，为在明、清两朝交替之际任昌黎知县的徐可大题写，落款有“西秦徐可大”字样。

据民间传说，《封神榜》上的女神云霄、碧霄、琼霄等“娘娘”看中碣石山的仙境之后，略施小计，气走八仙中在此结庐修行的张果老，成为仙台顶的新主人；“碧云峰”，当取云霄、碧霄、琼霄等“娘娘”之名而起（同样出此传说，人们又称仙台顶为“娘娘顶”）。从实际情况看，“碧云峰”之称并不常用，人们多称仙台顶的前顶为“仙人台”。据传，山顶有石棋局，相传为张果老与韩湘子等仙人的对弈之地；另有张果老被云霄、碧霄、琼霄等“娘娘”气走时跺下的“脚印”。这些表达神话传说的古迹，均已因山顶施工修建电视转播铁塔消失。

（16）西五峰山“三点水”诗摩崖石刻

位于昌黎县城北偏西 5 千米，西五峰山韩文公祠背依的峭壁中偏西高处岩面。

西五峰山“三点水”诗石刻

“三点水”诗刻，为题镌的一首字字皆有“三点水”偏旁的五言绝句，落款为“万历丁未年春潭寿、潭亮重建”字样。全诗为：“源滋浩泽湛，清净法演洪；江海深潭潽，济流派瀛溟。”其大意为：有旺盛的源泉润浸大泽才会满盈，有清洁纯净的溪水长流才会出现汹涌的大川；这就是江、河、湖、海皆深深地溢漾波涛的缘由，也是众水朝宗归大海的壮美景象呀！显然，全诗是在抒发“不积小流，无以成江海”（《荀子·劝学》）之慨。明代万历丁未年为公元 1607 年，距五峰山始建韩文公祠尚有 34 年，“重建”的当为圆通寺。这首“三点水”诗颇独特，一是切景，五峰山可望渤海，又有泉有涧，水之景色比较周全，且壮观；二是暗合佛教宗旨，佛教颇讲“清净”，亦讲“法演”。另从“重建”圆通寺的僧侣名“潭寿、潭亮”，其后又有带“潽”“济”字等法号的僧侣住持圆通寺看，此诗的语句又暗含圆通寺僧侣的法号谱系。

(17) 西五峰山“泰山北斗”“五峰环翠”摩崖石刻

西五峰山“泰山北斗”“五峰环翠”诗刻，位于昌黎县城北偏西5千米，西五峰山韩文公祠背依的峭壁高处巉岩壁面。

“泰山北斗”“五峰环翠”诗刻，镌有明代崇祯十四年（1641年）春天倡导在五峰山增修一座韩文公祠的明代末年山石道范志完所题留的两行大字，居上为横书，书有“泰山北斗”四字，褒扬唐宋八大家之首韩愈为文学泰斗；居下为竖写，写有“五峰环翠”四字，赞颂五峰山的满目苍翠景色。落款为“崇祯辛巳”“中州范志完题”和“永平府同知冯珍”等字样。

西五峰山“泰山北斗”“五峰环翠”石刻

西五峰山“名山古寺”石刻

(18) 西五峰山“名山古寺”摩崖石刻

位于昌黎县城北偏西5千米，西五峰山韩文公祠背依的峭壁中部稍高处。

“名山古寺”石刻，刻镌年代不详，“名山”当指五峰山，“古寺”当指圆通寺，镌字当刻于明代年间。

西五峰山“东洋砥柱”石刻

(19) 西五峰山“东洋砥柱”摩崖石刻

位于昌黎县城北偏西5千米，西五峰山韩文公祠背依的峭壁中偏西部稍低处。

“东洋砥柱”石刻，每字1米见方，署“康熙癸丑秋知卢龙事楚黄冈魏师段题”，当为清代康熙十二年（1673年）秋天卢龙知县、湖北黄冈县（今黄冈市）人魏师段题留。署名在横镌的“东洋砥柱”右下方，并竖镌有“五峰”两字，喻五峰山为“东洋”（居东的大海）之砥柱。

(20) 西五峰山“何必蓬莱”摩崖石刻

位于昌黎县城北偏西5千米，西五峰山韩文公祠背依的峭壁中部稍低处。

“何必蓬莱”石刻在“名山古寺”石刻下面，为行草字体，潇洒飘逸，时隐时现（刻得较浅），喻五峰山的景色比蓬莱仙境还美。刻镌年代不详，当已久远。

西五峰山“玉液泉”石刻

(21) 西五峰山“玉液泉”摩崖石刻

位于昌黎县城北偏西5千米，西五峰山韩文公祠背依的峭壁东部稍低处。

“玉液泉”石刻，镌于韩文公祠客厅背后的峭壁东部根处的玉液泉井右上方的峭壁壁面，字不大，不知何人何时所书。“玉液泉”喻其地峭壁根处开凿的泉井水如玉液一般清冽、甘甜。

(22) 西五峰山“白云乡”摩崖石刻

西五峰山“白云乡”石刻

位于昌黎县城北偏西5千米，西五峰山韩文公祠正门之前东侧路旁峭岩壁面。

“白云乡”石刻，行楷书写，字写得敦厚、飘逸，颇有诗情画意。据民国二十二年（1933年）重修的《昌黎县志》记载，此石刻为清代咸丰九年（1859年）昌黎县举人崔树宝于清代同治十三年（1874年）题镌。“白云乡”一词，出于《庄子·天地》“乘彼白云，游于帝乡”一语，喻五峰山一带如仙境一般。另北宋大文学家苏轼所撰写的潮州韩文公祠碑记中有“公昔骑龙白云乡，手抉云汉分天章”诗句。

东五峰山“柏源洞”石刻

(23) 东五峰山“柏源洞”摩崖石刻

位于昌黎县两山乡五峰山村西北约1.5千米，东五峰山柏源洞上方峭石壁面。

“柏源洞”石刻，竖镌于柏源洞口上方的峭壁高处，行书，字书写得古峭、流畅。石刻年代不详。

东五峰山“滴翠崖”石刻

(24) 东五峰山“滴翠崖”摩崖石刻

位于昌黎县两山乡五峰山村西北约1.5千米，东五峰山柏源洞之西山崖上方峭石壁面。

“滴翠崖”石刻，行草字体，每字约10厘米宽，15厘米高，字迹潇洒、飘逸。形容其地山景苍翠欲滴，分外秀丽，有如仙境一般，令人赏心悦目。石刻年代不详。

(25) 东五峰山“观澜石”摩崖石刻

位于昌黎县两山乡五峰山村西北约1.5千米，东五峰山柏源洞之西大石壁面。

“观澜石”石刻，镌于大石壁两米多的高处，每字20厘米见方。字为行草，与“滴翠崖”石刻大致相同，同样显得潇洒、飘逸。“观澜石”之意，即可释为观赏柏源洞的“柏”之“源澜”

（与“渊源”意同），又可释为坐卧其上远观“地尽忽惊天水合，怒涛千尺腾蛟龙”的大海波澜起伏的景象。石刻年代不详。

东五峰山“观澜石”石刻

（26）东五峰山韩湘子摩崖石刻像

位于昌黎县两山乡五峰山村西北约 1.5 千米，东五峰山柏源洞洞口西侧一方有如人工砌就的壁石之上。

东五峰山韩湘子石刻像

韩湘子石刻像，系用线刻法勾勒的仙人韩湘子画像。那用国画白描手法刻就的韩湘子栩栩如生，其右手提着花篮，左手举着灵芝，并夹着一管玉笛，显得异常悠然自得。在韩湘子画像的右下角，有一只仙鹤似在翩翩起舞。石刻像年代不详。

小西山“天埊同春”石刻

（27）小西山“天埊同春”摩崖石刻

位于昌黎县城西偏北 1.6 千米，小西山南部偏西的山石嶙峋的岩石壁面。

“天埊同春”石刻，每字大小约 33 厘米，横镌。署名已经难辨，其右有“三顾”、左有“会稽”等字样。所书“天埊同春”4 字，其中“天”字书写的为双“兀”相叠的“天”之古字，“地”亦为“山”“水”“土”摞成的“地”之古字“埊”。疑为昌黎县丞、会稽人章吉镌刻于清代顺治年间。

（28）杏树园村止园碑刻

杏树园村止园碑刻，位于昌黎县昌黎镇碣石山景区中部杏树园村村西部，背靠碣石山，南眺望碣阳湖水库，北 20 米有一民居，其他三面有花棚。

杏树园村止园碑刻远景

碑刻镶嵌在一块独立的巨石之上，东壁南壁各 1 通。东壁上书“止园”二字。碑高 0.34 米，长 0.74 米。南壁上书为止园记文章的相关内容，止园为清代文人史梦兰所建。史梦兰，唐山乐亭县人，道光二十年（1840 年）中举，继而派任清史馆誊录，又山东省朝城知县，梦兰皆以母亲年迈而未赴任。咸丰十年（1860 年），英法联军进犯大沽口、通州，直逼北京，咸丰皇帝逃避承德，京东危急。梦兰招募乡勇团练，保卫家乡。事平后，清廷奖授五品衔。同治八年（1869 年），直隶总督曾国藩开设礼贤馆，礼聘梦兰创修《畿辅通志》，校刊《畿辅丛书》，梦兰均以母亲年迈力辞未就。翌年，梦兰于昌黎县碣石山建造别墅一座，取名“止园”。自此以奉母教子为悦，以著述自娱。其作品寓意深刻，考证精确，均关乎世道人心，发于当世，留余后人，是京东地域文化研究的鼻祖。慈禧太后称其为“直隶一人”，民间呼其为“京东第一才子”。该碑刻为建立止园初期史梦兰为止园的命名所作，文章中还表达了史梦兰不求功名利禄，但求奉母教子、著书立说的心愿。从碑刻上看，此文章写于同治元年，即 1862 年。

杏树园村止园碑刻近景

(29) 仙台顶“碣石”摩崖石刻

位于昌黎县城北偏西 5 千米左右，碣石山主峰仙台顶山胸西部大峭壁高处岩石壁面。

“碣石”石刻，在纱帽山之上的仙台顶西部绝壁高处。东北易帜之际，被张学良将军处死的奉军总参议杨宇霆在“戊辰六月”（1928 年 7 至 8 月间）题镌，字体为魏碑体，上下竖镌，字有 1 米见方。20 世纪 90 年代初，碣石山旅游管理部门将其复刻到登仙台顶的山路左侧大峭壁上，字大有 2 米见方。

仙台顶“碣石”石刻

(30) 香山“响水”摩崖石刻

位于昌黎县城北偏西 4.3 千米，香山西麓的河涧一方巉岩顶部壁面，西为水岩寺旁通往碣石山景区进山口之路。

“响水”石刻，亦为杨宇霆在“戊辰六月”（1928 年 7 至 8 月间）题镌，魏碑体，横镌，33 厘米见方。

(31) 水岩寺“保护山林”摩崖石刻

位于昌黎县城北偏西 4.2 千米，水岩寺前停车场西北角的一方岩石壁面。

“保护山林”石刻，由岩石壁面镌刻的“保护山林”“仁民爱物”“共祝我公”“世代簪绂”等 4 行竖写的楷书大字组成，其右刻有“恭颂东北陆军步兵第六旅旅长李绍晟德政”等楷书小字，

水岩寺“保护山林”石刻

其左刻有“中华民国十九年暮春碣石山南村民敬刊”等楷书小字。显然，此石刻实际为一方地方民众为驻军镌刻的“颂德”碑，颂的是在九一八事变爆发前一年——1930年春天，进驻碣石山一带的东北陆军步兵第六旅官兵，在旅长李绍晟的率领下，能够“保护山林”“仁民爱物”，为此，“碣石山南村民”恭祝在此行“德政”的东北陆军步兵第六旅旅长李绍晟“世代簪绂”（簪绂，授印意，谓官运亨通）。

（32）蔡树洼“仙露池”摩崖石刻

位于昌黎县城西北偏北3.3千米，隐仙庵遗址西偏南的峭壁高处。

“仙露池”石刻，镌刻于隐仙庵西边的衡山峭壁斜坡上所凿的一个133～166厘米见方的圆形池穴旁边，竖镌于凿出的长方形平面，行书魏碑体，右有“民国廿五年三月”一行小字，当为1936年春天镌刻。

其地有山泉流过，池内常玉液满盈，当喻其为“仙露”。

蔡树洼“仙露池”石刻

乐寿山“乐寿山”石刻

（33）乐寿山“乐寿山”石刻

位于昌黎县城东北1.2千米，乐寿山南部峭岩壁面，海拔39米。

乐寿山，又名“红亭山”，为小东山南的坡岭，其南峭岩上竖镌有“乐寿山”3个楷体大字，镌刻年代失考。

乐寿山顶部，于1959年曾建有一座红亭；1991年前后，红亭被改建为仿古式凉亭，以乐寿山之名，改称“乐寿亭”。现其地已被辟为东山公园。

（34）小东山“朝阳丹石”摩崖石刻

位于昌黎县城东北1.1千米处，东山公园门前台阶之上一方独立的峭岩南部壁面。

“朝阳丹石”石刻，为横书楷字，33厘米大小。“朝阳丹石”喻其石岩呈褐红色，被朝阳映照时如同“丹石”。石刻年代不详。

小东山“朝阳丹石”石刻

2. 山海关长寿山景区摩崖石刻

（1）“层峦叠嶂”摩崖石刻

位于山海关区孟姜镇三道关村，长寿山风景区长寿河南侧石壁。

“层峦叠嶂”石刻

“层峦叠嶂”石刻，因山凿碑，上镌隶书“层峦叠嶂”，上款书“明崇祯庚辰”（1640 年），下款为“中州范志完题”，字体苍重厚劲，颇见功力。刻字高 2.5 米、宽 1.7 米，面积约 4.3 平方米。其刻石为时任山海关山石道的河南虞城进士范志完所题。范志完在任山石道期间，喜游山玩水，在后角山崖壁多处留其墨迹。除“层峦叠嶂”四字，还遗有“百弍山河”等墨迹。

石刻“层峦叠嶂”，1984 年 11 月 1 日公布为山海关区第一批文物保护单位。

“范墨流香”石刻

（2）“范墨流香”摩崖石刻

位于山海关区孟姜镇三道关村，长寿山风景区“寿字碑林”西部“莲花石”南侧的立崖上部。

“范墨流香”石刻所在位置，四周巨石重叠，因山而凿，上镌楷书“范墨流香”。石刻上款书有“明崇祯辛巳大□月”几字，下款书有“北山左营副总兵官王進科”“申军栾□”“千总□□□把总□文德”“徐□”“張化□”等字样。洞西上刻“层峦叠嶂”，落款“明崇祯庚辰山石范志完题”。刻字高约 3 米、宽约 2 米。据考证，此石刻系明崇祯辛巳年（1641 年）任山海关北山左营副总兵的王进科对范志完上年所题“层峦叠嶂”的溢美之词。“范墨流香”意即“范志完的墨迹永世留芳”。

石刻“范墨流香”，1984 年 11 月 1 日公布为山海关区第一批文物保护单位。

（3）“百弍山河”摩崖石刻

位于山海关区孟姜镇三道关村，在长寿山风景区“一线天”景观北侧悬崖峭壁上。

“百弍山河”石刻

“百弍山河”石刻，因山凿碑，镌“百弍山河”四字，石刻上款书“明崇祯庚辰”（1640 年），下款为“中州范志完题”。隶书，字体苍劲。“百弍山河”的典故源于战国时期的“百二秦关”之称，形容一个地区的地势险要。范志完在此题“百弍山河”，喻山海关一带地势险要。

石刻“百弍山河”，1984 年 11 月 1 日公布为山海关区第一批文物保护单位。

(4)“壁立千寻”摩崖石刻

位于山海关区孟姜镇贺家楼村西北长寿山景区内的公路东侧崖壁上。

“壁立千寻”摩崖石刻，面积0.8平方米，有“壁立千寻”四字，明崇祯时范志完来此地游玩时触景生情，有感而发留下此石刻。据县志记载，范志完，河南虞城人、进士，崇祯壬午任总督。

“壁立千寻”摩崖石刻，2016年6月3日公布为山海关区第三批文物保护单位。

“壁立千寻”石刻近景

3. 抚宁天马山摩崖石刻

天马山石刻，位于抚宁区城北14千米，抚宁镇田各庄管理区白家堡子村东的天马山主峰山崖上下，地处洋河水库东侧。

天马山石刻，1982年7月21日公布为抚宁县第一批文物保护单位，1982年7月23日重新公布为河北省第二批文物保护单位。

“天马山”石刻

(1) “天马山”摩崖石刻

“天马山”石刻，镌刻于登天马山的路左巉岩壁面，竖写有“天马山”3个楷体大字，题字尺寸为3.5米×1米，落款为“定远戚继光题”“范阳张爵刻”。镌刻年代未署，当镌刻于明代万历年间。戚继光（1528—1588年），山东登州人，祖籍安徽定远，明代著名军事家。其历十余年在浙、闽、粤沿海诸地抗击来犯倭寇之后，于隆庆元年（1567年）十二月奉命北上，先后总理蓟州、昌平、辽东、保定之军务，镇守蓟州、永平、山海等处。其治军有方，大力整顿长城边防，改建长城敌台，训练车营，抵御蒙古骑兵多次侵扰。万历十一年（1583年），戚继光被调往广东，两年后，被朝廷罢免官职，回到家乡登州。据传，戚继光在镇守蓟州长城防线时，十分喜爱天马山，曾在此处的道观养病。“天马山”石刻，当题刻于万历十一年或万历十一年之前。

(2) “山河一览”摩崖石刻

“山河一览”石刻，镌刻于天马山顶峰西侧山崖峭壁壁面，竖写有“山河一览”4个楷体大字，其上款为“万历十一年十一月上浣之吉”，下款为“分守副总兵睢阳黄孝敢书”，题字尺寸为4米×1米。1583年冬天镌刻。

“山河一览”石刻

(3) “天马行空”摩崖石刻

“天马行空”石刻，镌刻于天马山顶峰西侧山崖峭壁壁面，竖写有“天马行空”4个楷体大字，其上款为“万历十四年冬十月”，下款为“聊城傅光宅书”。“万历十四年”为公元1586年，“天马行空”石刻题镌于1586年冬天。

“天马行空”石刻

(4) “海天在目”摩崖石刻

“海天在目”石刻，镌刻于天马山顶峰西侧山崖峭壁壁面，横写有“海天在目”4个楷体大字，其上款为“万历十四年冬十月”，下款为“关中张臣书”“上古解一清刻”，题字尺寸为4米×1米。“海天在目”石刻，与“天马行空”石刻同时题镌于1586年冬天。

“海天在目”石刻

(5) “带砺山河”摩崖石刻

“带砺山河”石刻，镌刻于天马山顶峰西侧山崖峭壁壁面，竖写有“带砺山河”4个楷体大字，题款为“万历辛卯岁游击将军云中孙仁提兵入关兵副总兵官山西林桐□□暇兴登天马山眺览胜景慢评古今题此”。“万历辛卯岁”，为明代万历十九年（1591年）。

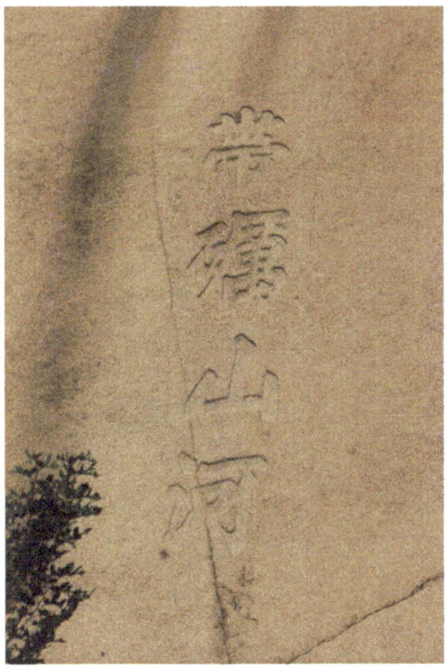

“带砺山河”石刻

(6) 天马山诗刻摩崖石刻

天马山诗刻，镌刻于天马山顶峰西侧山崖峭壁壁面，其诗句为：“倚剑登天马，冷然御远风。乾坤双眼外，今古一杯中。怪石悬疑堕，晴涛座若空。烽烟清万里，白日海云红。”落款为“万历十四年十月二十三日聊城”。

该石刻为傅光宅书。天马山诗刻与“天马行空”石刻，同为傅光宅题镌于1586年冬天。

天马山诗刻

香山纪寿石刻

4. 抚宁香山纪寿摩崖石刻

位于抚宁区大新寨镇梁家湾东 2 千米处的香山下，浴河北岸。

香山纪寿石刻，镌刻于当地一方砂质岩石壁面。其石岩长 7.1 米、宽 3.2 米、高 2 米，呈长方形横卧。其地四面环山，东 400 米为驴槽沟，南 100 米为东西台子，西 500 米为石青沟口，北靠香山，南北山峰夹成一道山谷，谷底为东西走向的溪流，距香山纪寿石 5 米。香山纪寿石北 5 米为梁家湾进山公路，东侧 50 米有一民居旧址。刻字面积 14 平方米，题有“香山纪寿”“台头守张爵镌”等字，行书的刻字全文为：“万历庚辰十月朔日，少保戚公初度之辰焉，为东征至台头，闽中郭造卿称觞，因游击李逢时当此而品山川可与少保争奇，少保当与山川敌寿者也。戚下俞□书。”“万历庚辰”为明代万历八年，公元 1580 年；“戚公”，即时年 52 周岁的戚继光；“少保”是正二品的官名，戚继光时称“戚少保”；“郭造卿”为戚继光从福建带过来的幕僚。香山纪寿石刻正文誉戚继光寿比山川，当为贺戚继光寿辰之辞。

据《抚宁县志》记载，纪寿石东面还刻有“隐几”两个大字，现仅可见凿刻痕迹。

抚宁县香山纪寿石，1986 年 11 月 28 日增添为秦皇岛市文物保护单位。

5. 抚宁龙潭碑刻

龙潭碑刻远景

龙潭碑刻，位于抚宁区大新寨镇猩猩峪村南。

原有龙王庙，于 20 世纪中期遭到破坏，存石碑 2 通、龙潭碑刻 1 处。龙潭碑 1 通，青石料，高 1.12 米，宽 0.47 米。碑首为“永垂不朽”，碑阳为碑文。龙潭石刻，宽 1 米，高 0.7 米，刻有“龙泉”二字。猩猩峪祈雨灵应碑记石碑一通，高 1 米，宽 0.64 米，碑阳为碑文。猩猩峪祈雨灵应碑中间断裂，碑面凿 4 孔。其二中间断裂，黏和。龙潭石刻完整。

龙潭及碑刻，2003 年 6 月 20 日公布为抚宁县第三批文物保护单位。

6. 海港区傍水崖古战场碑刻

位于海港区（原抚宁县）石门寨镇北未庄村北 1 千米处。

古战场遗址基本保持原有地貌，西部是高山，东部是丘陵，其间有南北通道。丘陵北缘是悬崖，悬崖下为石河。悬崖峭壁高耸，外平内险，深若千仞，故名傍水崖。丘陵南坡平缓，坡下是开阔地。其地为明隆庆丁卯岁（1567年）游击将军张臣战胜蒙古酋长黄台吉的战场。当地曾建有一座关帝庙，20 世纪 60 年代被毁。现只存记事碑九通，石狮子一对，牌楼基址和构件与三进院庙址。关帝庙内外立有四通纪念那场战事的记事碑，分别刻有《张大将军傍水崖建功碑铭并序》《隆庆丁卯岁榆林张大将军建功处》《都督东山张公蓟甘两镇血战奇捷记》《创建张将军破虏碑记》等碑文。此外，当地还遗有五通石碑，刻有《重修关圣帝君庙碑记》《重修傍水崖关帝庙碑记》《傍水崖关帝庙僧田豁粮记》《关武安王庙重修记》和《功德碑》等碑文。

傍水崖隆庆元年战场东边石狮子

隆庆丁卯岁榆林张大将军建功处

傍水崖隆庆元年战场，1987 年 6 月 22 日公布为抚宁县第二批文物保护单位；抚宁县傍水崖隆庆元年战场，1986 年 11 月 28 日公布为秦皇岛市第二批文物保护单位；傍水崖古战场碑刻，1993 年 7 月 15 日公布为河北省第三批文物保护单位。

7. 抚宁西峪沟摩崖造像

位于抚宁区大新寨镇西峪沟村北 300 米，火成岩山体东侧立壁下部。

西峪沟摩崖造像于 2009 年第三次全国文物普查时发现。摩崖造像为线刻，内容为像龛中的一佛二弟子像，总高 2.72 米，总宽 1.8 米，面积约 4.9 平方米。像龛作瓦垄屋顶式，其下匾额题字“阿弥陀佛”，造像为阿弥陀佛、左侧悯公居士、右侧道冥比丘，三像均作头光。佛跏趺坐莲台上，身着褒衣，作发愿手印，通高 1.56 米，肩宽 0.6 米。二弟子立于两侧，双手合十，着深衣，通高 0.88 米，肩宽 0.26 米。像龛右下角题有“大清□□□□”题记。依据题记可知其凿刻年代为清代。

8. 抚宁会封仙潭摩崖石刻

会封仙潭石刻，位于抚宁区大新寨镇田家庄村西河边石崖壁面。

会封仙潭石刻，长 1.2 米，宽 0.4 米。镌正楷“会封仙潭”四字。篆刻于清代。

会封仙潭石刻，2003 年 6 月 20 日公布为抚宁县第三批文物保护单位。

会封仙潭石刻

9. 卢龙“夷齐读书处”摩崖石刻

位于卢龙县石门镇高各庄村西山半山坡上的云居寺遗址。

“夷齐读书处”石刻，镌刻于云居寺遗址的西岩壁面，镌刻“夷齐读书处”五个魏碑体行书大字，每字约 40 ～ 50 厘米大小。“夷齐读书处”石刻，出于当地为商代孤竹国君之子伯夷、叔齐当年读书学习的场所的传说（有关伯夷、叔齐的记载见《史记·伯夷列传》），其山也因此又名“书院山”。清同治五年（1866 年）编修的《昌黎县志》对此有记载：“书院山：县西四十五里。两冈合抱，环列石屏。屏下朝阳洞，覆石如厦。一小井深不满尺，嵌石屏，冬夏不竭。井西大石壁立，镌‘夷齐读书处’五字，苔痕剥蚀，摩挲可辨。”（其地旧时隶属昌黎县境）云居寺遗址所存清乾隆二十年（1755 年）所立《书院山云居寺重修佛堂碑记》，有“而山名书院，相传为夷齐读书处，巨石镌文，字画宛然”句。如今，“夷齐读书处”5 个大字清晰可见，下面岩石壁面镌刻有落款，剥蚀严重，字迹多已模糊，仅可识别出“已裁……石门……”数字。据落款有当地的村落名称“石门”分析，“夷齐读书处”石刻的题镌年代不会先于明代。清嘉庆和光绪年间所修昌黎《韩氏家谱》，记“夷齐读书处”石刻“系公遗笔”，即认为系唐朝著名文学家韩愈题镌。从韩愈生前踪迹和目前业已发现并被史学界认定的韩愈亲笔书写的《曹娥碑卷题名》《谒李渤题名》等楷书笔意看，韩愈虽然写过《伯夷颂》，对伯夷、叔齐的精神十分推崇，却未来过这里，根本无以断定系韩愈“遗笔”。

“夷齐读书处”石刻

10. 青龙花厂峪摩崖石刻

位于青龙满族自治县祖山镇花厂峪村西北 1 千米处，河道的东岸边，西邻一河流，河西 50 米为山体，南邻一座残河堤，东邻祖山镇通往花厂峪村的水泥路，路东为山体。

花厂峪摩崖石刻于 2009 年第三次全国文物普查时发现。该石刻坐北朝南，为一块不规则的山岩，除首行和尾行字迹尚可看清外，大部分字迹湮灭不清。首行为“花厂峪□□□”，尾行刻“大明嘉靖十五年十八日，正月”。该石刻刻字范围上下长约 2 米，左右宽约 2 米，面积约 4 平方米，大约有 100 余字，由于字迹难以辨认，所以内容不详。据石刻纪年可知，该石刻年代为明嘉靖十五年（1536 年）。

11. 青龙下碾子沟摩崖石刻

位于青龙满族自治县祖山镇牛心山村南的祖山深谷之中，北面出沟为祖山林场苇子峪作业点，中间相

下碾子沟石刻

距4千米，西与祖山响山相望。

下碾子沟石刻，镌刻于一块形似从中间切开的半块馒头的巨石壁面，断面高4.36米、宽7米，距上沿0.3米处横书阴刻“南无阿弥陀佛”。大字下方竖排阴刻数十行小字，大部分都难以辨认，尚能辨认的刻字有“大清康熙岁次乙酉乙丑□（穀）旦立”。据可辨识的刻字年号，此摩崖刻石镌于清康熙四十四年（1705年）。

下碾子沟摩崖石刻，1988年4月13日公布为青龙满族自治县第一批文物保护单位。

12. 青龙七拨子石头洼摩崖石刻

位于青龙满族自治县三拨子乡七拨子村东北1.5千米的山坡上，因石崖纵横，该地被老百姓称为“石头洼”。

石头洼摩崖石刻于2009年第三次全国文物普查时发现。石刻在石崖中间的一块石头上，石头长2.3米，高1米，石刻分布在石壁各处，约40字，极为散乱，漫漶不清，能辨认出极少几个字，如“土”“王”“不是”“大”等。其中下方一处较平的崖面上，刻七言四句诗一首，字体较小，漫漶不清，约能看出“待长口画呈光芒，并元收口口内忘，口乱两船案口事，看他口口细思量”，惜无年款。该诗面高0.4米、宽0.2米。该崖刻右上方4米处右洞口，据村民刘起乡（66岁）向导介绍，该洞直通山后，约长300米，是旧时的银矿矿洞，这种矿洞多形成于清代晚期，故该石刻年代推测为清代。

七拨子石头洼石刻

13. 北戴河韦陀像

韦陀像，位于北戴河区海滨镇丁庄村西侧的西联峰山上。

韦陀像雕刻在一块上宽下窄、呈倒三角形的天然石上。石宽3.75米、高2.6米，像高2米、宽1.7米。石像为韦陀正面立像，身穿盔甲，飘带飞舞，双手合十，臂上横一宝杵。

石刻现存完整，保存较稳定，略有风化现象。

韦陀像，1961年6月2日公布为秦皇岛市第一批文物保护单位。

韦陀像

14. 北戴河莲花石碑

莲花石碑，位于北戴河区联峰山公园内，民国八年（1919 年）立。北戴河自治组织——公益会为纪念莲花石公园的建成竖立此碑。石质为汉白玉，碑身高 2.05 米、宽 1.1 米、厚 0.34 米，碑分碑首、碑身和碑座 3 部分。碑首饰雕龙，赑屃碑座。碑阳刻有中华民国总统徐世昌书诗一首，碑阴为朱启钤撰文、许世英手书的《莲花石公园记》。碑文记述了北戴河海滨的开辟与辟建莲花石公园的经过。碑文内容：碑阳：海上涛头几万重，白云晴日见高松。莲花世界神仙窟，孤鹤一声过碧峰。汉武秦皇一刹过，海山无恙世云何？中原自有长城在，云壑风林独寤歌。碑阴：碑冠上刻有“莲花石公园记”6 个大字，碑身刻正文：

莲花石碑

临榆县西六十里曰戴家河，明季海运帆樯波属，今为京奉支轨尾输地，而北戴之名特著。背倚联峰，拔出水平线四百尺。渤海襟其前，晴日当空，水山一碧。长城东峙，奔牛矗北。萦袅天际，嵚奇蔽亏。游屐乍经，咼止忘暑，几可忘世。联峰多奇石，翠薇眺瞩，树荨偃伏，轮囷者若房，怒目者若的，擎立者若盖。倚筇四望，直万顷芙蕖，几忘其为石也，是名为莲花石。半山以上，万松交摩，鳞鬣隐坑谷，苍翠作殊态，入耳疑风涛声。林壑幽美，兼一峰之胜，则今之公园在焉。光绪中叶，海疆多故，旅大威胶既约质，海军遂无良港。英教士甘林适于联峰绝顶筑砦室，守者惊以告，大府恐复为有力者所攫，失我奥区也，特檄张公燕谋周视海滨，寻以滩浅不能容巨舶乃罢。联军起，德人屯偏师于莲花石，梵宇民墟，夷为灶幕。侨商乘势度地经营，衡宇栉比，与石岭金沙之烟树楼台，交相掩映。盖斯时地久等于瓯脱，主客杂居，无复过问。鼎革以还，风会一开，邦人士来之游者日众。丙辰秋，许君静仁长交通，拓海滨支轨以惠行人。余时以逋客结庐于西山之麓，野服徜徉，咨考故实，深惧山川风物不可以久存也。乃谋倡自治，立公益会，修路筑室，井湮木刊，前邪后许，西人亦敛手无异词。张公哲嗣文孚君复允慨捐别业，以公诸世，而兹园以成。临榆令周嘉琛又为之禁樵苏、杜侵夺，名山胜迹，庶几获全。今年秋余约静仁来游，欢聚累日。每当皓月临虚，葛巾芒屦与中外士女偕游。松影潮声，行歌互答，觉人天相感，物我俱忘，是则孔子所谓“与世大同”，庄子所谓“相忘江湖”者也。余虑后之来者，忘其所自，且不足以彰张氏之高义，故纪其始末以为异日之徵。园既成，今大总统徐公赐诗有“海山无恙”之句，谨沐手拜嘉，勒之贞珉，以寿此石。中华民国八年，岁次已未，八月十五日。

紫江朱启钤记秋浦许世英书

石碑背面风化较严重，局部文字较模糊。石碑右下角在“文革”中被砸坏，后经修复，现保存基本完好。

“莲花石公园记”碑，2004 年 10 月 27 日公布为秦皇岛市第三批文物保护单位。

二、岩洞石窟

1. 昌黎小樊各庄阇黎洞石窟

小樊各庄阇黎洞石窟，位于昌黎县朱各庄镇小樊各庄村武山北断壁。

阇黎洞，位于比较险陡的武山西坡峭壁高处形成的喀斯特溶洞。阇黎洞，以其洞口下临滦河，古称“临河洞”或“临河岩”。阇黎洞由高达 50 米的峭壁上的上下两个溶洞构成。其洞口自然天成，豁然而开。上下两洞，在同一立面，基本垂直，距离 4.87 米，洞口皆朝北。上层洞乃天然形成，洞内又有十几个小洞，洞顶的东部通天。在上下两洞之间，有一条约 10 米长的通道相连，但通道较窄，仅能容一人通过。阇黎洞的洞口在下洞，洞口用条石垒有墙壁和洞门，门额上镌有“阇黎洞”三字，为明代万历十七年（1589 年）考中进士的昌黎学子魏可简主持修整溶洞时请白瑜题留。洞内一些地方多有垒砌，并建有佛龛和精美的莲花座等。此外，洞内石壁上遗有“别有洞天”等镌字。上洞有 100 多平方米，分有 10 余个形态各异的小洞，并设有北窗口；每个小洞的入口仅可容一人通过，里面能直立。

阇黎洞远景

对于阇黎洞，历代地方志书多有记载，清初著名地理学家顾祖禹的《读史方舆纪要》记有：临河岩“在县南八十里，一名阇黎洞。壁立千仞，顶分八字。山腰有洞，逼近深潭，有小径可入，容二百余人。旁又有小穴十余，皆幽胜”。其中“县南”当为“县西”之误。清光绪版《永平府志》记阇黎洞：“一名临河岩。在武山西，壁立千仞，顶分八字，洞在其腰，前逼深潭。由小径匍匐入，颇昏黑，穿而直上丈余，四壁有隙如牖，爽垲可容二百人。又有小者十余，皆幽胜。辽金以来，居民多避兵于此。”民国版《昌黎县志》记阇黎洞“一名临河洞”，并云小洞分别名“金鳌洞”“水洞”“织罗洞”等，“世乱民多避兵于此”。从中可知，阇黎洞在古代主要为“避兵”之地，后被改建为佛教活动场所。

阇黎洞现有山洞 2 处、石刻 4 处、莲花座 1 尊。上层洞口处的 3 处摩崖题刻，除一块明代石刻由于人为破坏字迹模糊外，其他完好。由于该地居民多以采石灰石为生，旧时每年农历正月初六，昌黎、滦县、卢龙等县民众多到此祭拜山神；每年的农历三月十六日山神节亦如此。

2. 昌黎范公洞

位于昌黎县城北的五峰山韩文公祠西侧挂月峰的山崖峭壁上。

范公洞近景

范公洞，面阔 2.3 米，进深 1.7 米，洞门上有一石额，刻有“范公洞”三字，为明代末年的昌黎县丞蒋三捷于崇祯十四年（1641 年）题镌。范公洞，原名刘九洞，传说此洞原为封闭洞穴，有刻字云：“若要洞门开，还要刘九来”。明代崇祯十二年（1639 年）出任山石道的河南虞城进士范志完来此游玩，说自己小名叫刘九，遂令人凿开洞口，修一门，改名范公洞。洞门及砌筑洞门的花岗石迄今完好，但洞中刻有范公画像的青石已在 20 世纪 80 年代期间被人推入山涧，碎成几块。洞顶一棵树的根部伸展到洞顶砌石之间的缝隙中，造成洞顶局部翘起。

范公洞，1985 年 2 月 6 日公布为昌黎县第一批文物保护单位。

3. 昌黎东五峰山柏源洞

位于昌黎县两山乡五峰山村西北约 1.5 千米，东五峰山的半山腰上。

柏源洞地处深山，自然形成。洞穴进深 4 米，宽 4.5 米，高 3 米，上面有隙直通山顶。洞顶岩缝有泉水滴下，天长日久，在洞内形成一汪潭；潭内有花岗岩石雕佛像一尊，头部被毁，底座和佛身完好（近年有人将佛像重置于莲花座上）。“柏源洞”之称为何人何时所起，已不可考。洞口上方的峭壁高处，竖镌有古峭、流畅的“柏源洞”三字，不知是刻于何朝何代。从洞名“柏源”看，其地当生有千年古柏；若以佛教禅宗“柏子禅”而名，则饱含清幽的佛教意趣。柏源洞一带的景色别有洞天，除佛教外，又有浓郁的道家味道。在其洞口西侧的石岩上，有石纹天生作寿星老人像，在洞左的一方有如人工砌就的壁石上钩有线刻的仙人韩湘子画像，其画像右下角有一只仙鹤似在翩翩起舞。在洞口迤西有一巨石如高台横空出世，其左上方峭壁高处题镌有“观澜石”三字。洞前东西各有一井，深不过丈，常年满盈。旧时，每年的农历腊月初八，附近百姓便到此祭拜佛祖。柏源洞一带山势险要，怪石林立，为古碣石十景之一的“东峰耸翠”所在地。

东五峰山柏源洞内部

东五峰山柏源洞，1985 年 2 月 6 日公布为昌黎县第一批文物保护单位。

4. 昌黎龙潭洞

位于昌黎县城北偏西 4.4 千米，碣石山主峰仙台顶东部山腰峭壁之上，在水岩寺东北。

龙潭洞，系花岗岩次生洞类型洞穴，其洞门颇大，以石砌之，宛如窑形；洞深约 10 余米，中有一潭，深阔约 3 余米，水常溢，上架横桥，履之以入。龙潭洞之泉眼在洞东北隅，古人在砌龙潭洞门墙时，在洞门处凿一龙头，使泉水从“龙头”流出。龙潭洞曾被辟为“水岩上院”，洞内正中祭祀有小型石佛三尊。龙潭洞一带的风光秀美，至少在辽、金时已成为游人光顾之地。据清代光绪年版《永平府志》记载，龙潭洞的“洞东悬崖下，大石峙立，有辽邻海军题记二百余字，后记太康五年五月十九日，太康道宗年号”。即辽道宗耶律洪基在位时，驻守在今昌黎之地的王公显贵于太康五年（1079 年）五月十九日，在龙潭洞之东悬崖下一方峙立的大石上，题刻有 200 余字的营州邻海军记。

龙潭洞近景

龙潭洞的峭崖之下，紧贴岩壁曾建有寺宇 10 余间，并在寺宇与龙潭洞之间，修有石梯栏杆，凿有 101 级石磴，路仅容登者，面岩不敢下视，其处名“老鹞子翻身”。登上龙潭洞的唯一途径——那凿有 101 级石磴的石梯栏杆，及龙潭洞下的 10 余间寺宇，毁于明代隆庆初年。清光绪五年（1879 年）版《永平府志》记有：“龙潭洞，仙台山畔，有石楼 101 级，一名水岩上院。院上有龙王祠，院下有关帝庙，今俱废。庙西石壁陡峻，中启一洞，即龙潭洞也。洞门颇大，以石砌之，宛如窑形，中有一潭，水常溢，上架横桥，履之以入。泉在洞东北隅，人因于此凿一龙头，使水从口出。正面列石佛 3 尊，高俱 0.66 余米。至今，石楼已毁，人迹罕至，半为鸽鸟所居云。”如今，登龙潭洞的石磴已经略加修复。

龙潭洞风光先后被列入昌黎八景和古碣石十景，一曰“龙液喷香”，一曰“龙蟠灵壑”。

5. 昌黎山心洞

位于昌黎县城北偏西 4.4 千米，碣石山主峰仙台顶东部山胸峭壁之下，在龙潭洞下方百步远处，即往昔的“水岩上院”附近。

山心洞为一个置于龙潭洞下坡岭之上的“大如夏屋”的巨石下面的洞穴，因洞口之上的“悬石如心”，呈“心”形，得名“山心洞”。山心洞的洞穴比较深阔，有间半房屋大小，可居住；洞口有人工凿制的门柱石槽，洞内西北角有放置油灯的石台。山心洞的石岩正面居中部位，横镌有明代御史吉庵赵得书写的“海山景会”4 个如斗大字，洞中顶部靠北镌有“山心”2 个大字。在“山心”镌字之南的顶面壁岩刻镌署名一斋、李学诗、孙允中等人明代嘉靖年间的题诗。

山心洞最早的名称当为“圣居岩”。在山心洞南下面不远的一个巉岩石壁上，遗有金代大定年间的一则“字大如杯”的记游石刻，其镌文有“大定乙未岁，右北平牧高侯、贰车王公同游衜者山，明日登圣居岩”句。其中“衜”为“道”的古文，表明他们游览在昌黎县城西偏北的凤凰山一带的道者山之后，次日又到昌黎城北的碣石山中慕名“登圣居岩”。此外，在去山心洞的山道旁一石上，镌有“仁王佛”三字。

6. 山海关悬阳洞

悬阳洞位于山海关城东北 9 千米，长寿山风景区入口处之西的黄牛山山腰。

悬阳洞石刻，分布在洞口内外壁面，字体各异，内容丰富多彩。在前洞内两旁、洞顶石壁镌刻的题字有“悬阳洞”“万古流芳”“紫塞桃源”“通天幻境”等，无落款，或落款已不清晰。洞壁接近顶部位置刻有模糊不清的外文字体，推测是八国联军侵华时期驻防所留。另有“一窍通灵”，上款署“大清雍正七年”（1729 年）；“清乾隆十五年”（1750 年），题刻“地接天垠”；“地海天视”，署“乾隆五十四年”（1789 年）；“清虚凌空”，上题“崇祯”；“洞天福地”，署“光绪丁酉年”（1897 年）等摩崖题字。出后洞，仰望，上刻“胜境”2 个大字。出后门山，左侧石壁上刻有“子午洞天”4 个大字。

悬阳洞石刻

第五部分

近现代重要史迹及代表性建筑

近现代文物定性与古文化遗产认知有所不同，需要靠文物所承载的历史信息提升价值，这为挖掘其丰富的文化内涵扩展了空间。以八国联军营盘旧址、港口运输设施、海滨洋房别墅、玻璃及桥梁制造等近现代优秀文物为代表，构成了秦皇岛在近代文明史中的独特地位。此外，文物普查新发现的革命文物和传统民居数量多、分布广，具有鲜明的红色基因和整体风貌的时代特征。

本章择其131处近现代文物，予以陈述。

一、侵华军事建筑及设施

1. 山海关八国联军营盘旧址

山海关八国联军营盘旧址，位于山海关区南部，坐落在长城起点老龙头的西部和北部。

八国联军营盘旧址，现有英、法、德、日、意五国驻军营房，六国饭店及永平教区别墅等建筑44幢，总占地面积约6.52平方千米，建筑面积1.2588万平方米。这些营盘建筑多建于1903—1904年，分别为1900年八国联军发动侵华战争占领山海关的英国、法国、德国、俄国、意大利、日本等国家的军队所建的军营及别墅，俗称“六国营盘”。其中俄国营盘有两处，一处在山海关桥梁厂南，赵亭子村西的“绥远城”北侧；另一处在东罗城东南原飞机场附近，由于俄国军队驻扎时间较短，未建正式营房，遗址已难寻找。在“六国营盘”中，法国营盘旧址现存房屋最多，有18幢，设有军官房、士兵房、家属房、面包房、军械库、禁闭室等。中华人民共和国成立后，八国联军营盘旧址得以基本保留。

1900年6月，英、美、德、意、日、法、俄、奥等八个帝国主义列强组成联军，悍然发动了侵华战争，8月15日侵占北京，9月30日又入侵军事重镇山海关。1901年9月7日，腐败无能的清政府与帝国主义列强签订了丧权辱国的《辛丑条约》，其中第九款规定，应允八国列强自北京至山海关铁路沿线十二处驻扎军队。从1902年开始，各国列强在山海关南部沿海一带修建了长期霸占的军营营盘，而且修建军营的地方都是清代后期为防御列强入侵所建的海防炮台重地。此后，在山海关火车站南侧修建了专门用于接待外国人的“六国饭店”，同时铺设六国饭店至各国军营的马拉小铁路。八国联军侵占山海关的范围，东至明长城，西达石河口，南起渤海岸，北至火车站，占地面积9平方千米，常驻军队1500人左右，直到第二次世界大战结束才全部撤出。从这以后至解放初期，有一段短暂的闲置时期。山海关八国联军营盘旧址是中国唯一一处能够保存下来，记录着八国列强侵华罪证的建筑实物，也是中华民族百年国耻的历史见证。

日本营盘、法国营盘、意大利营盘、英国营盘、德国营盘、六国饭店，1984年11月1日公布为山海关区第一批文物保护单位。

山海关日、法营盘，1988年9月13日公布为秦皇岛市文物保护单位。

山海关八国联军军营旧址，1993年7月15日公布为河北省第三批文物保护单位。

山海关八国联军营盘旧址（六处），2006年5月25日公布为第六批全国重点文物保护单位。包括：德国营盘旧址、意大利营盘旧址、英国营盘旧址、法国营盘旧址、六国饭店旧址、日本营盘旧址。

另外，第三次全国文物普查将永平教区别墅旧址并入山海关八国联军营盘旧址，因此也对其进行了描述。

(1) **英国营盘旧址**

山海关八国联军营盘旧址——英国营盘旧址，建于山海关老龙头景区宁海城内外。

英国营盘旧址

维修后的英国营盘旧址

英国营盘旧址，占地面积约 24.4 万平方米，总建筑面积 2916.86 平方米。现有建筑物 14 幢，均为单层，多数建筑物为砖墙、红瓦顶、百叶窗。此营盘在六国营盘中占地最广，除宁海城全部外，还合并了西到石河口一带的原德国和印度营盘（北海神庙为印度营盘），当地群众称之为英国下帮。常驻人员四五百人左右，第二次世界大战期间撤走。英国营盘不断扩张，占地南至海岸，北至马头庄，东到老龙头下的宁海城，西至石河口。山海关解放后，营盘由人民解放军山海关部队驻守，现归属于 66109 部队军需营房。2016 年 12 月—2018 年 6 月，国家文物局拨付专项资金 906 万元，由山海关区文物局对其进行修缮。

(2) **法国营盘旧址**

山海关八国联军营盘旧址——法国营盘旧址，位于山海关城南 5 千米处的小湾村北。

法国营盘旧址

法国营盘旧址，总占地面积 7.6 万平方米。现存建筑 18 幢，建筑面积 3964 平方米，营盘多为青砖绿瓦顶，少数为红绿瓦顶，前后出廊，砖墙承重，木屋架、坡屋顶结构。营盘原配有指挥室、士兵房、军械库、禁闭室，西南角另有一座军官家属楼。旧址建筑砖石上刻有“1904”数字，系建筑年代。据有关记载，当年法军常驻部队人数在 500 人左右，第二次世界大战期间撤走。山海关解放后，营盘由人民解放军驻山海关部队驻守。营盘东北原有一座水雷营，系清光绪十年（1884 年）直隶提督叶志超所建，营盘为各长 50 米的方形土城，现已坍毁为农田。叶志超在那里办有一所行营武备学堂，中华民国初期的王士珍、田中玉、鲍贵卿、卢永祥等军阀均出自这所学堂。营盘西北角原有一座小营盘，为叶志超的驻地，遗址已荡然无存；向西靠潮河有一座孤山（当地人称小石山，已铲平），曾辟为叶志超的花园。

(3) **德国营盘旧址**

山海关八国联军营盘旧址——德国营盘旧址，位于山海关南部，石河口东。

德国营盘旧址，总占地面积 20.9 万平方米。营盘修建于 20 世纪初，现存建筑 2 幢，建筑面积 691 平方米。营盘均采用砖墙承重，木屋架，青砖灰瓦顶，坡屋顶结构，建筑外观保存较完整。

德国营盘旧址

1914 年，第一次世界大战爆发后，德国军队撤走，营址由英国军队吞并。山海关解放后，营盘由人民解放军驻山海关部队驻守。

（4）意大利营盘旧址

山海关八国联军营盘旧址——意大利营盘，位于山海关城南 5 千米处的南海村境内，与老龙头毗邻。

意大利营盘旧址原貌

意大利营盘旧址，总占地面积 9000 平方米，现存建筑 4 幢，建筑面积 1407 平方米。营盘主体建筑采用黄色墙面，砖墙承重，木屋架，钢板瓦，前出廊，坡屋顶结构。整个建筑原分为南北两院，南院有楼房 3 幢，平房 3 座。北院原有建筑物今已全部改观，其中营盘依长城外围曾建有一座土城，如今夯土墙已全部坍毁，仅存遗址；其北有一门，保存完整，洞道条石铺砌，洞内两侧留有水槽，拱券外侧上镶嵌卧碑，上刻“靖远”二字。1942 年由日本军队接收。

2012 年，锦州铁路局曾对该营盘旧址进行维修。现为沈阳铁路局山海关疗养院所在地。

意大利营盘旧址现状

（5）日本营盘旧址

山海关八国联军营盘旧址——日本营盘旧址，位于山海关区城南肖庄村内，当地人俗称“四炮台”。

日本营盘旧址，总占地面积约 5 万平方米，1902 年修建，至九一八事变前，常驻部队人数为 100 余人；直至 1945 年 9 月，日本投降后才撤出。营盘中原有将军楼、军官楼、士兵楼、警卫楼、库房、马厩等建筑，并有水泥浇筑的水牢、旱牢各 1 座，还有高出地面的地道，砖石砌拱。

现营盘内建筑物大部分拆毁，仅存二层“将军楼”建筑 1 幢，旱牢、水牢各 1 处。“将军楼”为二层楼，南北 15.15 米，东西 9.76 米，建筑面积 293 平方米，系青砖木结构，采用砖墙承重，木构架，坡屋顶形式，为典型的日式建筑，传为日军少将住居所。旱牢保存完整，水牢已填平，结构完好，1980 年曾开过一次，污水尚存，还有人骨在内。在马厩遗址中，发现铺地墓碑 1 方，上刻“故陆军步兵少佐”“从五勋四”字样，碑长约 70 厘米，宽约 60 厘米。营房四角，原各有炮台 1 座，现仅存西南角 1 座，系三合土结构，外围砖石全无。1933

日本营盘旧址

年 1 月榆关事变爆发，其地曾是日军侵占山海关时的指挥部。日本营盘旧址，原隶属北京军区驻山海关 66109 部队，2008 年由山海关机场管理。

（6）六国饭店旧址

山海关八国联军营盘旧址——六国饭店旧址，位于山海关城外铁道南工人街，地处山海关火车站东南侧，铁路小学以北。

六国饭店修复前

六国饭店旧址，始建于 1902 年，系八国联军侵占山海关后修建的接待站，现存有建筑 2 幢，建筑面积 2440 平方米。六国饭店的建筑为“丁”字形二层结构楼房，砖墙承重，木屋架，坡屋顶。一楼西半部为客房，东半部为餐厅；二楼设舞厅、仓库等用房。建筑内部全部为木结构，外墙青砖垒砌，上为人字架梁，前出廊，西有走廊。楼后有 5 间房，前为走廊，原为经理办公室及宿舍。楼东北角另有楼房 1 座，原系经理家属住宅。

六国饭店维修后

据查，民国版《临榆县志》附图就在其处加有“饭店”图标，旁为“扶轮学校”（即现在的铁路小学）。2013 年，秦皇岛市文物管理处对六国饭店进行了保护维修。

永平教区别墅旧址

（7）永平教区别墅旧址

山海关八国联军营盘旧址——永平教区别墅旧址，位于山海关区南部石河口东，在英国营盘旧址西侧，南紧依海岸。

永平教区别墅旧址，始建于 1900 年前后，现有保存完好的房屋 3 幢，占地面积约 3.5 万平方米，建筑面积 876 平方米。别墅单体单层，近方形，多开间，四周外墙混凝土墙体，木构架，前出廊，百叶门窗，红瓦顶，坡度陡峭，其中 2 幢屋上部建有小阁楼。因前廊设计融合中国建筑特征，使其外现风格表现得较为独特。

2007 年，管理旧址所在地的原北京军区秦皇岛房地产管理处自筹资金，将别墅在原有基础上进行了保护性修缮。

2. 海港区城子峪后山侵华日军浴池

城子峪后山侵华日军浴池，位于海港区（原抚宁县）驻操营镇城子峪村后山明长城脚下。该地上端有明长城敌楼 1 座（当地村民称之为后楼）。

城子峪后山侵华日军浴池遗址

城子峪后山侵华日军浴池于2009年第三次全国文物普查时发现。遗址所在地原有抗日战争时期日本兵营1处。据当地村民张鹤珊（明代长城守军后裔）讲，日军在此建有房屋13间，房屋坐北朝南，东西约30米，南北5米，面积150平方米，抗战胜利时被八路军捣毁。调查时地面有碎砖瓦，在遗址东侧留有当时日本人修建的洗浴池1座，池体近似方形，长1.26米，宽1.21米，池里部为六边形并砌有一梯形台座，池径约0.7米，底部有一径为0.4米的圆孔与下方的灶膛相通，侧面一侧有长方形灶坑。池体是用明长城青砖砌成，里外用水泥抹面。现存池子大部，顶部少部被毁。

3. 海港区山东堡侵华日军碉堡群

山东堡碉堡群，位于海港区西港镇山东堡村东1.5千米沿海处。

山东堡侵华日军碉堡群4号地堡

山东堡碉堡群于2009年第三次全国文物普查时发现。碉堡共4个，分布范围东西1000米，南北10米，面积1万平方米，为日军侵华时所建，是日本侵华的罪证。碉堡均呈方形，用水泥砂浆浇筑，所有碉堡均已下沉、倾斜，4个碉堡由东北向西南“一”字排开，北面3个位于水中，无法测量；南侧碉堡位于岸边且较大，长、宽为4.2米，东、西各有1门，宽1.6米，由于下沉严重，门高无法测量，西门右上角有一烟囱孔，现已严重破坏。

山东堡侵华日军碉堡群1号地堡

4. 海港区团结里侵华日军碉堡

团结里侵华日军碉堡近景

团结里侵华日军碉堡，位于海港区文化路街道办事处河北大街北团结里护城河东岸，东南紧邻五道桥。

团结里侵华日军碉堡于2009年第三次全国文物普查时发现。碉堡紧邻护城河，北侧基础部位有一棵树，估计树根破坏基础，因此北侧出现沉降，南侧为一饭店占用作为后墙使用，东侧堆积杂物，碉堡无法进入内部，内部现状不详。碉堡面为水泥砂浆浇筑，为日本人侵略中国时所建。碉堡为圆形，在东侧开有一个门，其他圆面四周各有一个孔，孔为方形，边距为35厘米，碉堡南侧高为2.5米，北侧为1.8米，直径为3.5米。

二、交通运输设施及附属物

1. 秦皇岛港口近代建筑群

秦皇岛港口近代建筑群，是指1881—1949年中外人士在秦皇岛港口及附近所建的别墅、商铺、工厂、办公设施、铁路等近代建筑群。包括全国重点文物保护单位9处、省级文物保护单位12处、市级文物保护单位2处。建筑多为欧式风格，由当时国外著名设计师设计，建筑造型玲珑，细部工艺精美，它结合了秦皇岛地方特点，融进了中西方建筑文化，形成了独有的特色。

秦皇岛港口于1898年被清政府主动开辟为通商口岸，由开平矿务局代为管理，成为天津港的辅助港以及开平煤炭运输专用港，历经洋务运动、民族工业、社会主义建设等重要历史时期演变，反映出港口自身的发展变化。见证了英、日等国掠夺我国港口主权和利益，工人组织斗争反抗、争取解放，港口为新中国建设作出贡献等历史事实，折射出我国近代遭受屈辱而又顽强反抗、自强复兴的历史发展过程；见证了秦皇岛港在中国近代工业发展史特别是开滦矿务局发展史、煤矿业及煤炭运输史上的重要地位和历史影响；见证了港口对秦皇岛市在城市建设、经济发展、生活水平、人员就业等方面发挥积极作用，使其从一个渔民泛舟，兼有粮、盐贩运的自然港湾，迅速兴起成为华北地区继天津、唐山之外的经济中心的历史事实。是开平 / 开滦矿务局高级官员、港口工人工作和生活环境的真实反映，是刘少奇、周恩来、朱德等国家领导人到秦皇岛港视察工作的实物记录。秦皇岛港口近代建筑群也是开滦矿务局运输及管理体系、中国近代工矿业、交通运输业及港口城市发展的实物见证。

秦皇岛港口近代建筑群（9处）于2013年5月3日公布为第七批全国重点文物保护单位。包括生产类的开滦矿务局秦皇岛电厂，交通通信类的津榆铁路基址、大码头、南山信号台，商务办公类的开滦矿务局办公楼、秦皇岛开滦矿务局车务处、开平矿务局秦皇岛经理处办公楼，居住生活类的南山特等一号房、秦皇岛开滦矿务局高级员司俱乐部等共9项。

秦皇岛港口近代建筑群（12处）于2008年10月23日公布为河北省第五批文物保护单位，包括开滦路老街、南山饭店、秦皇岛开滦矿务局高级员司特等房（4处）、秦皇岛开滦矿务局外籍高级员司特等房、秦皇岛港小码头、南栈房、老船坞、老港站磅房、南山高级引水员住房等共12项。

另有，锅伙、京奉铁路汤河桥等两处近代建筑，于2014年6月12日公布为秦皇岛市第四批文物保护单位。

津榆铁路基址近景

（1）津榆铁路基址

津榆铁路基址，位于海港区海港镇燕山大街188号，迎宾路引青园内。

津榆铁路的前身唐（山）胥（各庄）铁路始建于1881年，展筑唐山至天津的唐津铁路。1891年，清政府在山海关设立北洋官办铁路局，并于1893年将唐津铁路向东延伸至山海关，形成津榆铁路，翌年投入运营，在今秦皇岛境内设石门、九龙山、昌黎、留守营、北戴河、汤河（位于玉皇庙村北）、山海关站。1900年八国联军侵略中国，津榆铁路被英军占领，包括山海关在内的关外铁路被俄国占领。1901年津榆铁路向西延伸至北京，改称京渝铁路（京山铁路）。1902年4月24日，英、俄两国将侵占的关内外铁路归还给清政府，1907年7月4日，邮传部下令，将关内外铁路更名为京奉铁路。1915年，北戴河至山海关间铁路南移，原线路废弃。现存铁路基址长117米，宽23米，高3.8米。在此铁路基址上陈列的“龙号”（复制品）机车为中国较早的蒸汽机车。

津榆铁路基址陈列的龙号机车（复制品）近景

津榆铁路横贯了整个秦皇岛沿海地带，成为秦皇岛港输运物资的重要通道，为秦皇岛开埠奠定了基础。津榆铁路是中国第一条自办铁路，在中国铁路建设史上具有重要的地位。

津榆铁路基址，2004年10月27日公布为秦皇岛市第三批文物保护单位，2008年10月23日公布为河北省第五批文物保护单位，2013年5月3日公布为第七批全国重点文物保护单位。

（2）秦皇岛港大小码头（2处）

大、小码头，为大码头1座，小码头1座，位于海港区河东街道办事处南山街西港花园片区内。

清光绪二十四年（1898年）三月二十六日，光绪皇帝钦批《添开秦皇岛口岸折》，由此秦皇岛港的建设拉开帷幕。

秦皇岛港大码头远景

大码头始建于1899年4月，为木质框架式栈桥结构，码头总长200米，宽7～8米，前沿水深5.5米，低潮时为4.2米，在防坡堤上铺设轻轨铁路，通过港域与津榆铁路汤河站接轨，全长4828米。1908年码头基柱被虫蛀严重损腐，泊位木桩采用工字钢进行加固。在2009年大码头原址发现的木梁，为建港之初建造木质框架式栈桥码头时使用的主要材料，得到进一步证实。1909年，大码头改铺重轨铁路，购买一台英国进口新火车头。1928年至1929年，建筑永久性钢筋混凝土弓弦型码头，当时港口客运量已达2.8万人次。1904年，小码头兴建，设3～7号5个泊位。1914年，码头经过续建和改造，7个泊位的格局基本成型。大、小码头各配有吊重5吨左右的吊机2台，1917年吞吐量已经达到149万吨，到1918年泊位总长629米，至1925年码头工程全部完成。大码头当时可停泊5艘90～120米、吃水5～9米的船舶；

小码头可停泊2艘长90米以下、吃水5米的船舶。1929年4月28日，5～7号泊位动工加宽3米，同年12月竣工。1939年，大宗山西大同、阳泉煤炭经秦皇岛港向国外出口，大、小码头成为开滦矿务局海运煤炭的主要通道。1932年3月1日，小码头1号、2号泊位重修和接长，年底竣工。新中国成立前，大、小码头是秦皇岛港仅有的两座码头。中华人民共和国成立以后，小码头成为军事基地，大码头用于运送货物。2018年，河北港口集团为庆祝建港120周年，对大、小码头进行了保护清理和环境整治，现为工业遗产景观，供游客参观。

秦皇岛港小码头远景

秦皇岛港大、小码头，2008年10月23日公布为河北省第五批文物保护单位；秦皇岛港大码头，2013年5月3日公布为第七批全国重点文物保护单位。

（3）**开平矿务局秦皇岛经理处办公楼**

开平矿务局秦皇岛经理处办公楼，位于海港区海滨路街道办事处南山街海滨路75号。

开平矿务局秦皇岛经理处办公楼原状

办公楼为砖混结构，建筑面积486.75平方米。地上2层，地下1层，面阔3间，进深5间，起脊铁瓦屋顶，楼内有木制楼梯。办公楼建筑始建于1904年，1909年建成，定名为开平矿务局秦皇岛经理办公楼，英国人鲍尔温任首任经理，从1908年开始执行造林计划，在东南山一带种植槐树等；1912年7月，更名为开滦矿务局秦皇岛经理处办公楼，下设总务、管理、会计、工程、港务5个处；1926年以后，改为港务监督和引航办公用房。1934年11月1日，受开滦总局委托，秦皇岛经理处正式经销耀华玻璃事宜。现为河北海事局管理使用。

开平矿务局秦皇岛经理处办公楼现状

开平矿务局秦皇岛经理处办公楼，2004年10月27日公布为秦皇岛市第三批文物保护单位，2008年10月23日公布为河北省第五批文物保护单位，2013年5月3日公布为第七批全国重点文物保护单位。

（4）**南山特等一号房**

南山特等一号房，位于海港区海滨路街道办事处南山街港务局老干部处。

南山特等一号房，为别墅式建筑1幢，面向南，背朝北，由英国人建于1909年。整个建筑体现的是欧式风格，砖木结构，建筑面积750平方米。面阔5间，进深5间，地上1层，地下1层，铁瓦屋顶，南面有回廊，玻璃木制门窗，内设客厅、餐厅、卧室等。其地可瞭望码头和锚地，作业现场情况一览无遗。原为秦皇岛开滦矿务局历任总经理的寓所，现为河北港口集团管理使用。

南山特等一号房，2004 年 10 月 27 日公布为秦皇岛市第三批文物保护单位，2008 年 10 月 23 日公布为河北省第五批文物保护单位，2013 年 5 月 3 日公布为第七批全国重点文物保护单位。

南山特等一号房近景

（5）秦皇岛开滦矿务局办公楼

开滦矿务局办公楼，位于海港区海滨路街道办事处南山街港务局外轮理货公司。

开滦矿务局办公楼为一座二层楼，修建于 1918 年。整个建筑为砖木结构，建筑面积 292.6 平方米。面阔 5 间，进深 3 间，木制门窗，南面有二层晾台，铁瓦屋顶。1918 年，随着中日贸易的增加，日本三菱洋行、松昌洋行在秦皇岛南山租用开滦矿务局 2000 平方米土地设办事处，经销开滦煤炭，办理银行业务，修建此楼。1926 年，日本三菱洋行、松昌洋行秦皇岛办事处关闭；1930 年 10 月，将房屋转给开滦矿务局作经理办公室。现为河北港口集团秦皇岛港外轮理货公司外理分公司办公用房。

开滦矿务局办公楼近景

日本三菱、松昌洋行秦皇岛办事处及开滦矿务局办公楼，2004 年 10 月 27 日公布为秦皇岛市第三批文物保护单位，2008 年 10 月 23 日公布为河北省第五批文物保护单位；开滦矿务局办公楼，2013 年 5 月 3 日公布为第七批全国重点文物保护单位。

（6）秦皇岛开滦矿务局高级员司俱乐部

秦皇岛开滦矿务局高级员司俱乐部，位于海港区南山街 13 号，河北港口集团秦皇岛港党校院内。

俱乐部始建于 1919 年，为欧式建筑，英国人建造。整个建筑长 40.95 米，宽 23.15 米，建筑面积 1020 平方米。现有房间 20 间，面阔 7 间，进深 4 间，为砌体结构，屋面为木屋架铁瓦屋顶，东侧有耳房，门窗为木质玻璃门窗，有明廊，阳台呈凹字型，系典型的欧式风格建筑。曾设有舞厅、酒吧、电影厅、台球室、客厅等，外面设有网球场、花园和

秦皇岛开滦矿务局高级员司俱乐部南面

秦皇岛开滦矿务局高级员司俱乐部正北面

秦皇岛开滦矿务局高级员司俱乐部原内部

露天舞场等休闲设施，供高级员司娱乐享用。

秦皇岛开滦矿务局高级员司俱乐部，2004 年 10 月 27 日公布为秦皇岛市第三批文物保护单位，2008 年 10 月 23 日公布为河北省第五批文物保护单位，2013 年 5 月 3 日公布为第七批全国重点文物保护单位。

（7）秦皇岛开滦矿务局车务处

秦皇岛开滦矿务局车务处，位于海港区海滨路街道办事处东山街河北港口集团秦皇岛港机厂内。

秦皇岛开滦矿务局车务处近景

秦皇岛开滦矿务局车务处为一幢二层砖木结构楼房，由英国人 1923 年建造，砖木结构，建筑面积 258 平方米。地上 3 层，地下 1 层，面阔 3 间，进深 3 间，一层四面环廊，二层四面凉台，内有木制楼梯，原为铁瓦屋顶。1959 年，曾作为“一条龙”路港协作联合办公室，后改为港口调度室，又改为港口铁运分公司开滦路港站调度楼，现为河北港口集团管理使用。

秦皇岛开滦矿务局车务处，2004 年 10 月 27 日公布为秦皇岛市第三批文物保护单位，2008 年 10 月 23 日公布为河北省第五批文物保护单位，2013 年 5 月 3 日公布为第七批全国重点文物保护单位。

（8）开滦矿务局秦皇岛电厂旧址

开滦矿务局秦皇岛电厂，位于海港区东环路街道办事处热电街福电集团培训中心西侧。

电厂前身原为秦皇岛开滦矿务局电厂，1917 年 9 月，在现物资中心建小型电灯房 1 座，设两台 150 马力柴油发电机。1920 年，电灯房又增加一台柴油发电机，港口实行三班作业。随着港口运输发展和玻璃厂扩建，原电灯房已不能满足用电需要，于 1928 年 8 月 11 日，在南山坡西北侧，始建港口火力发电厂 1 座，原电灯房称老厂，南山电厂称新厂，并称为开滦矿务局秦皇岛电厂。

开滦矿务局秦皇岛电厂旧址原北面近景

1929 年年底，第一期工程完成了 2 台 1250 千瓦透平交流电机组等工程，扩大了港口用电范围；1931 年年底，完成了第二期包括建直流变电机房等工程，主要供应 2 台电力机车用电。1932 年，新厂建成后，老厂废止，设备卖给道北的资本家，安装在老道北电厂的食堂所在地，定名为秦榆电灯公司，据统计，全年发电 2000 千瓦。1936 年，秦榆电灯公司倒闭，日伪冀东自治政府在秦皇岛车站对面又重新建电厂；1942 年，发电量达到 2000 千瓦，与道南港口新厂并驾齐驱；

到 1948 年 11 月秦皇岛解放，一直持续发电。1953 年 11 月 28 日，南山电厂整套厂房设备全部无偿移交唐山电业局（后为华北电业管理局）的秦皇岛发电厂。

电厂为欧式建筑，坐南向北，砖混结构，建筑面积 1800 平方米；地上 2 层，面阔 7 间，进深 1 间，起脊铁瓦屋顶，玻璃木门窗。整体建筑由东西两侧的新、老房屋两组构成：东侧建筑为 1956 年建设，并修建烟囱 1 座，西侧建筑为 1928 年建的老房屋。西侧老建筑分成 3 部分：居中部分面阔大开间 3 间，北立面中心间带有台阶 2 层，入口为砖砌拱门；左右次间各有仿哥特式长窗 6 扇，底部小窗各 1 扇；左右两侧建筑大开间二间建筑形式相同，东侧的体量较大，西侧体量较小。门窗为屋顶上部设有采光高窗，建筑北立面窗户多位仿哥特式长窗，西侧立面建筑多采用拱窗。1956 年修建部分窗为矩形窗，窗台向内凹进较多，屋顶为坡屋顶。

开滦矿务局秦皇岛电厂维修后的南面近景

秦皇岛开滦矿务局电厂，2004 年 10 月 27 日公布为秦皇岛市第三批文物保护单位；开滦矿务局秦皇岛电厂旧址，2008 年 10 月 23 日公布为河北省第五批文物保护单位，2013 年 5 月 3 日公布为第七批全国重点文物保护单位。

2015 年 4 月，秦皇岛市电力集团公司启动博物馆改造工程，同年 12 月秦皇岛电力博物馆建设完成并对外开放。博物馆现藏有各类实物、史料、图片 7000 余件，充分展示了秦皇岛供电公司电力工业发展的历史和现状，是传播电力科普知识，兼备展示、服务、研究、交流、教育等多种功能的主题博物馆。

（9）南山信号台

南山信号台，位于海港区海滨路街道办事处南山街南山山崖，开滦矿务局高级员司俱乐部西侧，其所在区域为秦皇岛海洋运输中心，西临河北港口集团秦皇岛港港区。

南山信号台，建于 1940 年，为一幢三层楼，呈六角型。建筑外观 3 层，通过平台分成上下 2 个部分，主体为红砖砌筑，北侧东西两端各有立柱 1 根，支撑三层平台，北立面有登梯可供攀登。南山信号台又称“打旗房”，白天挂信号旗，夜间挂信号灯，并为进出港口船舶提供天气状况等信号。南山信号台原为秦皇岛港形象性建筑，为进出港的船舶起到助航指泊作用，但 20 世纪 70 年代以来，因各种现代化通信导航设施的使用，南山信号台被废弃，现建筑主体保存完好。

南山信号台近景

南山信号台，2008 年 10 月 23 日公布为河北省第五批文物保护单位，2013 年 5 月 3 日公布为第七批全国重点文物保护单位。

（10）**南山饭店**

南山饭店，位于海港区海滨路街道办事处南山街，港口博物馆北侧。

南山饭店为英国人建造，始建于1909年，1919年建成，建筑面积990平方米。面阔6间，进深8间，前有回廊已改造，木制玻璃门窗。南山饭店，亦称“洋客厅”，设备齐全，为花园式饭店，用于接待外国高级官员。民国四年（1915年）六月，意大利佛罗伦萨市议员沃森姆女士考察港口时，曾在该地居住，并在饭店门前水泥桌椅刻字留念。刻字为“ERCTED BY FLORENCELADY WALSHAM JUNE 1915”英文字样，意为“1915年6月，意大利佛罗伦萨沃森姆女士建立留念”。现为河北港口集团管理使用。

南山饭店，2004年10月27日公布为秦皇岛市第三批文物保护单位，2008年10月23日公布为河北省第五批文物保护单位。

（11）**秦皇岛开滦矿务局高级员司特等房（4处）**

1）秦皇岛开滦矿务局高级员司特等房（16号）

位于海港区海滨路街道办事处东山街海滨路16号。

特等房建于20世纪40年代，砖木结构，坐北朝南，面阔3间、进深2间，前有明廊，铁瓦四面斜坡顶，外排水，建筑面积224平方米。建筑南面玻璃木制门窗，明廊由4根红色圆立柱支撑，柱间连有绿色栏杆，外设防盗护栏。外墙体涂米色墙漆，下有红色砖台基。室内铺设木地板，内墙刷白色。现用于青岛远洋货运公司办事处。

秦皇岛开滦矿务局高级员司特等房（16号）正南面

2）秦皇岛开滦矿务局高级员司特等房（27号）

位于海港区海滨路街道办事处东山街海滨路27号。

秦皇岛开滦矿务局高级员司特等房27号（港口宾馆）建于20世纪40年代，原为中华民国时期秦皇岛商务会会长史福生建造的商务会所。建筑坐北朝南，砖木结构，东西16米，南北20米，建筑面积320平方米。地上1层，建筑面阔6间，进深4间，前有明廊，木制门窗，斜坡顶。建筑东侧和南面有明廊环绕，廊外观均呈六连拱哥特式风格，外廊现已加装玻璃窗封闭，屋顶为红色铁瓦四面坡屋顶，外排水，落水管刷成绿色，建筑外墙基设有排水明沟。室内木地板铺地，内墙体刷白，有木质腰线。张学良将军曾在此居住。

秦皇岛开滦矿务局高级员司特等房（27号）
正南面局部

3）秦皇岛开滦矿务局高级员司特等房（56-1 号别墅）

位于海港区海滨路街道办事处东山公园求仙入海处东侧。

特等房（求仙入海处东）由英国人建于 20 世纪 20 年代，欧式造型，砖木结构，坡屋顶，红色筒瓦，外檐沟排水。建筑平面呈 L 形，三段式结构，地上一层，居中一室，左右两侧翼各一室；外墙涂刷有海沙与贝壳的混合物，起到防潮防风化盐蚀作用；内部设有客厅、餐厅、卧室等。

秦皇岛开滦矿务局高级员司特等房（56-1 号别墅）正南面近景

1908—1940 年间，开滦矿务局在南山山崖至东山河口的海岸线附近，原建有较多员司别墅，总占地面积约 6666 平方米，20 世纪六七十年代港区扩建，大部分别墅被拆毁，现仅存 2 幢。该建筑原址为开滦矿务局南山街 56-1 号别墅，为历届秦皇岛开滦矿务局经理及家属的专用住房，英国人齐尔顿经理及家属曾住此处。现为海港区旅游和文化广电局管理使用。

4）秦皇岛开滦矿务局高级员司特等房（56 号别墅）

位于海港区海滨路街道办事处东山公园求仙入海处东侧。

秦皇岛开滦矿务局高级员司特等房（56 号别墅）正南面近景

特等房（求仙入海处西）为英国人建于 20 世纪 20 年代，欧式风格，平面为不规则长方形，地上一层，砖木结构，毛石基础，前有明廊，玻璃木窗，四面铁瓦斜坡顶，绿色落水管外排水，该别墅是中方高级员司专用的特等房。

1909—1940 年间，开滦矿务局在南山山崖至东山河口的海岸线附近，原建有较多员司别墅，总占地面积约 6666 平方米，20 世纪六七十年代港区扩建，大部分别墅被拆毁，现仅存 2 幢。该建筑原址为开滦矿务局南山街 56 号别墅，最初为开滦医院院长毕大夫的住所，后为港口医院院长杨宝章和朱祥生船长居住之地。中华人民共和国成立后，由河北港口集团秦皇岛港使用。现为海港区旅游和文化广电局管理使用。

秦皇岛开滦矿务局高级员司特等房（4 处），2004 年 10 月 27 日公布为秦皇岛市第三批文物保护单位，2008 年 10 月 23 日公布为河北省第五批文物保护单位。

（12）秦皇岛开滦矿务局外籍高级员司特等房

开滦矿务局外籍高级员司特等房，位于海港区文化路街道办事处开滦街东光明路 14 号。

特等房建于 1922—1924 年，坐北向南，不规则长方形大跨度房，砖木结构，四面铁瓦屋顶，外排水，建筑面积 253.5 平方米。建筑平面呈“凸”字形，欧式造型，南面 3 间，北面 5 间，前有明廊，木制玻璃门窗。南面外侧加筑围廊，门窗类型较多，建筑主门位于南面中部，正对此门北面设有木制后门，房间门为实木，门梁上均带亮子，入户窗户分 2 扇窗和 4 扇窗，窗上部均有窗亮子。室内木地板铺地，下有地下室 3 间，内置锅炉房，提供全屋采暖，还保存有当时的散热器（暖气片），内墙与屋顶交接处呈弧线，呈现出中西文化交融的建筑风格。特等房现为独门独院，四周建有院墙，院门开在东侧围墙内，带门柱门 1 扇。

开滦矿务局外籍高级员司特等房南立面

1954 年 4 月，毛泽东主席来秦皇岛视察耀华玻璃厂时，曾在此休息。

秦皇岛开滦矿务局外籍高级员司特等房，2004 年 10 月 27 日公布为秦皇岛市第三批文物保护单位，2008 年 10 月 23 日公布为河北省第五批文物保护单位。

2013 年，秦皇岛市文物管理处对建筑及院落进行了保护维修和环境整治，使该建筑整体风貌焕然一新。现由秦皇岛市文物保护中心管理使用。

（13）南栈房

南栈房原貌

南栈房，位于海港区海滨路街道办事处东山街通往河北港口集团秦皇岛港立交桥下。

南栈房，现由南北走向的两排仓库组成，被运输铁路分割成东库和西库。库房砖木结构，斜坡顶，采用上滑轨式大跨度推拉门，大门东西对称、通透。1900 年开始建设，1905 年港口建成第一座 2223 平方米的栈房；1912 年栈房重修，至 1919 年建成 1～4 号库房，有效面积 3089 多平方米，能堆存货物 5000 多吨；20 世纪二三十年代又建成二货区、三货区。1913 年，开始铺设缸砖路，该路按步行街设计，向北至高道口，长约 2400 米，是开滦路的姊妹路。该路结构分为上下两层，下层是“三合土”，上层铺设当时开滦煤矿在唐山生产的缸砖，上面刻有“KMA”（即开滦矿务局的英文缩写）字样。施工砌建时，砖缝隙间都浇注柏油，坚固亮丽，洋味十足，现保存完好的路面有 80 多米。中华人民共和国成立以后，南栈房改称一货区，一直作为港口五金、粮食、日用百货库房。

维修后的南栈房

南栈房西面

2020 年，河北港口集团对南栈房实施了文物保护修缮工程，改造后的仓库作为文化遗产展览馆使用，展馆分设工业遗产和规划成果展展厅。

南栈房，2008 年 10 月 23 日公布为河北省第五批文物保护单位。

（14）老船坞

老船坞，位于海港区河东街道办事处南山街西港花园片区内。

老船坞原址近景

老船坞，占地 500 平方米。1912 年中华民国建立后，秦皇岛港为提高港口自身疏浚、拖带、引水能力，陆续添置 2 条挖泥船和 1 条泥驳，后又添置拖轮和游艇等港作船舶。1915 年，在大、小码头之间配套修建了船坞，设有大型电动卷扬机，水下设有 134 余米长的 3 根铁轨滑道，使之成为当时较为先进的修船场所。1924 年船坞扩建，坞道延至 100 余米，平均宽 30 米，坞床铺设 3 根平行斜坡 60 磅钢轨直通海底，以备修理船只上下坞只用，船坞尾端设有绞车房。20 世纪 70 年代以来，随着港作船的大型化，老船坞失去使用价值被废弃了。2018 年，河北港口集团对老船坞进行了清理，现作为工业遗产景观，供游客参观。

维修后的老船坞

老船坞，2008 年 10 月 23 日公布为河北省第五批文物保护单位。

（15）老港站地磅房

老港站地磅房，位于海港区海滨路街道办事处东山街河北港口集团秦皇岛港机厂内。

老港站地磅房近景

老港站地磅房修建于 1917 年，为运煤车过磅而设，建有最大可称重 40 吨的轨道衡 1 台。当时，磅房为秦皇岛港唯一的计量中心，除车船对口、原车直取外，港口内几乎所有车辆都要通过磅房过衡，才能保证前方“供大仓”之需。如今，磅房早已废弃，窗户大门用水泥砌严，主体建筑保存完好。

老港站地磅房，2008 年 10 月 23 日公布为河北省第五批文物保护单位。

（16）南山高级引水员住房

南山高级引水员住房，位于海港区海滨路街道办事处南山街南山山崖，河北港口集团秦皇岛港院内。其建筑平面呈矩形，中间为过道，两侧布置房间；北侧有门厅，带有门廊，设踏步三阶；南侧有门廊，现围合入户门两侧形成门房。

南山高级引水员住房，为秦皇岛港口早期引水员、副港务监督寇恩登、道乃侯和齐尔顿的住宅。1926 年，齐尔顿被任命为副经理后，不再兼做引航工作。1942 年至 1945 年，日本人荒木忠次郎等高级职员在此居住。中华人民共和国成立后，其地仍为一些高级引水员的住宅。现为河北港口集团管理使用。

南山高级引水员住房近景

南山高级引水员住房，2008 年 10 月 23 日公布为河北省第五批文物保护单位。

（17）**京奉铁路汤河桥**

京奉铁路汤河桥，位于海港区河北大街西段东南大、小汤河下游。

京奉铁路汤河桥于 2009 年第三次全国文物普查时发现。京奉铁路汤河桥共 2 座，分别位于大、小汤河之上，均为东西走向，两桥相隔约 124 米。铁路于 1921 年动工，1923 年完成唐山至秦皇岛的双线铺设工程，并开始投入运营，该段铁路是京奉线唐榆段复线工程的一部分。京奉铁路，西自北京，东达沈阳，是当时港口联系经济腹地的唯一交通要道，也是联系牛庄（营口）与塘沽港的唯一通道。

京奉铁路汤河桥——大汤河桥近景

大、小汤河桥构造样式基本相同，主体均为钢结构，所用钢架及零部件出自山海关铁工厂，即今天的山海关桥梁厂。桥面路轨铺设于枕木之上，钢钉榫卯咬扣。大汤河桥长约 180 米，桥面宽约 10 米，桥体由 10 个钢筋水泥桥墩支撑，桥墩基础为石块垒砌，上立水泥柱，桥面铁路两侧设有木制栈桥，现栈桥局部已有损坏，部分换为水泥板。桥身东南侧钢架板上镶嵌有“山海关铁工厂民国十年”（1921 年）铭牌。小汤河桥位于大汤河桥西南约 124 米处，长约 110 米，宽约 10 米，桥体由 6 个钢筋水泥桥墩支撑，桥面结构与大汤河桥基本一致。大、小汤河桥现仍在使用中，主要向秦皇岛港运送杂货，运量较小。1984 年改建为预应力钢筋混凝土梁。

京奉铁路汤河桥——大汤河桥筑桥铭牌

京奉铁路汤河桥，2014 年 6 月 12 日公布为秦皇岛市第四批文物保护单位。

（18）**锅伙**

锅伙，位于秦皇岛市海港区河北港口集团秦皇岛港煤场小区院内。1917 年 3 月，开滦矿务局新建单工房（锅伙）1 处，能容纳员工 750 人食宿。1940 年扩建全部完工，使单身工房容量增至

3000 人。中华民国时期，“锅伙”曾是封建把头们用来管理码头工人的一种组织形式，今天，这些石墙、炉渣石灰顶的锅伙房是秦皇岛港现存最老、最简陋的住宅。

锅伙为一组建筑群。锅伙北面，为一贯通的大房子（北房），房子为囤顶，北侧高窗，南侧有门。房子内部依稀可辨初始的布局，室内分成三部分，南北两侧原为火炕，中间为过道。外墙内侧设有平台（行李架）供存放行李之用，北侧已被拆掉，南侧保存完整，两侧行李架的高度不同，南侧较北侧为高，北侧外墙内部可见 0.48 米高的墙脚。锅伙南面，有东西朝向囤顶房 4 间，自西向东，第一间现为超市，第二间原为水房，南侧向内凹进 1 间，在立面上形成凹型。第三间原为食堂，第四间房原始作用不详。建筑的外立面用海边运来的石块砌筑，石块之间有白灰分隔。

锅伙近景

锅伙，2014 年 6 月 12 日公布为秦皇岛市第四批文物保护单位。

（19）秦皇岛南站站台遗址

秦皇岛南站站台遗址，位于海港区文化路街道办事处铁路街红旗路东侧，现秦皇岛南站西侧。

秦皇岛南站站台遗址于 2009 年第三次全国文物普查时发现。1916 年 9 月 1 日，京奉铁路北戴河至山海关线路为适应秦皇岛港快速发展南移，废弃先前的汤河站，建秦皇岛站，即现在的秦皇岛南站。早期的南站站台设计长度为 13 节火车车厢的长度，宽约 4 米，现存高度约为 0.5 米，全部为石板垒砌而成。该站于 1916 年正式投入运营，使用的是牵引力仅为 60 吨的蒸汽机车。1920—1921 年，京奉线主干线上原有的 60 磅铁轨全部更新为 80 磅铁轨，仅秦皇岛港自备蒸汽机车就增至 13 台，使得该站运输能力得到大大提高。随着京秦电气化铁路的修建和京山线南大寺至龙家营改线完成，1984 年 9 年 28 日，火车站客运业务转由新车站（现今的秦皇岛火车站）办理，原客运人员也全部调离，此后，南站成为专门办理整车、零担、集装箱业务的专业货运站。

现在的秦皇岛南站，只有老站台还在，票房子、检票口等建筑均已拆除。根据民国十七年（1928 年）的《临渝县志》附图，现存的车站基址应该是当年相对于后站台的前台。

2. 山海关近现代铁路附属建筑

山海关近现代铁路附属建筑由英式公寓，津渝铁路山海关机务段、山海关车站旧址，日本行车公寓 3 处近代建筑组成。2008 年 10 月 23 日公布为河北省第五批文物保护单位。

英式公寓全景

（1）英式公寓

英式公寓，位于山海关路南南海道东侧，铁路小学对面。英式公寓为英式建筑，砖木结构，瓦顶，建筑面积 1499 平方米，分东、西两院，占地面积 2472 平方米。与八国联军营盘旧址处于同一年代，为清末帝国主义列强侵略中国的见证，有较高的历史和纪念价值。

津渝铁路山海关机务段、山海关车站旧址近景

（2）津渝铁路山海关机务段、山海关车站旧址

津渝铁路山海关机务段、山海关车站旧址，位于山海关路南铁路街中段北侧。津渝铁路山海关机务段、山海关车站旧址，系 1903 年 5 月英国商人为掠夺我开平煤矿而修建津（天津）榆（山海关）铁路时的山海关机务段、山海关车站旧址。中华人民共和国成立以后，曾为山海关铁路地区生活供应段、幼儿园等。2004 年归属于沈阳铁路公安局，并于当年 9 月进行修缮，作为沈阳铁路公安局“铁警公寓”。

津渝铁路山海关机务段、山海关车站旧址简介牌

（3）日本行车公寓

日本行车公寓，位于山海关铁路街中段南侧，铁警公寓对面。日本行车公寓建于 1938 年，俗称小灰楼，为日本铁路乘务人员公寓。1949 年，被当时的山海关桥梁工厂作为单身宿舍楼，归属中国铁路工程集团有限公司，现由中铁山桥有限公司代管。

日本行车公寓近景

3. 山海关乘务员公寓

山海关乘务员公寓，位于山海关区南关街道东水关街南门外火车站西侧，南门城台南侧 560 米。公寓建于 1930 年，砖混结构两层，为日本人修建。现有房屋 1 幢，南北 22 米，东西 40 米，占地面积 880 平方米。外墙为干粘石墙面，局部有补抹，现为黄色粉刷。正门前门廊较别致，为花岗岩石地面。房顶现状为油毡防水面层，室内板条顶棚，屋顶有角线，门、扶手为老式建筑。一层地面木地板已拆除，改为釉面砖地面，二层地面为木地板，一二层楼梯为水磨石踏板，铁护栏。该公寓较好地保留了历史原貌。

山海关乘务员公寓近景

山海关乘务员公寓，1989 年 5 月 10 日公布为山海关区第二批文物保护单位。

4. 北戴河铁路官房

铁路官房，位于北戴河区海宁路东侧，东临冀北电力有限公司北戴河疗养院，西临海建宾馆，北临铁盛宾馆，南临铁路家属院。

北戴河铁路官房近景

铁路官房建于1917年，坐东朝西，地上一层，毛石基础，石木结构，瓦楞瓦顶，平面为长方形，欧式造型。铁路官房分为两排独立建筑，第一排为海宁路32、34、36号共3户，每户进深1间，面阔2间，建筑占地面积138.58平方米；第二排为海宁路38、40、42、44、46、48、50、52号共8户，每户进深1间，面阔2间，建筑占地面积386.55平方米。铁路官房由北京铁路局秦皇岛车务段使用。

北戴河铁路官房，即为当时铁路职工的“员司住房”，住房大多为一明两暗的平房，另有厨房1间，独门独院。现存铁路官房清楚地记载着北戴河海滨在旧中国铁路运输史中的重要地位。

铁路官房，2014年6月12日公布为秦皇岛市第四批文物保护单位。

5. 北戴河蔡各庄山永桥

蔡各庄山永桥，位于北戴河区戴河镇蔡各庄村内主街，西距蔡各庄村委会100米。

蔡各庄山永桥正面

蔡各庄山永桥建筑构件

蔡各庄山永桥于2009年第三次全国文物普查时发现。现存桥体只有两孔涵洞暴露在外，其他桥体都被掩埋，并且南侧桥体涵洞也被掩埋。在东侧涵洞上的券洞石上刻有“山永桥”及“民国三年五月修”。涵洞内地面为条石砌筑，券洞内券也为条石砌筑。桥面被村内修的水泥路面覆盖，桥面情况不详，桥上的栏杆、栏板、望柱都被拆除，部分断裂的石构件被遗弃在水泥路两侧。

三、工业商贸建筑及附属物

1. 海港区耀华玻璃厂旧址

耀华玻璃厂旧址原为耀华机器制造玻璃股份有限公司秦皇岛工厂。位于海港区文化南路，东侧为文化路，南面为秦皇岛港码头，西侧为友谊路，北面是秦皇岛南站及铁路。旧址始建于 1922 年，为比利时技术工匠从本国运来的特种耐火砖建造，砖石结构，现存电灯房、水塔、水泵房 3 处。

耀华玻璃厂旧址全景

电灯房由两组建筑组成，总面积 1453.5 平方米，高 13.6 米，主体建筑结构经过加固处理。南侧建筑：5 开间，上部为三角形山花，下部 4 根方形壁柱分立面为 5 部分，山花上部原有圆形高窗 1 扇，外有三角形装饰，后被使用者破坏改为 4 扇窗。东侧建筑：3 开间，上部为三角形山花，有圆形高窗 1 扇，下部正中为入口之一，东侧立面外檐有木质檐口装饰。西侧建筑：立面破坏较为严重，主要形制仍然可以分辨，6 开间，五根方形壁柱分立面为 6 部分。门窗：洞口保存完好，毁损门窗已更换，门窗为长窗，绿色窗框，门窗洞口上部有砖砌弧形拱过梁。水塔：为原物遗存，由砖石砌筑，原塔高 16.7 米，储水容量 95.69 立方米；1977 年，对塔身进行了增高加固，加固后的塔高为 23.15 米。水泵房：平面六角形，总占地 260 平方米，水塔配套设施中的控制室为单层圆形结构，占地 61.34 平方米。

耀华玻璃厂旧址水泵房及水塔

耀华玻璃公司从 1922 年成立至 1948 年年底，经历了中比合资、中日合资、官商合办几个阶段，中华人民共和国成立以后划归国有。

秦皇岛市玻璃博物馆近景

耀华机器制造玻璃股份有限公司秦皇岛工厂在当时是亚洲地区第一家用机器制造优质平板玻璃的企业，采用的是比利时“弗克法”先进专利技术。产品投放市场后，不但彻底改变了我国依赖国外进口玻璃的落后状态，而且还向东南亚各国及日本、美国出口。耀华玻璃厂在中华人民共和国成立以后为新中国玻璃工业的成长和壮大作出了巨大贡献，被誉为中国玻璃工业的摇篮。

耀华玻璃厂旧址是中国第一块机制玻璃的诞生地，是中国玻璃工业发展的缩影，是世界玻璃工业发展史唯一尚存的历史实物见证。

耀华机械制造玻璃股份有限公司秦皇岛工厂，2004 年 10 月 27 日公布为秦皇岛市第三批文物保护单位；耀华玻璃厂旧址，2008 年 10 月 23 日公布为河北省第五批文物保护单位，2013 年 5 月 3 日公布为第七批全国重点文物保护单位。

2008 年耀华玻璃厂实施“退城进郊”搬迁战略，迁至新工业区，将电灯房、水塔、水泵房 3 处原有建筑予以保留。同年 11 月，秦皇岛市文物管理局启动保护维修与展示利用工程，依托原有老厂房建设国内第一家玻璃博物馆。

玻璃博物馆位于河北省秦皇岛市海港区文化路 44 号，总占地 7500 平方米，建筑面积 2822 平方米，2012 年 8 月 6 日正式对外开放。馆内由展览区、遗址公园、主题餐厅和办公区 4 部分组成，是集收藏、研究、教育、展示、休闲功能于一体的公共文化设施。

2. 海港区长城煤矿发电厂旧址

长城煤矿发电厂旧址，位于海港区（原抚宁县）石门寨镇上庄坨村村北，秦皇岛柳江盆地地学博物馆院内。

长城煤矿发电厂旧址近景

长城煤矿发电厂旧址于 2009 年第三次全国文物普查时发现。电厂厂房为南北 2 座三角桁架坡顶房屋连排，长 27.87 米，宽 20.54 米，建筑面积 572.45 平方米。北侧房屋，青砖砌墙至顶，木桁架间以斜撑套连。南侧房屋为 2 层，以水泥制梁与预制板分层，其他同北侧房屋。登层阶梯位于南侧房屋南壁。门头以水泥制板遮盖，窗皆作平口券。厂房西侧 4 米处有水泥制烟囱 1 座，直径 3.8 米，建筑面积 11.34 平方米。厂房西北处 40 米，有炮楼 1 座，块石垒砌，水泥勾抿，直径 4 米，建筑面积 12.57 平方米。

电厂旧址，原为长城煤矿公司投资建设的发电所。1936 年 10 月，日本东洋拓植株式会社委托三菱、松昌洋行秦皇岛办事处接收了柳江和长城煤矿，于 1939 年扩建坑口电厂，安装 750 千瓦发电机 2 台，供矿山照明及生产用电；1950 年，长城煤矿公司停产，发电所的发电设备被运往大同煤矿。中华人民共和国成立以后，该地曾先后作为中国煤矿工人中学、河北省财经学校、秦皇岛煤矿财经学校（1987 年搬至秦皇岛）等。该地现由河北柳江盆地地质遗迹国家级自然保护区管理处管理。电厂旧址是日本侵华掠夺秦皇岛矿产和煤炭资源的实物见证，可辟为爱国主义教育基地。

长城煤矿发电厂旧址，2014 年 6 月 12 日公布为秦皇岛市第四批文物保护单位。

3. 海港区秦皇岛中国煤炭工人学校旧址

秦皇岛中国煤矿工人学校旧址，位于海港区（原抚宁县）石门寨镇上庄坨村村北，秦皇岛柳江盆地地学博物馆院内。

秦皇岛中国煤矿工人学校于2009年第三次全国文物普查时发现。学校旧址建于1952年，较为完整地保留了20世纪50年代建筑共26幢，包括教室、“工”字形实验室、仿日化验室、原总务处办公室、教工和学生宿舍等。其中，23幢教工和学生宿舍由南向北分为两排整齐排列，保存完好。第二排学生宿舍东墙上刻有“勤工俭学”“学生自建”“1958.7.1”字样。建筑均为砖木结构，毛石基础（部分毛石墙体），原玻璃木窗现已改为铝合金窗，斜坡瓦顶。该地现由河北柳江盆地地质遗迹国家级自然保护区管理处管理。秦皇岛中国煤矿工人学校原址是20世纪50年代中国煤炭干部的重要输出地，为我国的煤炭工业的发展作出过重大贡献。

秦皇岛中国煤矿工人学校旧址近景

秦皇岛中国煤矿工人学校旧址，2014年6月12日公布为秦皇岛市第四批文物保护单位。

4. 山海关南大街绸布庄

南大街绸布庄，位于山海关区南大街钟鼓楼南侧150米。

现有房屋1幢，建于中华民国初年，原名“广福兴”，为城内第一家绸布店。中华人民共和国成立以后曾属山海关人民医院，现归属山海关区文物局负责管理。

南大街绸布庄正面

南大街绸布庄，为中西结合的巴洛克建筑风格，砖木结构，南北33.5米，东西13米，建筑面积435.5平方米。临街正面墙高6.91米，为仿西方建筑形制，青白石雕刻为面，上有各种吉祥纹饰和对联，拱形窗户，工艺精美，栩栩如生。整个建筑布局完整，现状良好。

建筑使用的刻花瓷砖装饰细部，完全采用中国传统的纹饰雕刻，反映出清末民初中西结合的建筑样式，具有较高的历史和建筑研究价值。

南大街绸布庄，2004年10月27日公布为秦皇岛市第三批文物保护单位，2008年10月23日公布为河北省第五批文物保护单位。

5. 山海关区工商银行办事处

区工商银行办事处，位于山海关区南关大街南门城台南侧300米。现有房屋1幢，由日本人建于1930年，建筑面积448平方米，砖混平顶式结构，基本保留了历史原貌。主体建筑南北26.1米，东西10.9米；附属建筑南北20米，东西11.4米。外墙面上半部保持原状，下半部已拆改，前面为浅砖灰色釉面砖贴面，踩墙为水泥预制块砖镶砌，后面为水泥砂浆抹面；室内已拆改为板条顶棚，有角线；屋顶已重修，原为釉面缸瓦防水面层，现为水泥瓦防水面层。当时作为何用无考，今闲置。

区工商银行办事处，1989年5月10日公布为山海关区第二批文物保护单位。

四、文教卫生宗教建筑

1. 昌黎贵贞女学馆贵贞楼

贵贞楼，位于昌黎县汇文中学院西北角。

贵贞女学馆贵贞楼近景

贵贞楼为欧式三层小楼，坐北朝南，砖木结构，为地下 1 层、地上 2 层带阁楼的八角尖顶建筑，建筑面积 467.74 平方米。一层前有带顶的明廊，东侧设有突出于明廊的花厅。楼内房间布局错落有致，地板、楼梯均为最初建筑时的木质原品；地下室设置取暖锅炉，楼内各室均有原来的暖气片。1976 年，受唐山大地震波及，外墙几处开裂；1978 年，昌黎汇文中学的前身——昌黎县第二中学对其进行了加固。

贵贞楼为美国基督教美以美会利用庚子赔款，于清宣统二年（1910 年）在昌黎县城东关建立的贵贞女学馆建筑群中的一座。贵贞学馆于 1915 年改建为贵贞女子中学。1942 年，贵贞女子中学与昌黎汇文中学、昌黎县中学合并，拆除原汇文中学和贵贞女子中学两校之间的大墙，使之成为一个校园。昌黎汇文中学历经多次改扩建，仅有 4 号楼（贵贞楼）被保留下来。

贵贞楼，2004 年 10 月 27 日公布为秦皇岛市第三批文物保护单位；贵贞女学馆贵贞楼，2008 年 10 月 23 日公布为河北省第五批文物保护单位。

2. 山海关季大夫楼

季大夫楼，位于山海关区新建胡同 2 号（山海关第一中学院内）。

季大夫楼始建于 1921 年，坐北向南，起脊三层楼，砖木结构，建筑高度 8 米，地下 1 层，面阔 3 间，进深 5 间，高台阶，四面开门，北面门已拆，西北面有凉台，铁瓦坡屋顶，顶部有阁楼，木制玻璃门窗，是当时山海关城内第一座楼房。2008 年对其进行修缮，保存现状较好。

山海关季大夫楼近景

中华民国时期曾驻扎过关东军和国民党保安队。中华人民共和国成立后，解放军部队曾居住和使用过，1952 年归属山海关第一中学。据有关记载，“季大夫楼”原为希腊籍医生季约克的住宅，当时季约克在山海关传教、行医，曾在西大街大成坊设门诊，并为出国人员检查身体。

新建胡同 2 号，1989 年 5 月 10 日公布为山海关区第二批文物保护单位；季大夫楼，2004 年

10 月 27 日公布为秦皇岛市第三批文物保护单位；山海关季大夫楼，2018 年 2 月 14 日公布为河北省第六批文物保护单位。

庙上村庙后殿山墙

3. 青龙庙上村庙后殿

庙上村庙后殿，位于青龙满族自治县朱杖子乡庙上村内，庙东、西、北三面为村民居住院，西靠村委会。

庙上村庙后殿墀头

庙上村庙后殿于 2009 年第三次全国文物普查时发现。该庙原名现已无人知晓，原庙由戏台、前殿、大殿、后殿组成，现仅存后殿。后殿现存基本完整，仅门窗为近现代改造。台阶三级无垂带，殿面阔 3 间，进深 2 间，通面阔 10 米，通进深 5 米，建筑面积为 50 平方米。硬山仰瓦屋面，檐柱间置装修，其余三面墙体围护。墙体大部分用石砌制，仅山墙上部及墙垛用砖砌制。殿前檐椽后封护檐，檐有滴水，正脊与垂脊为近现代新修改造，梁架结构为五架梁前单步梁。庙前尚存一块功德碑残段，碑文记述捐款人建庙名单。根据建筑形式及特点分析，年代断为中华民国。

庙上村庙后殿檐梁

前尖山子白庙脊兽

4. 青龙前尖山子白庙

前尖山子白庙，位于青龙满族自治县茨榆山乡前尖山子村西北 1.5 千米处的坡地上，老百姓俗称“白庙”，北靠山体，西、东均为梯田，南为农田。

前尖山子白庙于 2009 年第三次全国文物普查时发现。寺庙东西 15 米，南北 15 米，占地面积 225 平方米，由正殿和东配殿、西配殿组成。正殿：面阔 3 间，进深 1 间，前出廊（即六架梁），有斗拱，通面阔 7.21 米，通进深 6.08 米，通高为 4.1 米；硬山顶阴阳合瓦布瓦，有正吻和垂吻。西配殿：面阔 1 间，

前尖山子白庙梁绘

前尖山子白庙砖雕

进深 1 间，硬山顶五架列式阴阳合瓦布瓦；通进深 2.8 米，通面阔 3.4 米，通高 3.9 米。东配殿：面阔 1 间，进深 1 间，三架列式，破坏严重。根据寺庙建筑风格推断，为中华民国时期的寺庙。

5. 卢龙天主教永平主教府修道院

天主教永平主教府修道院，位于卢龙县卢龙镇四街村的卢龙天主堂院内。

天主教永平主教府修道院，为一个欧式风格四合院状建筑群，院落四面皆有房屋，总计 58 间，建筑面积 1040 平方米，占地面积 2968 平方米。房屋均为木架砖石结构，硬山尖顶，顶部铺波纹型镀锌薄铁瓦，铁瓦表面遍涂黑色防腐蚀材料，房屋内全部铺设纯木质地板。其中，东、西、北厢房面朝院内，南厢房面朝南；修道院东、南、西三面房屋连为一体呈“U”形，北排的 15 间房屋单独一体。院内四周建筑，围有环绕房屋内侧一圈的走廊；东、西厢房各有地下室，面积与地上东、西厢房部分相仿。四合院之西南角有几间小室向南凸出，在天主教建筑布局中被称作“罗马十字”的结构布局。从外观造型样式上看，具有典型的欧洲哥特式建筑风格，少量窗户依然保存有原来的带有彩花图案的玻璃窗。整座建筑经过精心设计，造型紧凑，整洁美观，施工精确，质量上乘。

天主教永平主教府修道院全景

天主教永平主教府修道院，始建于清光绪二十四年（1898 年）。翌年，天主教直隶北境代牧区分出一部分，设立直隶东境代牧区，主教驻永平府治所的所在地卢龙县城，在卢龙县城设有永平教区主教府（后称永平教区公署），主管西起玉田县、东至山海关、北起长城、南至渤海的教务。《辛丑条约》签订以后，教会利用赔款在卢龙城中的最高处——平山顶端的永平府大堂东面居高临下的山冈上，开始修筑京东最大的教堂。现存的天主教修道院为当时修筑的卢龙天主教堂的附属建筑物，为原天主教内部培养传教士神父的场所。

天主教永平主教府修道院内部

中华人民共和国成立后，天主教的活动减少。“文化大革命”期间，教堂陆续拆除，教徒活动停止。从 1981 年起，开始恢复天主教活动。其间，卢龙县城的天主教堂主要建筑——礼堂，被改建为卢龙县礼堂，修道院等被改设为卢龙县委、县政府及一些单位的办公区。近几年，天主教堂旧址回归天主教会。

天主教永平主教府修道院，2004 年 10 月 27 日公布为秦皇岛市第三批文物保护单位，2008 年 10 月 23 日公布为河北省第五批文物保护单位。

五、别墅公馆

北戴河近代建筑群

北戴河近代建筑群是指1893—1949年，中外人士在北戴河海滨建造的住宅、别墅、医院、学校、教堂、邮政楼、火车站等优秀建筑的统称。

1893年，英国工程师金达勘测津榆铁路路线时，发现北戴河海滨沙软潮平，夏季气候宜人，在京津外国人中广为宣传，中外人士便在北戴河开始修建邮政局、火车站、飞机场等大量基础设施。1898年，清政府开辟秦皇岛为通商口岸，北戴河海滨辟为避暑地，允许中外人士杂居，北戴河逐渐掀起大规模建设热潮。

据统计，19世纪末至20世纪初，北戴河海滨建造的别墅多达719幢，其中美、英、法、德、俄、意、日、比利时、希腊、奥地利、挪威、荷兰等26个国家外籍人士修建的别墅就有482幢。建筑群分布于北戴河海滨联峰山至鸽子窝南临海边的18平方千米区域内，目前保留至今的别墅仍有100余幢。

这些老房子，多为地下一层、地上一层建筑，少部分为二、三层建筑，斜坡红瓦屋顶，毛石基础或墙体，单面或多面明廊，部分不规则长方形形制，建筑格局独特，造型风格别致，显露出中西文化融合的建筑艺术特点；这些老房子，多由当时叱咤风云的中外达官贵人居住或使用，海滨避暑地逐渐成为各国的交际中心，记录了这一历史时期的重要变革，承载着丰富和珍贵的人文信息，具有较高的历史文化和科学研究价值。

乔和别墅、汉纳根别墅、东岭会教堂、布吉瑞别墅、王振民别墅、五凤楼（5幢）、徐世章别墅、东金草燕别墅、常德立别墅、来牧师别墅、白兰士别墅、张学良楼、吴鼎昌楼、段芝贵楼、海关楼、巴贝楼等北戴河近代建筑（20处），2006年5月25日公布为第六批全国重点文物保护单位。

比亚德别墅、陶通伯别墅、卡其别墅、班地聂别墅、美利德别墅等近代别墅（5栋），2018年2月14日公布为河北省第六批文物保护单位。

华文学校、阿温太太别墅、史娄纳别墅、陶牧师别、狄西叶别墅、何文境别墅、根纳弟夫人别墅、顾维钧别墅、德辅郎别墅、铁路官房等10处近代建筑，2014年6月12日公布为秦皇岛市第四批文物保护单位。

其他近代建筑均于2004年3月4日登记或公布为北戴河区第一批文物保护单位。

本篇关于建筑面积数据未经房产部门档案核实，不可作为房屋产权依据。

1. 瑞士乔和别墅

乔和别墅，又名瑞士小姐楼，位于北戴河区安二路2号。

乔和别墅

瑞士乔和别墅为驻天津领事乔和送给其 8 岁女儿的生日礼物。别墅修建于 20 世纪 20 年代，总占地面积约 6000 平方米，建筑基础面积 594 平方米，建筑面积 1062 平方米，建筑高 11 米。平面为不规则长方形，坐北向南，地下 1 层，地上 2 层，毛石基础，墙体为砖砌水刷石贴面，局部为毛石垒砌，堡垒建筑风格，木质梁架，铁瓦屋顶，整个建筑造型独特，风格优雅，园内种有珍奇花木，环境优美，占地面积较大，有附属花园。庭院布局借鉴“二龙戏珠”“五虎把门”等中国传统文化元素，是中西文化合璧的代表作，为北戴河优秀近代建筑。2005 年，水利部疗养院曾对乔和别墅进行过文物保护修缮。

瑞士乔和别墅，2004 年 3 月 4 日公布为北戴河区第一批文物保护单位；乔和别墅，2006 年 5 月 25 日公布为第六批全国重点文物保护单位。

2. 德国汉纳根别墅

汉纳根别墅

德国汉纳根别墅，位于北戴河区保四路 7 号。

别墅建于 20 世纪初，院落占地面积约 9067 平方米，建筑坐北朝南，面积约 1467 平方米。地下 1 层，地上 2 层、局部 1 层，毛石基础，石木结构，平面为不规则长方形，欧式造型。别墅巧妙地利用空间布局，建筑与周围环境和谐统一，形成一幅优美画卷，为北戴河海滨不可多得的优秀别墅。汉纳根别墅，在南向的房间内可以看到大海的波涛，感受到凉爽的海风，整个楼显得十分结实、严谨，颇能体现楼主人的职业特点和民族特性。

汉纳根，德国贵族、军人。每到夏季，汉纳根夫人经常在此别墅举办音乐聚会，是北戴河知名的文化沙龙。汉纳根别墅在抗日战争时期被国民政府按德国敌产予以没收，后按美国资产发还。中华人民共和国成立以后由政府代管，由国务院北戴河管理中心使用，后转给公安部北戴河办事处。

德国汉纳根别墅，2004 年 3 月 4 日公布为北戴河区第一批文物保护单位；汉纳根别墅，2006 年 5 月 25 日公布为第六批全国重点文物保护单位。

东岭会教堂

3. 东岭会教堂

东岭会教堂，位于北戴河区鹰角路 39 号。

教堂建于 1898 年，美式风格，院落占地面积 5327 平方米，建筑面积 251 平方米。平面为不规则长方形，坐西向东，地下 1 层，地上 2 层，毛石基础和墙体，木质梁架，屋顶上的色彩瓦片由页岩石打制而成，极具特色。其建筑造型独特，占地面积较大，环境优美，为北戴河海滨不可多得的优秀近代建筑。

教堂由美国基督教传教士在北戴河的传教组织东岭会建造，是北戴河滨海东山一带燕京大学、北京协和医学院等传教士、专家、教授的集会场所。中华人民共和国成立以后由政府代管，为中央干部疗养院使用，后转给河北省北戴河管理中心使用。2009 年，河北省北戴河管理处东山宾馆曾对该别墅进行过保护修缮。

东岭会教堂，2004 年 3 月 4 日公布为北戴河区第一批文物保护单位，2006 年 5 月 25 日公布为第六批全国重点文物保护单位。

4. 法国布吉瑞别墅

布吉瑞别墅

法国布吉瑞别墅，位于北戴河区康乐路 11 号。

别墅建于 1941 年，因天津法商电力股份公司总经理法国人克利孟特·布吉瑞修建此别墅而得名。建筑面积 693 平方米，坐西向东，面阔 9 间，进深 4 间，平面为不规则长方形，三面廊结构，高台基，毛石基础和墙体；主体建筑为地下 1 层、地上 1 层、局部 2 层，陶瓦屋顶，木质梁架，附属建筑地上 1 层。整个建筑为欧式造型，占地面积较大，环境优美，属维多利亚风格建筑，为北戴河海滨不可多得的优秀近代建筑。1952 年 10 月 15 日，由外交部批准，售与华北局休养所；20 世纪五六十年代，傅作义曾多次在此居住，又称“傅作义”别墅。2008—2009 年，曾对该别墅进行过保护维修。

法国布吉瑞别墅，2004 年 3 月 4 日公布为北戴河区第一批文物保护单位；布吉瑞别墅，2006 年 5 月 25 日公布为第六批全国重点文物保护单位。

5. 王振民别墅

王振民别墅

王振民别墅，位于北戴河区东经路 196 号。

别墅为中华民国时期的民族资本家王振常、王振民兄弟于 1941 年修建，建筑面积 220 平方米。平面为长方形，坐北向南，地下 1 层，地上 1 层，毛石基础和墙体，建筑正面有宽敞外廊，后面建有围廊，前墙装饰有石砌连年有鱼、变形钱纹图案，明柱用毛石垒砌，木质梁架，铁瓦屋顶，两侧山墙装饰有阶梯式造型，后部屋顶装饰有城堡式垛口。别墅占地面积较大，环境优美，别有风格，为北戴河海滨不可多得的优秀近代建筑。2004 年，曾对该别墅进行过保护维修。

王振民别墅，2004 年 3 月 4 日公布为北戴河区第一批文物保护单位，2006 年 5 月 25 日公布为第六批全国重点文物保护单位。

6. 五凤楼（5 幢）

五凤楼

五凤楼，位于北戴河区草厂西路 26 号。

五凤楼，又名平安公司别墅，建于 20 世纪 20 年代，由 5 幢别墅组成，建筑总面积 1961.36 平方米：1 号别墅建筑面积 388.88 平方米，2 号别墅建筑面积 325.9 方米，3 号别墅建筑面积 504.84 平方米，4 别墅建筑面积号 401.58 平方米，5 号别墅建筑面积 340.16 平方米。5 幢别墅均坐北朝南，建筑均为地下 1 层、地上 1 层，毛石基础，砖砌墙体，欧式风格，平面为长方形，木质梁架，铁瓦屋顶。五凤楼，建筑占地面积较大，环境优美，为北戴河不可多得的优秀近代建筑。相传，该别墅是周至俊为其 5 个女儿建造的度假别墅，故称“五凤楼”。

中华民国初期，周学熙次子周至俊与美国人合资创建了中华平安公司，在上海、天津、北戴河经营房地产租赁业务，代理美商亚美保险公司业务，在北戴河建有许多别墅建筑，这 5 幢别墅为中华平安公司设在北戴河的办公地。2006 年 4 月至 6 月，曾对五凤楼进行过保护维修。

五凤楼，2004 年 3 月 4 日公布为北戴河区第一批文物保护单位，2006 年 5 月 25 日公布为第六批全国重点文物保护单位。

徐世章别墅

7. 徐世章别墅

徐世章别墅，位于北戴河区西经路。

别墅于 20 世纪初期由民族资本家雍剑秋建造，后转卖给北洋政府大总统徐世昌弟弟徐世章，改称徐世章别墅。别墅坐北朝南，局部地下 1 层、地上 1 层，毛石基础，墙体为砖砌，面阔 7 间，进深 2 间，占地面积 15147 平方米，建筑面积 576 平方米。后部有偏房小院，欧式风格，平面为不规则长方形，木质梁架，陶瓦屋顶，是目前北戴河不可多得的优秀近代建筑。1953 年 1 月 30 日，售卖搬运工会，1959 年转售地质部北戴河疗养院使用。

雍剑秋（1875—1948 年），江苏高邮人。北戴河海滨公益会成员，公益会成立时捐款 1000 元，1923 年出资 2271 元，修建一条自西经路至小学的道路，公益会将该路命名为剑秋路。

徐世章别墅，2004 年 3 月 4 日公布为北戴河区第一批文物保护单位，2006 年 5 月 25 日公布为第六批全国重点文物保护单位。

8. 日本东金草燕别墅

日本东金草燕别墅，又名何香凝别墅，位于北戴河区东经路 5 号。

别墅建于 1942 年，原为北戴河海滨风景区管理局局长林柏涛所有，后卖给日本人东金草燕。

别墅为中式硬山加前卷棚式建筑，建筑地上 1 层，砖木结构，有敞开式外廊，占地面积 4887 平方米，建筑面积 441 平方米。

东金草燕别墅

中华民国时期国民政府按地产没收，中华人民共和国成立后，人民政府接收。20 世纪五六十年代，第二届、第三届全国人大常委会副委员长，第二届、第三届全国政协副主席，中国国民党左派的杰出代表、著名政治活动家、画家何香凝，到北戴河海滨避暑时曾多次在此居住，又称“何香凝”别墅。2008 年，北戴河区文化创意办公室曾对该别墅进行过保护维修。

日本东金草燕别墅，2004 年 3 月 4 日公布为北戴河区第一批文物保护单位；东金草燕别墅，2006 年 5 月 25 日公布为第六批全国重点文物保护单位。

9. 美国常德立别墅

常德立别墅

美国常德立别墅，位于北戴河区鹰角路 7 号。

别墅修建于 20 世纪初，建筑坐东向西，占地面积 1424 平方米，建筑面积 419 平方米。地下 1 层、地上 1 层，毛石基础和墙体，平面为不规则长方形，木质梁架，铁瓦屋顶，东、西侧有高台阶楼梯，装饰有吉祥图案。欧式造型，风格优雅，占地面积较大，环境优美，为北戴河海滨不可多得的优秀近代建筑。1953 年 1 月 1 日由政府代管，为中央干部疗养院使用，后与河北省干部疗养院置换，现由河北省北戴河事务中心使用。

美国常德立别墅，2004 年 3 月 4 日公布为北戴河区第一批文物保护单位；常德立别墅，2006 年 5 月 25 日公布为第六批全国重点文物保护单位。

来牧师别墅

10. 美国来牧师别墅

美国来牧师别墅，位于北戴河区鹰角路 7 号。

别墅建于 20 世纪初，坐东向西，院落占地面积 32665 平方米，建筑面积 473 平方米。平面为不规则长方形，地下 1 层、地上 1 层，毛石基础和墙体，木质梁架，铁瓦屋顶，西侧有高台阶楼梯，占地面积较大，环境优美，为北戴河海滨不可多得的优秀近代建筑。1953 年 1 月 1 日由政府代管，为河北省北戴河管理中心使用。

美国来牧师别墅，2004 年 3 月 4 日公布为北戴河区第一批文物保护单位；来牧师别墅，2006 年 5 月 25 日公布为第六批全国重点文物保护单位。

11. 奥地利白兰士别墅

白兰士别墅，又名马海德别墅，位于北戴河区东经路65号。

白兰士别墅原状

白兰士别墅维修后

白兰士又译柏韵士。别墅建于20世纪初，占地面积7334平方米，建筑面积484平方米。平面为长方形，坐东朝西，地下1层，地上1层、局部2层，毛石基础，砖木结构，木质梁架，铁瓦屋顶，东侧有高台阶，廊柱和外墙体有中国传统装饰图案，其方形塔楼中西合璧，颇具特色。该建筑占地面积较大，环境优美，为北戴河优秀近代建筑。

中华人民共和国成立后接待过不少外国友好人士，第一个加入中国籍和中国共产党、曾任中国卫生部顾问的国际友人马海德每次来北戴河海滨避暑均居住于此，故又称马海德别墅。2012年，秦皇岛市文物管理处对别墅进行了保护修缮。

奥地利白兰士别墅，2004年3月4日公布为北戴河区第一批文物保护单位；白兰士别墅，2006年5月25日公布为第六批全国重点文物保护单位。

12. 张学良楼

张学良楼，又名章瑞庭楼，位于北戴河区西经路。

别墅由德国建筑设计师罗尔夫·盖苓设计，于1925年由北戴河当地营造商阚向舞施工建成，院落占地11333平方米，别墅砖木结构，建筑面积1538平方米，保存较好。建筑地下1层、地上2层、局部3层，石木结构，后有长廊连接副楼。原主楼四周围小院，小院外围再建有大院；大院门为精工巧制的欧式雕花铁门，小院门前有一块硕大精致的假山石，整个环境优美典雅。该别墅为北戴河保存最好的近代建筑之一。

张学良楼

章瑞庭，商人、资本家，著名工商业者。与张作霖关系密切，有生意往来。

张学良曾两次下榻章瑞庭楼。1929年夏季，张学良出席北平“三巨头会议”之后，来北戴河下榻章瑞庭楼，9月，赵四小姐与张学良在此别墅“偕白首之约”；1930年7月，张学良和夫人于凤至依然住在熟悉的章瑞庭楼，赵四小姐则住在与主楼紧相连的副楼里。1932年初夏，国际联盟调查团海滨接待组的办公处所曾设在章瑞庭楼。

张学良楼，2006年5月25日公布为第六批全国重点文物保护单位。

13. 吴鼎昌楼

吴鼎昌楼，位于北戴河区西经路。

吴鼎昌楼

别墅由德国工程师魏迪锡设计，建于 1919 年，石砌城堡式建筑，院落总占地 2.2 万平方米，建筑面积 1535 平方米。别墅坐北朝南，石木结构，地下 1 层，地上 2 层，高台基，毛石基础和墙体，大屋檐多拱形长廊，二层尖顶客厅，陶瓦屋顶。建筑自四面看有完全不同之景象，极尽豪华，坚实精美位居北戴河区别墅之最。中华人民共和国成立后，该别墅按战犯资产予以没收。

吴鼎昌，中华民国实业资本家。

吴鼎昌楼，2006 年 5 月 25 日公布为第六批全国重点文物保护单位。

14. 段芝贵楼

段芝贵楼，位于北戴河区西经路。

别墅建于 1924 年，建筑面积 1349 平方米。别墅为德国建筑设计师魏迪锡设计，由当地包工头阚向舞施工。建筑为砖木结构，围墙用花岗岩石块垒砌，附有花园，院内建有一座别致的亭子。

段芝贵楼

段芝贵（1869—1925 年），字香岩，合肥县（今合肥市）人。民国二年（1913 年），任陆军第一路军军长；民国七年（1918 年），出任内阁陆军总长；民国九年（1920 年）七月，任皖系一路军总司令兼京师总司令；皖系失败，定居于天津租界，民国十四年（1925 年）二月于天津逝世。

段芝贵楼，2006 年 5 月 25 日公布为第六批全国重点文物保护单位。

15. 海关楼

海关楼，位于北戴河区西经路。

海关楼

海关楼建于 20 世纪初，原有海关总税务司别墅及秦皇岛海关办公楼 5 座，分别是 7、8、10、16、17 号，这些楼修建年代不同，其中标有“1903”字样的海关别墅楼，为最早的一座。在楼前曾发现“总税务司”的界碑，在院墙上又发现“总税务司”的界碑。

海关楼，2006 年 5 月 25 日公布为第六批全国重点文物保护单位。

16. 巴贝楼

巴贝楼

巴贝楼，位于北戴河区西经路。

巴贝楼始建于1919年，占地面积10667平方米，建筑面积1534平方米。别墅砖木结构，坐北朝南，毛石基础，铁瓦屋顶，地下1层、地上1层、局部2层；一层回廊、二层明廊，保存较好。该别墅为天津济安自来水有限公司总经理、德商瑞记洋行经理巴贝建造。中华人民共和国成立后，周恩来总理曾多次在此居住度夏。

巴贝楼，2006年5月25日公布为第六批全国重点文物保护单位。

17. 美利德别墅

美利德别墅

美利德别墅，位于北戴河区东海滩路8号。

别墅始建于中华民国年间，建筑坐北向南，面积240平方米。地下1层、地上2层，平面为不规则长方形，石木结构，毛石基础和墙体，欧式建筑风格，为北戴河区海滨较为优秀的别墅。建筑原为外廊式，使用单位曾多次维修，将外廊封闭，现为内廊式建筑。

美利德别墅，2004年3月4日公布为北戴河区第一批文物保护单位；北戴河近代别墅群——美利德别墅，2018年2月14日公布为河北省第六批文物保护单位。

18. 陶通伯别墅

陶通伯别墅

陶通伯别墅，位于北戴河区东经路95号。

别墅建于中华民国年间，坐东朝西，建筑面积120平方米。平面为不规则长方形，欧式造型，地上1层，砖木结构，毛石基础，青砖墙体，铁瓦屋顶，具有较高的历史和艺术价值。1952年12月收归国有，划拨给天津起士林管理使用。2012年，曾对该别墅进行过保护维修。

陶通伯，中国商业资本家，在东北有众多产业。

陶通伯别墅，2004年3月4日公布为北戴河区第一批文物保护单位；北戴河近代别墅群——陶通伯别墅，2018年2月14日公布为河北省第六批文物保护单位。

19. 意大利卡其别墅

意大利卡其别墅，位于北戴河区东经路65号。

卡其别墅始建于清末民初，外廊式欧洲建筑风格，建筑面积522平方米。平面为不规则长方形，坐西朝东，地上1层，毛石基础，石木结构，清水砖砌墙体，宽敞的外廊，红铁瓦屋顶，具有较高的历史和艺术价值。中华人民共和国成立后收为国有，曾接待过许多党和国家领导人避暑休养。2010年，秦皇岛市人民政府曾对该别墅进行过保护维修。

卡其别墅

意大利卡其别墅，2004年3月4日公布为北戴河区第一批文物保护单位；北戴河近代别墅群——卡其别墅，2018年2月14日公布为河北省第六批文物保护单位。

20. 英国班地聂别墅

班地聂别墅

英国班地聂别墅，位于北戴河区东经路65号。

别墅建于清末民初，建筑面积535平方米，外廊式建筑。平面为不规则长方形，坐西北向东南，地下1层、地上1层。毛石基础，毛石清水砖砌墙体，高台、环廊、红屋顶，欧式造型，在北戴河区海滨中海滩石岭会一带近代别墅建筑中，造型独特，小巧玲珑，屋面造型多变，与周围环境和谐统一，具有较高的历史和艺术价值。班地聂别墅，1952年12月收归国有，由北戴河区政府负责管理，由秦皇岛市政府北戴河招待处使用。2010年，秦皇岛市人民政府曾对该别墅进行过保护维修，更换了糟朽、粉蚀严重的屋面铁瓦，对外墙进行贴面砖处理。

班地聂，英国驻华商人，天津利顺饭店股东。

英国班地聂别墅，2004年3月4日公布为北戴河区第一批文物保护单位；北戴河近代别墅群——班地聂别墅，2018年2月14日公布为河北省第六批文物保护单位。

21. 英国比亚德别墅

比亚德别墅

比亚德别墅，位于北戴河区黑石路4号。

别墅建于中华民国年间，坐北朝南，建筑面积238平方米。平面为不规则长方形，地下1层、地上1层，砖木结构，毛石基础，欧式建筑风格，外廊式建筑，使用单位多次维修，外廊已封闭，主体建筑现保存较好，附属建筑保存完好，具有较高的历史和艺术价值。1953年收归国有，由北戴河团中央休养所使用。20世纪五六十年代，胡耀邦曾在北戴河团中央休养所长期工作生活，其住所就是此别墅，因此，又称之为胡耀邦旧居。

2013年，全国青少年北戴河活动营地自筹资金，在履行申报维修手续后，对外立面和糟朽、粉蚀严重的屋面进行了保护修缮。

胡耀邦，中国共产党和中华人民共和国的主要领导人之一，曾任中共中央主席和中共中央总书记，1957年任中国共产主义青年团中央第一书记。

英国比亚德别墅，2004年3月4日公布为北戴河区第一批文物保护单位；北戴河近代别墅群——比亚德别墅，2018年2月14日公布为河北省第六批文物保护单位。

22. 美国华文学校

华文学校

美国华文学校，位于北戴河区东经路201号。

华文学校，建于20世纪初，欧式造型，平面为不规则长方形，坐北朝南，建筑面积618平方米。地上1层，毛石基础，砖石墙体，木质梁架，铁瓦屋顶，为北戴河区海滨较为优秀的别墅。

华文学校，创办于1910年，是由北京的美以美会、美国长老会、英国圣公会等教会组织与英美公使馆、华北美国协会、美国商会等联合创办的。华文学校主要是为来华的外国人研习汉语而设，除教授汉语外，同时也附带开设中国历史、政治、经济等课程。学生主体为外国传教士、领事官员、陆海军官员以及美孚石油公司、英美烟草公司和其他外国商行的年轻雇员，成为主要为英美培养“中国通”的学校。

北戴河华文学校是北京华文学校的分支机构，主要是利用夏季外国人士集中于北戴河区海滨时，对外国传教士、在华外国人士及其子女进行汉语培训，类似于夏令营的培训基地，是教授中国文化的教育基地。

美国华文学校，2004年3月4日公布为北戴河区第一批文物保护单位；华文学校，2004年10月27日公布为秦皇岛市第三批文物保护单位。

23. 英国阿温太太别墅

阿温太太别墅

英国阿温太太别墅，位于北戴河区东经路65号。

别墅建于中华民国时期，欧式造型，建筑面积400平方米。别墅坐西向东，平面为不规则长方形，地上1层，面阔4间，进深3间，三面环廊，毛石基础，石木结构，铁瓦屋顶，木制玻璃窗，百叶窗保存完好，后有配房，廊檐内各有雕饰，为北戴河区海滨较为优秀的别墅。1953年由政府代管，为秦皇岛市人民政府北戴河招待处使用；2010年，秦皇岛市人民政府曾对该别墅进行过保护维修。

英国阿温太太别墅，2004年3月4日公布为北戴河区第一批文物保护单位；阿温太太别墅，2004年10月27日公布为秦皇岛市第三批文物保护单位。

24. 德国史娄纳别墅

史娄纳别墅

德国史娄纳别墅，位于北戴河区西经路。

别墅始建于1900年，欧式造型，坐北朝南，建筑面积235平方米。平面为不规则长方形，地上1层、地下1层，面阔3间，进深（主体2间）3间，毛石基础，石木结构，东南西三面环廊，砖瓦顶，木制玻璃门窗，为北戴河区海滨较为优秀的别墅。该建筑目前保存比较完整，损坏程度不大，结构较为稳定，无添建改建。

德国史娄纳别墅，2004年3月4日公布为北戴河区第一批文物保护单位；史娄纳别墅，2004年10月27日公布为秦皇岛市第三批文物保护单位。

25. 美国陶牧师别墅

陶牧师别墅

美国陶牧师别墅，位于北戴河区鹰角路1号。

别墅建于20世纪初，坐北朝南，建筑面积228平方米。平面为不规则长方形，地上1层，毛石基础，石木结构，欧式造型，为北戴河区海滨较为优秀的别墅。

美国陶牧师别墅，2004年3月4日公布为北戴河区第一批文物保护单位；陶牧师别墅，2004年10月27日公布为秦皇岛市第三批文物保护单位。

26. 比利时狄西叶别墅

狄西叶别墅

比利时狄西叶别墅，位于北戴河区西经路26号。

别墅由比利时人建于20世纪初，建筑坐北朝南，面积555平方米。平面为不规则长方形，地上1层，毛石基础，砖木结构，欧式造型，为北戴河区海滨较为优秀的别墅。

比利时狄西叶别墅，2004年3月4日公布为北戴河区第一批文物保护单位；狄西叶别墅，2014年6月12日公布为秦皇岛市第四批文物保护单位。

27. 何文境别墅

何文境别墅

何文境别墅，位于北戴河区西经路26号。

别墅建于20世纪初，建筑面积503平方米，平面为不规则长方形，坐北朝南，地上1层，毛石基础，砖木结构，欧式造型，为北戴河区海滨较为优秀的别墅。

何文境别墅，2004年3月4日公布为北戴河区第一批文物保护单位，2014年6月12日公布为秦皇岛市第四批文物保护单位。

28. 英国根纳第夫人别墅

英国根纳第夫人别墅，位于北戴河区西经路26号。

别墅由英国人建于20世纪初，建筑坐北朝南，面积427平方米。地上1层，毛石基础，砖木结构，平面为不规则长方形，欧式造型，为北戴河区海滨较为优秀的别墅。

根纳第夫人，近代英国在华商人。

英国根纳第夫人别墅，2004年3月4日公布为北戴河区第一批文物保护单位；根纳第夫人别墅，2014年6月12日公布为秦皇岛市第四批文物保护单位。

根纳第夫人别墅

29. 顾维钧别墅

顾维钧别墅，位于北戴河区西经路26号。

别墅建于20世纪初，坐北朝南，建筑面积473平方米。地上1层，毛石基础，砖木结构，平面为不规则长方形，欧式造型，为北戴河区海滨较为优秀的别墅。

顾维钧别墅

顾维钧（1888—1985年），字少川，汉族，北洋政府和国民党政府时期外交界的领袖人物，历任北洋政府驻墨西哥、美国、古巴、英国公使，北洋政府外交总长、财政总长、代理国务总理等职。1912—1931年，顾维钧每逢夏季的周末都来北戴河区海滨的该别墅休养。

顾维钧别墅，2004年3月4日公布为北戴河区第一批文物保护单位，2014年6月12日公布为秦皇岛市第四批文物保护单位。

30. 英国德辅郎别墅

英国德辅郎别墅，位于北戴河区保一路8号。

别墅由英国人建于20世纪初，坐北朝南，建筑面积343平方米。平面为不规则长方形，地上1层，毛石基础，砖木结构，清水砖砌墙体，铁瓦屋顶，欧式造型，为北戴河区海滨较为优秀的别墅。中华人民共和国成立后收为国有，曾多次接待党和国家领导人来此休养。

德辅郎别墅

德辅郎，英国基督教宗循道会牧师，曾任华洋义赈救灾总会副会长、天津耀华学校第一人主席团成员。

英国德辅郎别墅，2004年3月4日公布为北戴河区第一批文物保护单位；德辅郎别墅，2014年6月12日公布为秦皇岛市第四批文物保护单位。

公馆

1. 山海关田中玉公馆

田中玉公馆

田中玉公馆，位于山海关区城内西大街中段西门城台东侧 200 米。

公馆系田中玉私人住宅，始建于 1920 年，为山海关城内仅存的中华民国时期德式建筑，青砖板瓦，十字坡屋面，砖混结构，楼阁 3 层，底层为半地下格局，南北 22.5 米，东西 16 米，建筑面积 302.4 平方米。公馆 20 世纪三四十年代曾驻过日本宪兵队、国民党临榆县党部，山海关解放后，曾为中共山海关市委办公用地，后改为农药厂、印刷厂、学校办公室等。2003 年 5 月，归属山海关区文物局管理，并对田中玉公馆主体建筑进行了保护维修。2003 年 7 月至 2004 年 4 月，山海关区政府拨款 20 万元，对田中玉公馆土建部分进行了修缮。

田中玉（1869—1935 年），字蕴山，山海关石河镇高建庄人，一度兼任山东省省长。城内现存田中玉公馆、田氏祠庙以及田氏中学（山一中前身）即为这一时期所建。

田中玉公馆，1989 年 5 月 10 日公布为山海关区第二批文物保护单位，2004 年 10 月 27 日公布为秦皇岛市第三批文物保护单位，2008 年 10 月 23 日公布为河北省第五批文物保护单位。

2. 山海关田氏家庙

田氏家庙，原址位于关城镇东楼西北侧，现址坐落在山海关区东街街道北大街新建胡同，今山海关第一中学校园内东南侧。

田氏家庙正殿

田氏家庙俗称田氏姑妇节孝祠，坐北面南，呈矩形，建筑的最前端为山门，后为享堂，左右耳房，最北为正房。其为田中玉为其祖母孙氏、母亲阎氏兴建的家祠，始建于 1917 年，落成于 1918 年 4 月 20 日。1999 年，实施天下第一关广场改造工程时，田氏姑妇节孝祠被整体拆迁至山海关第一中学校园东南侧，于 2004 年正式完工。整体拆迁后，建筑基本保留原貌，布局完整。

田中玉（1869—1935 年），字蕴山，山海关区石河镇高建庄人，7 岁入私塾读书，清光绪十年（1884 年），从师清军总兵叶志超在山海关设立的行营武备学堂，开始行伍仕途，历任北洋炮队第一标统带、东三省督练分所总参议等职；1912 年中华民国成立后，任代理山东民政长、曹州镇（今山东菏泽）总兵、陆军第五师师长；1919 年升任山东督军，兼任山东省省长。1923 年 10 月，因“临城劫车案”被迫引咎辞职，随后到天津和大连两地寓所闲居，直至病逝。山海关城内现存的田氏祠庙、田氏中学（山海关第一中学前身）及田中玉公馆等建筑，均为其在位时期所建。

田氏家庙，1984 年 11 月 1 日公布为山海关区第一批文物保护单位。

六、传统民居

1. 山海关东三条 12 号民居

东三条 12 号民居，位于山海关区东三条 12 号。

东三条 12 号大院原为田中玉族亲田国钊家宅。田国钊，字景周，曾做过“奉天银行”的总经理，他注重培养家乡子弟，为造就商业人才，主动从东北募集资金，在山海关开办商科职业学校。

东三条 12 号民居二门楼

东三条 12 号现为军属大院，属五正六厢结构四合院。全院为青砖瓦房，具有典型的北方四合院建筑特点。室内开阔明亮，结构简朴大方，从多个侧面展示了当地古建艺术成就。大院正门前分别配有上马石和下马石，门枕报鼓石上刻凸雕麒麟、狮子等象征吉祥、喜庆等意义的民间传统纹饰；房屋墀头上端戗檐板和山墙上端博风头处各有青砖雕刻，题材多为松、梅、莲、菊、牡丹等四季花卉。

东三条 12 号民居二门楼木雕

东三条 12 号，1989 年 5 月 10 日公布为山海关区第二批文物保护单位。

2. 山海关穆家胡同 2 号民居

穆家胡同 2 号民居，位于山海关区穆家胡同 2 号。穆家胡同 2 号民居原为梁、沈两家私宅，建于中华民国初年，20 世纪 50 年代末改建成北街招待所。

穆家胡同 2 号民居近景

北街招待所坐北朝南，南面开设大门，大门内为过道。四合院分为东、西两院，中间以回廊相连接。两院都有正房、东西厢房和倒座房。其中，正房和倒座房位于南北中轴线上，东西厢房沿中轴线对称布置，正房与厢房之间设有围廊，厢房与倒座间有围墙，正中开设月亮门以通内外。南北正房各 5 间，东西厢房各 3 间，硬山砖木结构，红柱绿窗，青砖灰瓦、檐饰古朴，色彩素雅，属古典式四合院建筑。其东院解放战争时期曾作为“四野指挥部”。

北街招待所，1984 年 11 月 1 日公布为山海关区第一批文物保护单位。

3. 山海关马氏民居

马氏民居，位于山海关区石河镇外峪村内。

马氏民居近景

马氏民居，建于中华民国时期，原有影壁，门房5间，中间为院落大门，门口有一对石狮子，悬挂大红灯笼，仿孟家店清行宫建造，黎元洪曾为其题字，匾额蓝底金字。现仅存的后院民居有正房、西厢房。马氏民居为支摘窗，青砖墙，砖木结构，采用木梁、檩、椽等承重木构架，为典型的北方民居四合院建筑形式。

正房为硬山式建筑，面阔5间，进深1间，阴阳合瓦屋面，部分布瓦损坏，五架梁，前檐装修大部分未做改动，前檐槛墙墀头墙保存较好。室内地面部分已被更换，明次间为隔扇门，保留较完整，后墙明间开一门，次梢间为高窗，东梢间原有门，已被封堵。

西厢房为硬山式建筑，面阔3间，进深1间，瓦顶保存较好，屋面长有杂草，前檐装修为原有装修，但部分已被改动，或损坏变形。室内装有吊顶，梁架现存情况不详，在南山墙开有一月门，现已被封堵，后墙下碱部风化较严重，院内正房前为方石板地面，保留较完整，部分断裂。

据村民介绍，此建筑现房主叫安平，男，1949年出生，住马氏民居东院一进院东厢房，中华民国时期他的爷爷、父亲曾在马家打工，中华人民共和国成立以后其父将马氏民居一进院买下。

小薄荷寨安慧珍民居门洞

4. 北戴河小薄荷寨安慧珍民居

小薄荷寨安慧珍民居，位于北戴河区戴河镇小薄荷寨村内。

小薄荷寨安慧珍民居于2009年第三次全国文物普查时发现。整个建筑由正房、西厢房、西配房、券门4个单体建筑组成，房屋均为平顶式建筑。

正房：面阔5间，进深1间，屋面、梁架、墙体都为原建筑构件，前后檐装修、室内门都为后改的门窗，前檐下槛墙为条石砌筑，条石上有纹饰雕刻。西厢房：面阔3间，进深1间，前檐下槛墙为条石砌筑，条石上有纹饰雕刻。西配房：面阔2间，进深1间，大部分构件均为原建筑构件。前券门为石制券门，券石上有花鸟、人物等雕饰，门内原有垂花门，现已经被拆除。此民居为中华民国时期建筑。

5. 北戴河太平庄李利民民居

太平庄李利民民居，位于北戴河区戴河镇太平庄村，东距太平庄村委会150米。

太平庄李利民民居于2009年第三次全国文物普查时发现。民居坐北朝南，现存有正房3间，东厢房3间。正房、厢房均为平顶式建筑。正房屋面为渣灰夯实屋面，梁架保存较好，前檐门为原建筑门窗被改动过，前檐下槛墙为青石砌筑，上有雕花。东厢房屋面为渣灰夯实屋面，前檐有遮椽板，梁架为原有梁架，室内地面部分为青砖地面，厢房南山墙上为照壁，下碱墙为须弥座。

院内地面为土地面，中间有条石铺路。此民居为中华民国时期建筑。

6. 北戴河太平庄陈广军民居

太平庄陈广军民居，位于北戴河区戴河镇太平庄村，东距太平庄村委会 100 米。

太平庄陈广军民居于 2009 年第三次全国文物普查时发现。民居现存有正房、东厢房，均为平顶式建筑。正房面阔 3 间，进深 1 间，屋面、梁架为原构件，未做改动。次间前檐，后檐装修均被改动，原装修隔扇窗部分改为玻璃窗；明间装修门框为原有门框，板门被改动；室内地面砖已被改为地砖；前檐台明石保存较完整，部分条石断裂风化。东厢房北次间前檐槛墙已改动，南次间装修未做改动，其他均保留为建筑原风貌。此民居为清末、中华民国时期建筑。

太平庄陈广军民居梁架

7. 北戴河石庄费学娟民居

石庄费学娟民居，位于北戴河区戴河镇费石庄村 71 号，东南距村委会 150 米。

石庄费学娟民居于 2009 年第三次全国文物普查时发现。民居现存有倒座，东西厢房，现已无人居住。整个建筑院落坐南朝北，建筑均为平顶式建筑，建筑整体保存较完整，只是南侧原有院门、院墙被拆除，倒座为正房，面阔 3 间，进深 1 间。此民居为中华民国时期民居建筑。

8. 北戴河石庄费如意民居

石庄费如意民居，位于北戴河区戴河镇费石庄村，东南距费石庄村委会 300 米。

石庄费如意民居于 2009 年第三次全国文物普查时发现。正房坐南朝北，面阔 4 间，进深 1 间，为平顶式建筑。院内东侧有厢房 3 间，为后建房屋，大门为平顶式建筑，板门为原有构件。正房屋面为渣灰夯实屋面，屋面、梁架保存较好，前檐椽子部分糟朽，装修大部分被改动。室内明间两侧有隔断墙，原地面砖全部被拆除，已换为水泥地面。此民居为中华民国时期建筑。

9. 昌黎杨洼村曹万春民居

杨洼村曹万春民居，位于昌黎县大蒲河镇杨洼村东北，南侧为一条东西向柏油路。

杨洼村曹万春民居于 2009 年第三次全国文物普查时发现。原为一院落，现仅存东厢房 3 间，门楼 1 间。厢房：坐东向西，面阔 3 间，进深 1 间，囤顶；通面阔 10.4 米，通进深 4.18 米。屋面为下层铺薄砖上部抹灰瓦做法，现为水泥屋面；明间为板门装修，次间前部原为槛墙支摘窗装修，槛墙外侧为石条砌筑。现窗已更改，前部看不出有明露的柱。柱的位置为墙体，山面上身下碱为石

杨洼村曹万春民居门楼

砌。门楼：面阔 1 间，进深 1 间，建筑上身为砖砌，下碱为石砌，平顶；通面阔 2.4 米，通进深 1.54 米。上部为薄砖盖顶，门前有一阶石质踏跺，木质门口有抱鼓石 1 对呈圆形，边长 0.32 米，残高 0.7 米。石鼓雕刻有花卉雕刻，上部原有石狮 1 个，现残毁。门楼前有平台 1 个，下有两级垂带踏跺。据屋主介绍，此建筑建于中华民国初年，建筑较为朴实，细部精美，此建筑能代表一定时期昌黎的建筑风格。

10. 昌黎张官庄张国民家宅门楼

张官庄张国民家宅门楼，位于昌黎县葛条港乡张官庄村中部，门前为村水泥路的丁字路口，可遥望昌黎职业中学。

张官庄张国民家宅门楼

张官庄张国民家宅门楼于 2009 年第三次全国文物普查时发现。门楼为一院落正门，现院落已不复存在。建筑上身为砖砌，下碱为石砌，上下前面有整个石条贴面。门楼为平顶建筑，通面阔 2.4 米，通进深 1.54 米。上部为薄砖盖顶，檐下有回纹寿桃砖雕，门额上的木板上雕刻福寿图案。门前有一阶石质踏跺，木质门口有抱鼓石 1 对，长 0.35 米，厚 0.17 米，残高 0.6 米。石鼓心部为荷花雕刻，上部原有石狮 1 个，现残毁。据屋主介绍此建筑建于中华民国初年，建筑较为朴实，细部精美。

11. 昌黎条子峪张耀文民居

条子峪张耀文民居，位于昌黎县十里铺乡条子峪村村民委员会西北 10 米。

条子峪张耀文民居门楼

条子峪张耀文民居于 2009 年第三次全国文物普查时发现。原为一院落，现仅存正房 5 间、门楼 1 间。

正房：坐北向南，为面阔 5 间、进深 1 间的囤顶建筑；通面阔 16.32 米，通进深 6 米；屋面为下层铺薄砖、上部抹灰瓦做法，现为水泥屋面。明间为板门装修，次间稍间前部原为槛墙支摘窗装修，槛墙外侧为石条砌筑，现窗已更改；前部看不出有明露的柱，柱的位置为墙体，山面上身下碱均为石砌。建筑后部明间开门，此为冀东地区建筑的地方特色。

门楼：面阔 1 间，进深 1 间，建筑上身为砖砌，下碱为石砌，平顶建筑。通面阔 2.4 米，通进深 1.54 米，上部为薄砖盖顶，檐下门前有一阶石质踏跺。木质门口有抱鼓石 1 对，呈方形，边长 0.32 米，残高 0.7 米；石鼓雕刻有花卉图案，上部原有石狮 1 个，现残毁。据屋主介绍，此建筑建于中华民国初年，建筑较为朴实，细部精美。

12. 青龙西双山肖家宅院

西双山肖家宅院，位于青龙满族自治县青龙镇西双山村内。

西双山肖家宅院于2009年第三次全国文物普查时发现。肖家宅院是清末任东北三省铁路总办的肖广坤于清末或中华民国初年修建，肖家现保存有慈禧御赐给肖广坤的圣旨。宅院原为四进院，坐北朝南，其中一、二、四进院现已拆除，仅存三进院。三进院尚存正房5间，坐北朝南，东厢房3间。

西双山肖家宅院正面

正房：面阔5间，进深1间，门为现代改造，窗为挂式，棱有条格形、花瓣形、回字形；五架梁硬山顶，墙为石砌制，仅墙垛、山墙顶为砖砌制，檐布滴水，顶布小仰瓦，正脊磨制卧砖砌制，垂脊为三道扣瓦。

东厢房：面阔3间，进深1间，南间现代被改造为门洞，北间辟门，板门两扇，窗为挂式，棱有条格形、花瓣形、回字形，墙为石砌制，仅墙垛、山墙顶为砖砌制，檐布滴水；五架梁硬山顶，顶布小仰瓦，正脊磨制卧砖砌制，垂脊为二道扣瓦，墀头用方石阳刻花瓶及花纹。

13. 青龙瓦房村莫氏民居

瓦房村莫氏民居，位于青龙满族自治县双山子镇瓦房村内。

瓦房村莫氏民居正面

瓦房村莫氏民居于2009年第三次全国文物普查时发现。民居为中华民国时期的建筑，产权归莫恩岐和莫彦勋所有。该民居坐北朝南，东西19.11米，南北7.54米，总面积约为144平方米。民居为硬山布瓦顶，面阔5间，进深1间，五架梁，五檩五嵌，通高4.86米。明间前门高3.1米，宽1.38米，门上刻花精美，门上饰有门簪；后门高2.67米，宽3.44米。现有人居住，内用报纸粘顶，保存较好。

14. 青龙曾杖子曾氏民居

曾杖子曾氏民居，位于青龙满族自治县双山子镇曾杖子村内。

曾杖子曾氏民居房顶全景

曾杖子曾氏民居于2009年第三次全国文物普查时发现。民居为中华民国建筑，产权归于曾庆良所有。该民居坐北朝南，由正房和门房组成。院落东西20.91米，南北24.77米，总占地面积约为518平方米。

门房：硬山布瓦顶，五架梁，面阔5间，进深1间；东西20.91米，南北5.41米，通高4.4米；明间为板门，次间为槛窗，稍间为槛窗；中间门洞宽3.2米，高3.7米，大门上有雕刻梅、兰、竹、菊四种花的门簪，旁有抱鼓石1对；门洞东侧墙上有小门，饰有门簪，两边有抱鼓石。

正房：硬山布瓦顶，面阔5间，进深1间，五架梁；东西18.87米，南北6.25米，通高为4.4

米；明间为板门，次间为槛窗，稍间为槛窗。根据民居建筑风格推断，该民居年代为中华民国时期。

15. 青龙双山子高氏民居

双山子高氏民居，位于青龙满族自治县双山子镇双山子村内，四周均为民房。

双山子高氏民居近景

双山子高氏民居于 2009 年第三次全国文物普查时发现。民居为中华民国建筑，产权归高浩所有。该民居坐北向南，东西 16.64 米，南北 6.65 米，占地面积约为 111 平方米。通高 4.3 米，为尖山式硬山顶；面阔 5 间，进深 1 间，五架梁、五檩五嵌；门宽 1.3 米，高为 2.7 米，有抱框和门框，饰有门簪，窗口为支窗。该民居现有人居住，保存较好。

16. 青龙平方子刘氏民居

平方子刘氏民居，位于青龙满族自治县平方子乡平方子村内，四周为平方子村民居，产权归刘建兴所有。

平方子刘氏民居近景

平方子刘氏民居于 2009 年第三次全国文物普查时发现。民居坐北朝南，东西为 17.7 米，南北 21.35 米，占地面积约为 378 平方米。现存正房和西厢房组成一处院落。

正房：面阔 5 间，进深 1 间，通面阔 17.7 米，通进深 6.45 米，通高 4.03 米，为硬山顶仰瓦五架梁，前门有门簪，有四级台阶。

西厢房：面阔 3 间，进深 1 间，通面阔 10 米，通进深 4.9 米，通高 3.54 米。

根据建筑风格和对房主的询问，该民居年代可定为中华民国时期。

17. 青龙平方子张氏民居

平方子张氏民居近景

平方子张氏民居，位于青龙满族自治县平方子乡平方子村内。

平方子张氏民居于 2009 年第三次全国文物普查时发现。院落坐北向南，由三组院落组成，院落总长 67.8 米，宽为 34.87 米，总面积为 2364 平方米。第三进院由正房和 3 间厢房组成，第二进院为厅房，一进院为门房。

第三进院。面阔 12 间，进深 1 间，通面阔 34.07 米，通进深 5.29 米，通高 4.1 米，长 34.07 米，宽 6.29 米；硬山顶仰瓦，五架梁，山面墙梁为五架列式。东、西厢房：均为面阔 3 间，进深 1 间，通面阔为 9.6 米，通进深 4 米，通高为 3.9 米；硬山顶仰瓦，五架梁，山面墙梁为五架列式，院中有六步台阶。

第二进院。面阔 8 间，进深 1 间，通面阔 22.1 米，通进深 5.2 米，通高 3.9 米；硬山顶仰瓦，五架过梁式，山面墙梁为五架列式，院中有 12 步垂带踏跺。

第一进院为 2 座。面阔 4 间，进深 1 间，并列组成；通面阔为 11.9 米，通进深为 5.3 米，通高为 4 米；为硬山顶仰瓦五架梁，山面墙梁为五架列式。

根据建筑风格判断，为中华民国时期的民居。

于杖子于氏民居正南面

18. 青龙于杖子于氏民居

于杖子于氏民居，位于青龙满族自治县茨榆山乡于杖子村内。

于杖子于氏民居于 2009 年第三次全国文物普查时发现。于杖子于氏民居四周为普通民居，西紧邻一条村间土路。民居坐北向南，为复式院落，分为东西两院，当时有两座。现只剩西边的二进院，而东边的仅剩一进院；原院落由二门的屏墙分开，分为正房和门房。

西边二进院正房：为尖山硬山顶仰瓦五架梁，前一长梁（即六架梁），山面墙梁六架列式；面阔 5 间，进深 1 间，前出廊，门前有四步垂带踏跺；通面阔 17 米，通进深 8.45 米，通高 4.1 米。东厢房：面阔 3 间，进深 1 间；通面阔 10.18 米，通进深为 3.86 米，通高为 3.9 米。东边的一进院由门房和东西厢房组成，门房面阔 5 间，进深 1 间，硬山顶仰瓦，五架梁，山面墙梁为五架列式；门厅宽 3.17 米，高为 2.82 米，还有耳房。根据建筑风格可以判断，为中华民国时期的民居。

19. 青龙乱石渣韩氏民居

乱石渣韩氏民居近景

乱石渣韩氏民居，位于青龙满族自治县茨榆山乡乱石渣村内。

乱石渣韩氏民居于 2009 年第三次全国文物普查时发现。民居由韩永忠、韩树桥 2 人共同所有。民居东西 27.24 米，南北 7.55 米，占地面积约为 206 平方米，现仅存正房，坐向 230°，为尖山式硬山布瓦顶，五架梁。正房面阔 8 间，进深 1 间，通面阔 26.84 米，通进深 6.55 米，通高 4.4 米，墙厚 42 厘米，门宽 1.44 米，高 2.8 米。根据建筑风格和村民认证，此处民居为中华民国时期建筑。

厂房子郑氏民居正面

20. 青龙厂房子郑氏民居

厂房子郑氏民居，位于青龙满族自治县茨榆山乡厂房子村内，现归郑文君所有。

厂房子郑氏民居于2009年第三次全国文物普查时发现。民居坐北向南，仅存正房，长19米，宽7米，占地面积为133平方米；民居面阔5间，进深1间，为尖山式硬山布瓦（仰瓦）屋面建筑。室内通长17.5米，通进深5.23米，五架梁，支摘窗，前檐明间门连窗，其余为槛窗，后檐明间板门，其余为固定窗，山墙有山柱。根据建筑风格和村民介绍，可以初步推断为中华民国时期的建筑。

21. 青龙张连武宅院

张连武宅院，位于青龙满族自治县干沟乡盘岭沟村马杖子自然村内。

张连武宅院近景

张连武宅院于2009年第三次全国文物普查时发现。大院坐北朝南，南北75米，东西20米，总占地面积1500平方米，为砖、石、木混建结构。原为由倒座、前院东西厢房、中院东西厢房、过厅、后院东西厢房、正房组成的三进四合院样式，现仅存中院东西厢房、过厅、后院西厢房、正房，其余已拆除不存在。

中院东西厢房：均面阔5间，进深1间，硬山布瓦顶；明间为板门，次、稍间为槛窗，梁架为五架梁，檐下无斗拱；过厅已拆除重建。

后院西厢房：面阔3间，进深1间，硬山布瓦顶，明间为板门，次间为槛窗，梁架为五架梁，檐下无斗拱。

正房：面阔5间，进深1间，硬山布瓦顶，明间为门，次、稍间为槛窗，前出廊，梁架为五架梁前单步梁，无斗拱，正脊上有雕花。

根据梁架及建筑风格推断，该民居为中华民国时期建筑。

七、重要事件和重要机构旧址

1. 昌黎五峰山李大钊革命活动旧址

五峰山李大钊革命活动旧址，位于昌黎县城北偏西5千米处的西五峰山。

五峰山李大钊革命活动旧址，以西五峰山建有韩文公祠的半山腰坝台为中心，涵盖有与西五峰山毗连的界石岭、土山顶等地，范围较大。

五峰山李大钊革命活动旧址李大钊雕塑

中国共产主义运动的先驱、伟大的马克思主义者、中国共产党的主要创始人李大钊生前喜山爱水，对自己家乡附近的昌黎如诗如画的山光水色分外钟情，特别是对五峰山韩文公祠，不仅一再游览、山居，而且把这里作为自己隐身作战、从事重要革命活动的地方。1919 年夏，他在这里写出《再论问题与主义》《我的马克思主义观》等重要论著。1924 年，他为躲避北洋军阀政府的通缉，曾到这里避居，并由此启程赴苏联首都莫斯科，参加共产国际第五次代表大会。多年间，他还不止一次地写下记述和赞美昌黎名胜古迹和风土人情的游记及一些书信，接连创作出一系列情感真挚、寓意深长的山景诗，且其中大多写自五峰山韩文公祠。

1987 年 7 月，为缅怀革命先驱李大钊，中共昌黎县委、昌黎县人民政府采用“公办民助”的方法，将五峰山韩文公祠重修一新，并在西五峰山前的界石岭竖立起高达 4 米许的李大钊全身汉白玉雕像。同时，李大钊居住过的客厅也被辟为李大钊革命活动纪念室。居室基本恢复原样，明堂被布置成陈列介绍李大钊生平及在五峰山从事重要革命活动事迹的照片、文物复制品的展室；居室和明堂墙壁上悬挂着李大钊手书的“铁肩担道义”“妙手著文章”对联（复制件），镶嵌着重修时发掘的范志完的《游水岩歌》、宋琬的《宿五峰山》等诗碑，及昌黎著名画家戴克昌在清朝同治年间绘制的《昌黎山景图》碑刻。两间耳房被辟为接待室。

1988 年，昌黎县交通部门组织施工，修筑了通往五峰山的盘山公路；昌黎县文物保管部门将李大钊雕像四周和韩文公祠的环境进行装饰、美化，并修整了登山的石阶小路，使五峰山韩文公祠显得更加庄重、肃穆。1997 年，五峰山韩文公祠先后被昌黎县人民政府和秦皇岛市人民政府确定为爱国主义教育基地；1999 年 10 月，中共河北省委、河北省人民政府将该地列为河北省爱国主义教育基地，定名为“五峰山李大钊革命活动旧址”，包括李大钊塑像等纪念设施。

五峰山李大钊革命活动旧址展厅

1998 年 10 月至 2000 年 7 月，五峰山李大钊革命活动旧址曾进行过整修、扩建，复原客厅、耳房陈设等。在客厅之东另外辟地，修建了五峰山李大钊革命活动旧址陈展馆，修整了李大钊塑像台基和设在土山顶（罗汉山）的停车场；在土山顶修建了五峰山李大钊革命活动旧址门标和接待室，在登五峰山的石阶小路侧畔的山岩壁面增刻了“人间奇境”“乐山”“惟知跃进，惟知雄飞”“与时俱进”“拓新世界”“奋青春之元气”（均为李大钊语）等镌字。

新建的五峰山李大钊革命活动旧址展览馆，分《“性乐山”的有志男儿》《盟誓碣石》《新春旅行》《登高一呼群山应》《五峰寒冬踏雪人》《红旗将会飘满北京城》《圣洁情思凝五峰》等7个部分，充分利用大量历史照片、实物和文物复制品等，生动、形象地介绍了李大钊在五峰山期间，从事重要革命活动和陶冶革命情操的事迹。从2010年春天起，五峰山李大钊革命活动旧址又开始新一轮的整修：修整了李大钊汉白玉雕像，铺设了通往五峰山的盘山公路水泥路面，重新布陈五峰山李大钊革命活动旧址陈展馆。20多年来，五峰山李大钊革命活动旧址已经接待全国各地的参观、瞻仰者达数十万人。

2. 海港区沙河寨第二次直奉战争奉军指挥部旧址

沙河寨第二次直奉战争奉军指挥部旧址，位于海港区（原抚宁县）石门寨镇沙河寨村内中部，当地人称“高家大院”。

沙河寨第二次直奉战争奉军指挥部旧址于2009年第三次全国文物普查时发现。第二次直奉战争期间，奉军第一军军长张学良曾设指挥部于该院，指挥九门口、冷口战役。该院落坐西面东，分为三进院落，现仅存一进院门、一进院南厢房、二进院北厢房、二进院正房、三进院北厢房，共计5座单体建筑。

沙河寨第二次直奉战争奉军指挥部旧址正房

一进院门：坐西面东，面阔、进深均为1间，单檐硬山布瓦顶，通面阔3.02米，通进深1.8米，建筑面积约5.44平方米；院门以墙承檩，分中置板门。

一进院南厢房：坐南面北，面阔3间，进深1间，单檐卷棚硬山布瓦顶；通面阔7.72米，通进深6.15米，建筑面积约47.48平方米；四步梁通达前后檐，前檐置板门槛窗装修。

二进院北厢房：坐北面南，面阔3间，进深1间，单檐硬山布瓦顶；通面阔10.28米，通进深6.13米，建筑面积约63平方米；五架梁通达前后檐，前檐置板门槛窗装修。

沙河寨第二次直奉战争奉军指挥部旧址内部

二进院正房：坐西面东，面阔5间，进深1间，单檐硬山布瓦顶；通面阔17.53米，通进深7.72米，建筑面积约135.33平方米；五架梁通达前后檐，前后檐均置板门槛窗装修；明间五架梁下置板壁，北次间与北稍间五架梁下置落地罩。

三进院北厢房：坐北面南，面阔3间，进深1间，单檐硬山布瓦顶；通面阔10.04米，通进深6.26米，建筑面积约62.85平方米；五架梁通达前后檐，前檐置板门槛窗装修，明间五架梁下置板壁。三进院中设有花石甬路。

各建筑主体保存较好，瓦顶近年均作翻修；各建筑装修大部改制，二进院北厢房墙体改制；院门瓦顶檐步塌落，院门缺失。

3. 卢龙柳河北山十二团指挥部旧址

柳河北山十二团指挥部旧址西立面

柳河北山十二团指挥部旧址，位于卢龙县刘田各庄镇柳河北山村内。现为杨志文住宅，东为冀东军区无线电台旧址，西为民宅。

柳河北山十二团指挥部旧址于2009年第三次全国文物普查时发现。旧址坐北朝南，硬山平顶，面阔3间，进深1间，石、砖、坯、木结构，单重木檐。建筑东西10米，南北6米，高3.1米，明间正立面设双扇板门，木制棂格“檐路”，前檐局部损坏，槛窗样式为后期改修，墙体、顶保存完好；院墙东西10米，南北15米，最高1.65米，毛石砌建的院墙大部为后期重建。

据冀东抗日革命根据地纪念馆负责人张维孝（69岁）介绍，1943年年初开始，冀东军区第十二团团指挥部设在院内，团长曾克林在此部署指挥了仙景山战斗、后官地伏击战、大王屯围歼战、滤马庄突围战、白家窝伏击战等战役。

柳河北山滦东军区无线电台旧址正南面

4. 卢龙柳河北山滦东军区无线电台旧址

柳河北山滦东军区无线电台旧址，位于卢龙县刘田各庄镇柳河北山村内，现为张维孝住宅，左邻十二团团指挥部旧址，右为民宅。

柳河北山滦东军区无线电台旧址于2009年第三次全国文物普查时发现。旧址坐北朝南，硬山平顶，面阔3间，进深1间，为石、砖、坯、木结构，单重木檐。建筑东西10米，南北6米，高3.1米，明间前后分设双扇板门，棂格、板式“檐路”，西次间存木制文具书架1件，槛窗样式为后期改修；院墙东西10米，南北15米，最高1.65米，毛石砌建的院墙局部后期重建，旧址保存完好。

柳河北山滦东军区无线电台旧址说明牌

据冀东抗日革命根据地纪念馆负责人张维孝（69岁）介绍，1943年年初，冀东军区无线电台设在西次间，负责人裕祺。抗日支队司令员马本斋1943—1945年曾多次住宿东次间。

5. 卢龙柳河北山滦东日报社旧址

柳河北山滦东日报社旧址，位于卢龙县刘田各庄镇柳河北山村，房主张玉川（现年90岁）。

柳河北山滦东日报社旧址于2009年第三次全国文物普查时发现。旧址面阔3间，进深1间，为石、砖、坯、木结构，坐北朝南，硬山平顶，单重木檐，东西10米，南北6米，高3.1米。明间双扇板门，木制棂格“檐路”，西次间1976年后坍塌，仅存西、北山墙；东次间槛窗为后期改造，明间西山墙为后期增建。明间、东次间保存较好，西次间1976年前后坍塌，明间西山墙为后期增建。毛石砌建的院墙南北17米、东西10米，残最高1.65米，院墙保存较完好。

据张玉川、冀东抗日革命根据地纪念馆负责人张维孝介绍，1943年年初，冀东军区机关报《滦东日报》曾在此编辑出刊，报社负责人是郝仁。

6. 卢龙范家峪滦东日报社旧址

范家峪滦东日报社旧址，位于卢龙县卢龙镇范家峪村内，房主陈文银（现年60岁）。

范家峪滦东日报社旧址正南面

范家峪滦东日报社旧址于2009年第三次全国文物普查时发现。旧址东西10米，南北6米，高3.1米，坐北朝南；面阔3间，进深1间，为石、砖、坯、木结构；建筑硬山平顶，二柁五檩，前后单重木檐；明间双扇板门，包门槛窗，次间槛窗为后期改造。东厢房在毛石砌建的墙体上改建，板门存房内；正房包门窗、槛窗后期改造，墙体保存较好，厢房仅存墙基。

据陈文银等介绍，1944年年初开始，冀东军区机关报《滦东日报》曾在此编辑出刊，有李幼生等6人，军区供应部并在此设印染、被服厂，负责人程志远，有班长杨昆、军工等13人。厂房包括后院面阔2间的东厢房有缝纫机多台。

7. 昌黎西山场冀东军区电台遗址

冀东军区电台遗址，位于昌黎县十里铺乡西山场村东1.5千米处的耕地内。

冀东军区电台遗址于2009年第三次全国文物普查时发现。遗址北有东下向土路，南邻东西向干沟，遗址由焦家房舍遗址和东北1千米处避难洞两部分组成。房舍遗址东西20米，南北20米，面积400平方米；电台遗址为葡萄沟最深处的一户焦姓人家居住地。抗日战争后期，信奉天主教的焦家成为八路军的“堡垒户”，晋察冀军分区救国报社电台和冀热辽军区第十六分区司令部的电台曾先后设在这里；抗日战争胜利后，率领滦东子弟兵抢先挺进东北的曾克林将军曾在这里度过洞房花烛夜。焦家居住地附近有房东与八路军指战员挖掘过的一个避难山洞，抗日战争胜利前夕，八路军电台和工作人员在洞中曾躲避了日伪军的围捕。另据介绍，此地附近还藏有一个秘密山洞，与两侧深山中的另外几个秘密山洞一起，曾为八路军的粮食、服装等军需、军备物资的隐藏之地。

冀东军区电台遗址二号山洞

8. 青龙陈杖子鸽子洞遗址

陈杖子鸽子洞遗址纪念碑正面

陈杖子鸽子洞遗址，位于青龙满族自治县朱杖子乡陈杖子村刘杖子自然村西 200 米，洞南为平地，东西北三面为石崖。

陈杖子鸽子洞遗址于 2009 年第三次全国文物普查时发现。鸽子洞遗址，坐北朝南，洞口呈梯形上窄下宽，上宽 0.4 ～ 1.5 米，下宽 4.66 米，高 4.71 米，进深 7.64 米，洞内宽阔高大于洞口。该洞自然形成，历尽沧桑，在历史的长河中为我们提供了一个历史景观和故事。在洞的东侧，为当地群众于 1999 年 10 月 18 日竖立碑刻一通，该碑记载了鸽子洞自 1933 年 3 月建为地母庙，1943 年侵华日军围捕共产党地下工作者，区长高汇存、政委刘化年、通信员安久吉曾在此洞躲避，村民得知，暗中送饭，幸免脱险的历史事实。据村民刘玉长（现年 75 岁）介绍，在他六七岁时，曾给洞内八路军战士送过饭。陈杖子鸽子洞遗址可辟为爱国主义教育场所。

9. 青龙临抚凌青绥办事处遗址

临抚凌青绥办事处遗址，位于青龙满族自治县祖山镇花厂峪村西南 2.5 千米的靴脚沟山中部，四面环山，北 50 米、南 50 米各有一条河道在遗址东北约 150 米处交汇到一起。

临抚凌青绥办事处遗址于 2009 年第三次全国文物普查时发现。遗址东、北为耕地，种植玉米，西面种植大量树木，遗址南有一条小路通向花厂峪村。该遗址坐北朝南，尚存墙基残高 1 米左右。整个遗址可分为两部分，北高南低，南北 150 米，东西 100 米，面积 1.5 万平方米。

据青龙县红色革命研究会周庆新主任介绍，随着抗日战争的爆发，1937 年 8 月中共召开的洛川政治局扩大会议上，根据毛泽东的提议，我党确定建立冀东抗日革命根据地，1938 年 6 月，八路军第四纵队从平西向冀东挺进。1942 年春，中央书记处在延安中央党校举办东北干部培训班，为挺进东北实施抗日反攻培养干部。1942 年 7 月，在冀东成立东北工作委员会，简称“东工委”。东工委经滦东进入临榆、抚宁、青龙、凌源、绥中等县，组成中共临、抚、青、凌、绥联合县委员会，作为挺进东北的前哨。花厂峪山高林密，地形复杂，山势险要，易守难攻，而且靠近冀东根据地，群众受共产党和八路军的政治和军事影响比较大，是向东北开辟根据地最理想的地方，于是联合县委办事处于 1942 年进驻花厂峪靴脚沟。因此，靴脚沟成为临、抚、青、凌、绥人民开展抗日斗争的指挥中心。同时，这里还设有党校、兵工厂及被褥厂。该旧址现为耕地，仅存部分墙基。

10. 昌黎高公亭

高公亭，位于昌黎县城北碣石山主峰仙台顶南麓的水岩寺前的坪台上。

高公亭，高约 3.6 米，为一座攒尖顶六角形纪念亭，尖顶起脊，亭基、台阶、立柱均为花岗石凿琢而成，基座四周雕有花纹。亭顶为木构结构，白灰望棚，顶外砌瓦。该亭建于 1941 年春，为纪念昌黎县知事高鲁泉而建，故名“高公亭”。

高鲁泉，字斗山，祖籍山东青岛，生于辽宁大连，1940年春到昌黎县任知事。在其任职期间，华北抗日联军第三军分区昌（黎）乐（亭）办事处先后组织秘密抗日武装袭击姜各庄伪警备中队部，并攻下赤崖据点，举行了“赤崖二次暴动”。当时，驻昌黎日本宪兵队队长奥田变本加厉地镇压人民群众的抗日活动，到处抓捕所谓的“八路嫌疑犯”，以“私通八路”为名，把县警察局一个分局长和县警备大队一个副大队长、一个中队长抓了起来，准备以此“请功”。对奥田等人乱捕乱杀“嫌疑犯”的暴行心怀不满的高鲁泉，前去说情，遭到训斥；不久，奥田刑讯逼供，胡乱定罪，将这三人处死。高鲁泉见自己既不能挽救一些无辜百姓的性命，又不能保住自己的部属免遭杀戮，万般无奈，给自己在日本求学时的一位正在担任日本高级军官的老师写信，告发奥田等人的暴行。不料，这封信被奥田安插在县邮政局的特务截获；奥田见信，恼羞成怒，对高鲁泉百般施压，多方威胁，同时又继续疯狂作恶。1940年10月的一天夜晚，高鲁泉连写六封信，历数驻昌黎日本宪兵队草菅人命的种种行径，陈述自己的艰难处境，并于次日凌晨把手枪含在嘴里扣动扳机，结束了自己的生命。高鲁泉的自戕，惊动了驻昌黎日本宪兵队的上级机关，急忙把奥田调走，从而使日军驻昌黎的宪兵队嚣张气焰有所收敛。高鲁泉自杀时年仅34岁，其尸体被妻女护送运往东北安葬，昌黎不少士绅和平民百姓为其举行了在日伪统治之下极为罕见的送葬仪式。送葬仪式结束之后，昌黎县的一些士绅又趁势发起募捐，在水岩寺前的坪台上为高鲁泉修筑了这座纪念亭。

高公亭纪念亭

高公亭，1985年2月6日公布为昌黎县第一批文物保护单位。

八、烈士墓及纪念设施

1. 秦皇岛市烈士陵园

秦皇岛烈士陵园，位于山海关城东1千米处的孟姜镇吕家沟村外，威远城南侧。

秦皇岛市烈士陵园是在山海关烈士陵园的基础上于2009年改建的。秦皇岛烈士陵园设有纪念碑、烈士墓、烈士墙、碑前广场、碑前雕像、碑亭、展示长廊、烈士事迹陈列馆等。革命烈士纪念碑高19.48米（寓秦皇岛于1948年解放），烈士墙刻有在抗日战争、解放战争、抗美援朝战争和为保卫祖国、建设祖国而在秦皇岛地区牺牲的秦皇岛籍和外省籍烈士、在外地牺牲的秦皇岛籍留下姓名的3860位烈士的英名。陵园两侧分别竖立有李大钊、王尽美、李运昌、曾克林、安德馨、周春富、马骥、王册、阮务德、邵洪生等10位知名先烈和革命人物的雕像。

秦皇岛烈士陵园纪念碑

2009年9月29日，秦皇岛烈士陵园正式落成。

2. 秦皇岛抗战革命英雄纪念碑

秦皇岛抗战革命英雄纪念碑

秦皇岛抗战革命英雄纪念碑，位于海港区河北大街西段汤河公园南端。

秦皇岛抗战革命英雄纪念碑，1988年为纪念秦皇岛解放40周年兴建。碑高19.48米，象征1948年秦皇岛解放。纪念碑的底座呈方形，长、宽为3.14米，面积约9.86平方米。纪念碑四面各有一个凹槽，南侧凹槽内的黑石板上刻有“革命英雄纪念碑”7个大字，落款为“彭真”题。另在纪念碑四角各有一水泥柱，柱顶建有高1.5米、厚0.6米的水泥墙，水泥墙内侧有汉白玉石板雕刻而成的碑文，介绍了秦皇岛地区在抗日战争和解放战争时期的英烈事迹。

3. 山海关烈士陵园

山海关烈士陵园纪念碑

山海关烈士陵园，位于山海关城东1千米处的孟姜镇吕家沟村外，威远城南侧。

山海关烈士陵园修建于1957年5月，为纪念1945年10至11月在山海关阻击战中英勇牺牲的八路军官兵而建。陵园南北166米，东西88米，占地约1.46万平方米。园内建有革命烈士纪念碑1座、革命烈士墓1座、长廊凉亭2座、房屋2栋。主体建筑为八角形碑座，上面高高矗立一座白色大理石烈士纪念碑，正面书“革命烈士永垂不朽”8个镏金大字。纪念碑后面靠北为圆拱形烈士墓，墓内安放着在抗日战争胜利后进行的山海关阻击战中英勇牺牲的41位烈士遗骨。东、西两侧为对称的长廊式凉亭，陵园周围遍植苍松翠柏，肃穆庄严。另外，位于烈士墓东侧还安放有一座罗盛教烈士纪念碑，罗盛教烈士纪念碑原竖立于山海关东罗城瓮城内。

2009年，山海关烈士陵园被改建为秦皇岛烈士陵园。革命烈士纪念塔，1961年6月2日被河北省秦皇岛市人民委员会公布为秦皇岛市第一批文物保护单位。山海关烈士陵园，1988年9月13日公布为秦皇岛市文物保护单位。

4. 北戴河青龙山烈士陵园

北戴河青龙山烈士陵园，位于北戴河区戴河乡东坨头村东南约500米处的青龙山北坡。

北戴河青龙山烈士陵园，建于1958年，1974年进行修葺和绿化，竖立石碑；1986年再次整修，并更换纪念碑。陵园坐南朝北，四周为白色围墙，南北38米，东西25米，占地950平方米。陵园门东侧墙上镶嵌着一块宽1.68米、高0.51米的大理石石碑，上书“烈士陵园”4个大字。革命烈士纪念碑迎门而立，大门和纪念碑之间为15米宽的由水泥方砖铺砌的二层台式开阔地。纪念碑碑座呈“工”字形，碑座之上为高1.64米的大理石纪念碑，阳刻有“革命烈士纪念碑”大字，阴刻有烈士陵园简介。墓地主要埋葬着雷皮世、程德全等烈士和1948年6月下旬攻打北戴河车站战斗中牺牲的解放军战士的遗骸。

革命烈士纪念碑的阴面刻有北戴河区人民政府于1986年3月撰写的烈士陵园简介，碑文为：一九四四年三月，我副区长雷皮世同志在蔡各庄村不幸被日寇杀害，英骨临时安葬在蔡各庄。一九四八年六月，我中国人民解放军八四部队三大队在攻打北戴河车站国民党反动军队的战斗中，丁盛知等十四名同志壮烈列车殉国，当时英骨分别安葬在北戴河村和拨道洼村。新中国成立后，党、政府和全区人民为了缅怀革命先烈，于一九五八年清明节，将上述15名烈士遗骨移葬到此，建立了革命烈士之墓。时值秦皇岛市北戴河区第二届人民代表大会隆重召开，代表举行了移葬仪式。为使我区人民世世代代缅怀和敬仰革命先烈，继承先烈的遗志，并对广大青少年进行革命传统和爱国主义教育，一九七四年二月，对烈士墓进行了修葺和绿化。一九八六年三月，秦皇岛市北戴河区人民政府再次拨款扩展墓地，整修墓穴，修筑景墙，进行绿化，正式定名为“秦皇岛市北戴河区青龙山烈士陵园”。

纪念碑之后为陵墓区，15座陵墓掩映在苍松翠柏之中。烈士陵墓共有3排，每排5座墓，每座墓长2米、宽1.2米，墓前有一小碑，高0.54米、宽0.26米、厚10米，上书陵墓内烈士的姓名。这些烈士墓埋葬的烈士分别为雷皮世、无名烈士、程德全、丁盛知、王荣之、任九荣、孙有之、杨如风、张继臣、祖之臣，艾权之、赵有恒、李相安、石秀峰、宋吉庆。

5. 抚宁台营烈士陵园

台营烈士陵园，位于抚宁区台营镇台营四村路北。

台营烈士陵园，建有革命烈士塔一座，高15米。其左、右两侧各有碑亭1座，亭内竖立青石碑各1通。前面立有石狮子1对。据史料记载，台营烈士陵园前身为冀东军区十二军分区于1947年所建的烈士纪念塔，原址位于台营镇西南，因20世纪60年代初修建洋河水库而迁建，1971年8月扩建。

台营烈士陵园纪念碑

纪念塔塔身四面都有题刻，南面刻：“革命烈士永垂不朽”。东面刻：“要奋斗应付有牺牲，死人的事是经常发生的。但是我们想到人民的利益，想到大多数人民的痛苦，我们为人民而死，就是死得其所。”北面刻：“原烈士塔经冀东军分区政治部于一九四七年七月一日修建于台头营大南门外，因兴建洋河水库迁建于此。”西面刻：“成千成万的先烈，为着人民的利益，在我们的前头英勇地牺牲了，让我们高举起他们的旗帜，踏着他们的血迹前进吧！”

纪念塔的东侧碑，碑额高0.58米、宽0.68米、厚0.2米，上刻“永垂不朽”4个字；碑身高1.4米、宽0.59米、厚0.15米，上刻“烈士纪念碑”，上款为“中华民国叁拾陆年柒月”，下款为“冀东军分区第拾贰军分区司令部、政治部立”；碑座高0.5米、宽0.86米，厚0.52米。碑阴也刻有字，额上刻“烈士英名录”5个字，碑身上刻胡里光、赵焕发等烈士英名。

纪念塔的西侧碑，碑额高0.59米、宽0.69米、厚0.18米，上刻“万古流芳”4个字；碑身高1.42米、宽0.59米、厚0.14米，上刻：“自去年九月蒋贼向冀东区大举进犯，我分区进入爱国自卫战争以来，全分区军民为保卫和平独立民主之地而战，迄今已历时十个月。其间大小百余战，歼敌二千余，并收复迁安抚宁等重要城镇保持广大地区于人民之手，近使蒋贼退守少数孤立之据点。在爱国自卫战争中，我干部战士英勇顽强，舍命忘身，不少可歌可泣的事迹，实可惊天地而泣鬼神。而为人民流尽热血，牺牲于自卫战场者，共三百十余人。其中有干部有战士，及若干战士英雄、模范工作者，大都为人民优秀儿女。当此蒋贼迫近死亡，人民胜利在望之际，全分区军民对我先烈愈深哀痛追悼之忱，仅择吉日，建烈士塔于台营镇之西南隅，并勒石为纪以期将念先烈丰功伟绩传之不朽，并以鼓舞我全体军民继续先烈遗志，英勇杀敌，争取人民事业彻底胜利。”落款为：“中华民国叁拾陆年柒月壹日”“李道志、刘亦如、张书祥、王晓生”。碑座高0.48米、宽0.96米、厚0.58米。阴面碑首上刻“烈士英名录”5个字，碑身上刻赵庆申、张成等烈士英名。西面刻：“成千成万的先烈，为着人民的利益，在我们的前头英勇地牺牲了，让我们高举起他们的旗帜，踏着他们的血迹前进吧！”

台营烈士纪念塔，1982年7月21日公布为抚宁县第一批文物保护单位，1988年9月13日公布为秦皇岛市文物保护单位。

6. 抚宁朱家峪烈士陵园

朱家峪烈士陵园，位于抚宁区深河乡朱家峪村北500米处的山谷中。

朱家峪烈士陵园纪念碑

朱家峪烈士碑北300米处有山峰一道，是当年八路军阻击战阵地，24位烈士为革命殉难的地方。1944年10月15日，冀东八路军第七区地区队一连一排驻朱家峪，被特务告密，遭到日伪军偷袭，张会山等24名战士壮烈牺牲。1946年9月1日，海阳镇全体人民公祭烈士并立碑纪念。1995年3月，抚宁县深河乡政府将其重修，建成朱家峪烈士陵园，重建有纪念碑1座，正面镌刻“抗日英雄永垂不朽”8个大字，并将24烈士墓丘连在一起，立有记事碑1通，碑阳为祭文和英名录，碑阴为战斗经过。

朱家峪烈士碑的碑文为：“英雄们，我们永远怀念的子弟兵们，当我们人民翻身的今天，我们回忆过去国民党反动派遗弃人民于日寇铁蹄之下，痛尝亡国奴的牛马生活和倍受汉奸特务封建土豪恶霸的压迫、剥削和掠夺，我们是被压在黑暗地狱中横遭蹂躏，当我们人民活不下去的时侯，保卫人民的你们，英勇的八路军到来了，我们亲密团结的军民树起了抗日大旗，同敌伪展开了生死的搏斗，你们就是在无数次的英勇斗争中的英雄，你们终于在民国卅三年十月十五日的反扫荡中光荣殉国。”“英雄们，你们的血换取了民族的解放和人民的翻身，英雄们的血已开了人民胜利的花朵，你们没有死，你们永远活在人民的心里。为纪念你们伟大的精神永垂不朽，当我们全体人民举行公祭时同呼：你们未竟事业我们永远继承下去，一直到中国人民获得和平民主和最后解放。英雄们安息吧！”“在朱家峪北山战斗今有马继第一连第一排牺牲战士，民国卅三年十月十五日十二点。张会山、姜英荣、赵凤岐、郭才、刘广、赵珍、杨国义、王雨廷、赵振祥、张琢、朱宝新、口奎、陆代杨、马少庚、吴奎、张雨、宣纪东、刘保、周庆等二十四名。”“中华民国三十五年九月一日全体人民祭立”。

朱家峪革命烈士墓，1987 年 6 月 22 日公布为抚宁县第二批文物保护单位。

7. 抚宁大新寨烈士纪念碑

大新寨烈士纪念碑

大新寨烈士墓，位于抚宁区大新寨公路东侧。

大新寨烈士墓地，建有一座烈士纪念碑。纪念碑立于碑座之上，坐东面西，正面书写“革命烈士永垂不朽”8 个大字，背面书写解放战争中在大新寨附近的战斗中牺牲的杨青云等 12 位烈士英名。烈士纪念碑 1947 年为纪念在大新寨战斗中牺牲的杨青云等 12 位烈士而立，碑原位于大新寨武家街口，1971 年因扩展路面移至现址。由当时的大新寨公社重建的纪念碑为水泥结构，碑座长 2.25 米、宽 2.27 米、高 1.43 米，碑身高 5 米、长 1.17 米、宽 1.08 米。

大新寨烈士纪念碑，1982 年 7 月 21 日公布为抚宁县第一批文物保护单位。

8. 抚宁惠上天革命烈士纪念碑

惠上天烈士纪念碑

惠上天烈士纪念碑，位于抚宁区抚宁镇下庄管理区龙虎山陵园。

惠上天烈士纪念碑，青石碑，碑高 1.64 米、宽 0.58 米、厚 0.175 米，底座高 0.2 米、宽 0.47 米、长 0.77 米。碑额为“永垂后世”，阳面刻有“惠上天烈士永垂不朽”，阴面记有惠上天烈士事迹。碑文为：“惠上天，原名惠阴山，一九四七年共产党领导土改运动，他便积极投身于革命，并担任贫农团副主席。因他不畏强暴敢想、敢干、敢上天而扬名四方。他领头闹翻身，他搞得轰轰烈烈，因此一切反动派就把他视为眼中钉暗算明捕，想方设法，内供情报，外布众兵，他于一九四八年农历六月十四日被捕。他在敌人面前威武不屈，慷慨就义于万庄。惠上天虽为反动派所杀，但他永远活在我们心中。我们要永远学习他大无畏的革命精神，永远不可忘记阶级斗争，要把社会主义革命进行到底！”系“中共下庄生产大队支部委员会”“下庄生产大队管理委员会”“下庄生产大队贫协委员会”，于“一九六五年四月五日”设立。原碑设在下庄村部院内，后因村部大院出售，需架线、修路，于 2006 年 11 月移到龙虎庄陵园之内。

惠上天烈士纪念碑，1987 年 6 月 22 日公布为抚宁县第二批文物保护单位。

9. 青龙烈士陵园

青龙满族自治县烈士陵园，位于青龙满族自治县青龙镇大杖子村北沟，东与青龙满族自治县医院紧邻，西为米子沟自然村，南为机关家属院，北靠山坡。

青龙满族自治县烈士陵园纪念碑

青龙满族自治县烈士陵园，坐落在一个台地上，南北 42 米，东西 35 米，占地面积 1470 平方米。陵园建于 1989 年，共有 50 座土坑竖穴墓。1989 年 5 月修建的革命烈士纪念碑，通高 8 米，碑身高 6 米、宽 1.38 米、厚 1.29 米。碑座正面刻有三朵团花牡丹，外缘有套拐花边；碑身侧面上部刻绘五角星，两边各有三面红旗；碑首为平顶扁方形，四周刻绘藩草纹，碑身书有“革命烈士纪念碑”“一九八九年五月”。

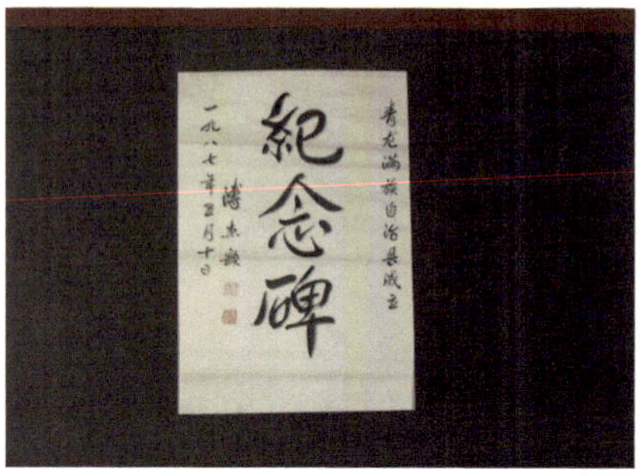

青龙满族自治县成立纪念碑手稿

10. 青龙满族自治县成立纪念碑

青龙满族自治县成立纪念碑，位于青龙满族自治县人民政府院内，为 1987 年 5 月 10 日青龙满族自治县成立而立。纪念碑为大理石质料，通高 1.75 米，宽 0.75 米，厚 0.63 米，方趺，碑文字体为楷书，刻“青龙满族自治县成立纪念碑 1987 年 5 月 10 日溥杰赠”，阴文描金，“纪念碑”三字用满、汉两种文字书写。

纪念碑原立于县政府院内，如今在青龙县档案局存放。

11. 青龙花厂峪抗日烈士纪念碑

花厂峪抗日烈士纪念碑远景

花厂峪抗日烈士纪念碑，位于青龙满族自治县祖山镇花厂峪村西北 300 米山冈的西半坡上，西依山冈，西北 20 米有一高压线杆。纪念碑东南约 200 米为东西向河流与南北向河流的交汇处，东北 150 米有一大山，山下为一条通往花厂峪村的水泥路。纪念碑地处山坡上，地势西高东低，地表裸露山岩，长满榛子树。纪念碑用砖和水泥混砌而成，碑通高 2.9 米、宽 1.15 米、厚 0.28 米，碑正面用朱漆写有“人民英雄纪念碑”7个大字，背面写有人名，但已看不清。据青龙县花厂峪红色革命研究会周主任介绍，花厂峪为抗日革命根据地，随着花厂峪根据地的建立和游击战的广泛开展，日军惶惶不安，敌人为了彻底扑灭我根据地的抗日烈火，1943年9月纠集十路兵力对我花厂峪根据地发动秋季大扫荡，突围中，部分英雄永远长眠在此热土上。

12. 昌黎县烈士陵园

昌黎县烈士陵园，位于昌黎县城西北1.8千米处，坐落在碣阳湖西侧的板石山（又名西馒头山）南麓的坡冈上。

昌黎烈士陵园，坐北朝南，南北90米，东西70米，占地6300平方米。园内建有革命烈士纪念碑1座，革命烈士纪念堂7间，纪念堂内设有橱窗12个，展示革命烈士遗物40余件，祭奠革命烈士820多名，并辟有专门介绍昌黎革命斗争史的展览室。纪念堂东侧为革命烈士墓地，建有革命烈士墓21座。另外，园内植满花草树木，并建有东、西两座凉亭。

昌黎县烈士陵园筹建于1958年，于1959年6月落成。修建时，昌黎、卢龙、抚宁三县合并为昌黎县，祭奠的革命烈士包括昌黎县和卢龙县大部分地区以及抚宁县洋河以西地区牺牲的革命烈士，为滦河以东地区最大的烈士陵园。初建时，昌黎县烈士陵园建有革命烈士纪念碑和革命烈士纪念堂及凉亭等；革命烈士纪念堂为5间，门柱上雕有挽联，两侧窗下雕有两幅表现昌黎革命斗争历史场景的浮雕。此外，在陵园后面辟有一块墓地，迁葬一些革命烈士的遗骨。“文化大革命”初期，昌黎县烈士陵园的纪念设施遭到一些人为破坏；1976年唐山大地震发生后，一些建筑物遭受一定程度的损伤。1981年，昌黎县人民政府拨款将整个陵园修复一新，并将革命烈士纪念堂由5间扩建到7间，在西侧增设了介绍昌黎革命斗争史的展览室，进行了布展陈列；同时，对祭奠的革命烈士也进行整理，转为主要祭奠昌黎籍和在昌黎地区牺牲的革命烈士。1997年，昌黎县烈士陵园的大门重新修建，并对园中的两座凉亭进行修葺。2001年，昌黎县烈士陵园建立新的烈士墓地；2003年，又对陵园广场进行了扩建。2005年，昌黎县民政部门多方筹资，对革命烈士纪念堂的屋顶采用彩钢进行修缮，对展览板牌等进行更新，并对纪念堂大厅进行了重新装修，对陵园内所有电路进行更新改造。

昌黎县烈士陵园纪念碑

陵园中央矗立的烈士纪念碑，碑基、碑座及碑身均用白色花岗石砌成，南面碑心镌有朱德的题词：“为人类解放事业而牺牲的烈士们永垂不朽”；东面碑心镌有彭德怀的题词：“烈士之血革命之花”；西面碑心镌有林伯渠的题词：“功照日月 气壮山河”；北面碑心镌有李运昌的题词：“光荣的烈士们永垂不朽”。纪念碑两侧的东、西花园各建有六角凉亭。纪念碑北面25米处为革命烈士纪念堂，纪念堂正北墙上方镶嵌着：“深切缅怀为国捐躯的革命烈士”，下方的紫色绒屏嵌刻有毛泽东题写的“英勇牺牲的烈士们无上光荣”12个大字。屏风两侧大型镜框内镶有全县在各个时期为祖国、为人民英勇献身的革命烈士英名录，围墙上悬挂着部分烈士的遗像，下面玻璃橱窗内陈列着烈士遗物和烈士生平事迹简介。

昌黎县烈士陵园，1985 年 2 月 6 日公布为昌黎县第一批文物保护单位，1988 年 9 月 13 日公布为秦皇岛市文物保护单位。1991 年，昌黎县烈士陵园被秦皇岛市人民政府命名为市级烈士纪念建筑物保护单位；2004 年 3 月，昌黎县烈士陵园被秦皇岛市人民政府和秦皇岛军分区命名为“国防教育基地”；2006 年 6 月，昌黎县烈士陵园被河北省人民政府确定为河北省烈士纪念建筑物保护单位。

13. 昌黎左封台抗美援朝烈士墓

左封台抗美援朝烈士墓，位于昌黎县龙家店镇左封台村西，南面为村间大道，西面为农田，北面为行车路。

左封台抗美援朝烈士墓，坐西朝东，整个墓地呈西宽东窄的不规则长方形，东西宽 15 米，东侧南北 20 米，西侧南北 25 米。坟茔分 4 行排列，西起第一排 9 座，第二排 8 座，第三排 9 座，第四排 8 座，共 34 座。烈士墓均为土筑坟头。墓地四周栽植杨、柳、槐等树木。1985 年 3 月，当时的封台乡人民政府于墓群东侧修建砖石水泥结构烈士纪念碑一座，使烈士墓更加庄重。

左封台抗美援朝烈士纪念碑

左封台抗美援朝烈士墓，开辟于 1951 年。鉴于抗美援朝战争正处于艰苦对峙阶段，一些中国人民志愿军伤员被转移回国治疗。当时，在左封台村设有中国人民志愿军临时后方医院。医院有医生护士 10 多名，手术室设在左封台村西的大庙里，主要负责医治运送回国的重伤员。伤员住在左封台、龙封台、后封台、孔庄等村。后来，一些伤员因伤势过重、医治无效而牺牲。先后在此地安葬烈士 36 名，1953 年由烈士家属取走两座，现存 34 座。

左封台抗美援朝烈士墓群，1985 年 2 月 6 日公布为昌黎县第一批文物保护单位。

14. 卢龙李洗凡、王新烈士陵园

李洗凡、王新烈士陵园，位于卢龙县燕河营镇成角庄村东 1 千米处。

李洗凡、王新烈士陵园，为祭奠李洗凡和王新两位在抗日战争时期一同牺牲的女烈士而建。1944 年夏天，李洗凡和王新在离成角庄不远的北花台乡召开的群众大会上演讲，会后被特务盯上被捕。两人被日本侵略者带到成角庄拷打审问，她俩宁死不屈，被残忍地杀害于村西土坝上。李洗凡，卢龙县城关人，1922 年生，1942 年参加革命工作；王新，抚宁县上官营人，1918 年生，1944 年参加革命工作。两人同时在成角庄被杀害后，被当地村民埋葬在成角庄村北。

李洗凡、王新烈士陵园修建于 1999 年，陵园内竖立有李洗凡和王新两姐妹在敌寇面前英勇不屈地挽手挺胸的石像。

九、新中国成立以来重要史迹及典型建筑

1. 海港区石岭毛主席语录影壁

石岭毛主席语录影壁，位于海港区（原抚宁县）石门寨镇石岭村北约 500 米，马蹄岭煤矿大门对面，承秦公路东侧。

石岭毛主席语录影壁正面近景

石岭毛主席语录影壁于第三次全国文物普查时发现。影壁正面朝西，内为砖砌，水泥砂浆抹面，长 9.2 米，宽 1.88 米，高约 7.8 米，建筑面积 17.3 平方米。影壁由底座与正身两部分组成，底座为束腰式，两侧出闪部分为花圃；影壁正身为“山”字行，两侧有附框。底座束腰部分正面有横列水泥制字“祝毛主席万寿无疆”，正身正面油漆文字为“全世界人民团结起来打败美国侵略者打败一切反动派。毛泽东”，正身背面油漆文字为“团结起来争取更大的胜利”。附框文字仅南侧附框南面可辨，内容为“抓革命、促生产、促工作、促战备”。该影壁为 20 世纪 60 年代建造。

2. 北戴河太和寨地道遗址

太和寨地道遗址，位于北戴河区（原抚宁县）牛头崖镇太和寨村内。

太和寨地道遗址地堡近景

太和寨地道遗址于 2009 年第三次全国文物普查时发现。地道遗址坐落在村中心三岔路口处，地堡为青砖砌成直径 3.1 米的圆形，顶为碎石水泥混凝土浇筑，现高 0.59 米，东、南、西各设有 3 个方形孔。据原太和寨小学教师王福平（现 70 岁）介绍，该村的地道挖于 1969—1970 年，是遵循毛泽东主席“备战、备荒”的指示建造的。太和寨的地道以当时的大队部为中心向村中扩散。因工程量较大，各片的地道大多数没能相通。土洞现已大部分坍塌，只有地堡向东 250 米这段地道保存完好。据被调查者介绍，这段地道是用青砖拱券，内宽约 2 米，高 1.8 米，向东延伸至东部沟边，是当时太和寨村民兵所挖，作为该村的主要防御设施。

后白石院碉堡全景

3. 昌黎后白石院碉堡

后白石院碉堡，位于昌黎县朱各庄镇后白石院村南约300米的杏花山顶上。东南方向距前白石院村约500米，西北约2千米为滦河，西约500米为水泥建材厂及养鸡场。

昌黎后白石院碉堡于2009年第三次全国文物普查时发现。碉堡所在的杏花山呈南北走向，山顶地势北高南低，山顶现种植有枣树、刺槐等。碉堡呈椭圆形，南北约18米，东西约10米，高度约为1.5米，面积180平方米，钢筋混凝土结构。除南侧结构外，其他三面在距地面约10厘米处，共留有20厘米×20厘米的机枪口11个。另在其东部留有一进出口，高约1.1米，宽约0.8米，墙体厚约0.6米。据村民介绍，此碉堡为1968年中华人民共和国成立以后中苏关系破裂时为备战备荒而建。

4. 秦皇岛港原油码头一期

秦皇岛港原油码头一期，位于海港区河东街道办事处河北大街1号。

秦皇岛港原油码头一期于2009年第三次全国文物普查时发现。为改变我国原油单纯依靠铁路运输的方式，1970年，国家决定建立管道输油网络，以水运方式将大庆石油向华东、华南和国外出口，秦皇岛港原油码头即为此而建。该码头一期是我国第一座采用管道运输方式的中转输油码头，它的建成投产标志着中国交通运输结构发生了深刻变化，对促进20世纪70年代石油工业的发展起到积极的促进作用。

一期码头为栈桥式，1972年正式开工，1974年全部竣工投产。主要包括由岸向海的746.7米长引堤、435.2米长栈桥、90.3米长工作船码头和278.5米长双面靠泊的油轮码头，码头上有2个2万吨级泊位。另有泵房、阀室、油罐、管道、污水处理和附属配套设施；另在码头以北7千米处建有秦皇岛石油泵站。泵站共有14个储油罐，容量27万吨，设有专用输油管道与码头相接。

1973至1974年又在引堤端西侧兴建燃料油码头1座。

5. 秦皇岛港煤码头一期、二期

秦皇岛港煤码头一期、二期，位于海港区河东街道办事处河北大街1号。

秦皇岛港煤码头一期、二期于2009年第三次全国文物普查时发现。为落实周总理“三年改变港口面貌”的重要指示，1973年3月2日，国务院港口建设领导小组成立，秦皇岛港被列为重点建设港口之一，秦皇岛港计划新建原油、杂货、煤炭码头各2个泊位。4月秦皇岛港对煤炭港区进行了总体规划，8月由交通部向国家计委提交《关于秦皇岛港新建煤炭码头的报告》，9月国家计委批复了该报告，随后一航院进行了项目设计和论证。1978年，煤一期工程正式开工建设，1979年，国家经济委员会提出建设晋煤外运运输通道规划，又将重点放在从山西经北京至秦皇岛的北路通道上。在此基础上，煤码头一期1983年建成投产使用。

煤码头一期为顺岸码头，其东西两端各布置一座窄突堤煤炭码头。其主要工程不仅包括码头、护岸、港池航道、前后方栈桥、堆场、铁路等基建项目，还包括翻车机系统、除尘系统、供电系统、给排水系统、装卸系统等配套设施。煤码头二期于1977年立项，经过国际招标后，于1980年4月正式开工建设；建设项目在煤码头一期的基础上，新增清车线廊道、污水处理系统、通信、生产生活辅助设施、中央控制室、商品检验取样设备等。

6. 海港区大峪口渡槽

大峪口渡槽，位于海港区（原抚宁县）石门寨镇浅南村大峪口自然村西侧。

大峪口渡槽近景

大峪口渡槽于2009年第三次全国文物普查时发现。南北两侧皆为小山，第二孔内（从南向北排序）有石（门寨）至九（门口）公路东西向通过。渡槽分为底柱、槽身两部分，共有6孔，南北长约100米，东西宽约3.1米，占地面积310平方米。底柱用块石垒砌，水泥勾抿，长3.1米，宽1.6米，高约3米；槽身用红砖垒砌，水泥勾抿，三璇二伏发券，券高5.1米，跨14.2米，券至渡槽顶部3.3米。两券间中部发直径1.2米一璇一伏圆券洞，顶部槽宽1.2米，高0.7米，槽帮厚0.26米。据当地群众讲述，该渡槽修建于1977—1978年。

7. 昌黎小樊各庄水利设施

小樊各庄水利设施，位于昌黎县朱各庄镇小樊各庄村东北约1.5千米处的武山脚下，滦河岸边。

小樊各庄水利设施于2009年第三次全国文物普查时发现。水利设施于1970年建造，为昌黎县在中华人民共和国成立后第一批水利建设。用于扬水，提水能力为1立方米/每秒，设两台机组，360千瓦电动机2台，设计灌溉面积3.33平方千米，实际灌溉面积2平方千米，使得朱各庄镇的大樊各庄、小樊各庄、上庄、前白石院、朱各庄等村的农业用水问题得到根本解决。扬水站闸口通体采用规整石块用水泥黏合而成，手动升起落下闸门。控制闸门装置为铁质，现闸口水面以上高度约为650米，操作台面宽约2米。该建设总投资31万元，采用地下管道连接的形式，后因各种原因，整个系统被破坏、停用，现仅存扬水站部分可见。扬水站属于特定时期的产物，具有对当时特定时期的佐证作用。

小樊各庄水利设施近景

8. 昌黎果乡水库

果乡水库，位于昌黎县昌黎镇杏树园村南。

果乡水库近景

果乡水库于2009年第三次全国文物普查时发现。水库东邻南北向乡村公路（杏树园村—县城），水库南部东西两侧有东西馒头山，北靠碣石山。中华人民共和国成立后，为防止水土流失，加强山区丘陵治理，大力开展封山育林修建水土保持工程，采取工程措施和生物措施相结合，治沟与治坡相结合，蓄水节流相结合，进行综合治理，于1958年修建果乡水库，东馒头山有附属水利设施。

9. 昌黎华夏酒厂酒窖

华夏酒厂酒窖，位于昌黎县昌黎镇汀泗涧村北500米处，东临昌黎县通往抚宁区的南北向公路。

华夏酒厂酒窖池正面

华夏酒厂酒窖于2009年第三次全国文物普查时发现。中粮华夏长城葡萄酒有限公司成立于1988年8月9日，是中国首家专业生产干红葡萄酒的出口型企业，隶属于世界企业500强之一的中国粮油食品（集团）有限公司。目前“华夏长城”已发展成为中国葡萄酒业三大品牌之一，拥有“亚洲第一大酒窖”华夏酒窖。公司在建厂初期就开始建地下酒窖，酒桶全部由百年树龄以上的橡树木材制作而成，目前酒窖内有橡木桶1.7万余只。历经6次扩建，华夏地下大酒窖共分为10栋，每栋高6.9米、宽7.5米、长108米，总面积达1.6万余平方米，为亚洲最大。

第六部分

文物保护研究

一、概况

1. 文物资源简介

秦皇岛市历史悠久，文化底蕴深厚，文物资源丰富，是中国唯一一座用皇帝的称号命名的城市。境内存有两段长城，其一是举世闻名的世界文化遗产——明长城223.1千米，其二是北朝长城。长城及沿线存有单体建筑905处、关堡62处。其中，明代长城：全国重点文物保护单位121处，省级文物保护单位1031处；北朝长城：省级文物保护单位8处。秦皇岛境内的明长城为万里长城最精华的地段之一。

新中国成立以来，秦皇岛市经历过三次大规模的文物普查和复查，查明不可移动文物631处。其中，全国重点文物保护单位11处，省级文物保护单位24处，市级文物保护单位44处。

经过秦皇岛市第一次全国可移动文物普查，秦皇岛市登记国有收藏单位可移动文物5246件。其中，珍贵文物246件（一级12件、二级36件、三级198件），一般文物1967件。

秦皇岛市现有各类博物馆、纪念馆19座。其中，国家文物局备案博物馆3座。

秦皇岛的人类活动历史上溯至旧石器时代晚期，自青龙县双山子镇黄丈子村红石岭上自然村出土的砍砸器、石核等旧石器时代遗物表明，我们的祖先就在这块土地上繁衍生息。从商周孤竹文化，战汉至秦唐的秦皇求仙和碣石文化，到辽金元时期的多民族文化，明清时期的长城文化，乃至近现代优秀建筑遗产，以及当代北戴河别墅的休养文化，都留有丰富的文物遗存，代表着秦皇岛地域独特的文化特征。

2. 历史沿革概述

秦皇岛历史悠久，文化遗产丰富。青龙满族自治县红石岭上旧石器遗址出土的石核、砍砸器等文物遗迹、遗物表明，3万年前左右这里便有人类繁衍生息；山海关区孟姜镇的小毛山新石器遗址，山海关区高建庄的将军台新石器遗址，证明了早在新石器时代，这里的先人就已掌握了较先进的生产工具，创造了原始的农耕文明。

据史料记载，最早出现的地名是地理科学著作《禹贡》记载的冀州碣石，就在地处古碣石地区的秦皇岛。从6000年前的红山文化商族开始到明代1381年前的7000多年，秦皇岛地区一直属于辽西，明代山海关长城的修建把秦皇岛与东北分割，但文化上仍然是东北辽西文化。

商朝时期（前1600—前1046年），属文明昌盛的孤竹古国；商被灭后，孤竹又归属周朝；西周时期（前1046—前771年），建立令支国，其余仍属孤竹国。

春秋时期（前770—前476年），孤竹国、令支国归属燕国。公元前586年，晋灭肥，肥子逃奔燕国，燕让肥子在此地建肥子国，并被封于今卢龙城西北建诸侯国，成为燕国最富庶之地。至公元前664年，齐灭孤竹，孤竹古国历经900余年。

战国时期（前475—前221年），秦皇岛属燕国辽西郡。秦统一中国，分天下三十六郡，秦皇岛此地属辽西郡。公元前215年，秦始皇第四次出巡至“碣石”，刻《碣石门辞》，筑行宫，曾驻跸于此，并派燕人卢生、韩终、侯公、石生等方士入海求仙和长生之药，因而得名秦皇岛。

西汉时期（前206—25年），属辽西郡、右北平郡。公元前110年，汉武帝从芝罘跨海到此，筑“汉武台”。抚宁北部及青龙属北平郡，在抚宁城西设骊城县治，卢龙、昌黎、秦皇岛市区属辽西郡；在卢龙城北设肥如县治，在昌黎城附近设絫县治。

东汉时期（25—220年），属幽州刺史部的辽西郡。205年，曹操伐乌桓，回师碣石，观海赋《观沧海》。从东汉到三国魏（220—265年），再到西晋（265—317年），秦皇岛都归属幽州辽西郡。东汉，曾在今卢龙城北设肥如县治，在抚宁榆关处设临榆县治。西部属肥如县，东部属临榆县。三国魏时，在卢龙城北设肥如县治，城东设辽西郡和阳乐县治。西普，郡治和阳乐县治设在城东，卢龙城北设肥如县治，榆关处设临榆镇，今卢龙北部及青龙大部为肥如县地，昌黎西部为海阳地其余为阳乐县地。

东晋十六国时，此地先后为前燕（337—370年）、前秦（351—394年）、后燕（384—407年）、北燕（407—436年）之辽西郡，郡治在抚宁城西。南北朝时，归属平州。北魏（386—534年），卢龙城北设平州、辽西郡、肥如县治，卢龙城设北平郡、新昌县治；抚宁城西设阳乐县治。东魏（534—550年），仍在卢龙城北设平州、辽西郡治，州郡治为一城，在卢龙城则设北平郡治。北齐（550—577年），属平洲北平郡，在卢龙城北设州治，在卢龙城设郡治，郡下设肥如县和新昌县。

隋朝（581—618年），全境分属北平郡、辽西郡。秦皇岛市以现戴河、榆关分为东西两部分：东半部及青龙为辽西郡的柳城县地，郡县治在今辽宁省朝阳市附近；西半部，初属平州，领新昌、肥如两县，开皇六年（586年），又有肥如入新昌，到开皇十八年（598年），改名卢龙，郡县治设在今卢龙城。大业初年（605年），平洲改置北平郡，领卢龙县，郡、县治设在今卢龙县城。

唐朝（618—907年），这里分属两个州。抚宁榆关以西为河北道平州，唐初为北平郡，武德二年（619年），改为平州（治所设在今卢龙县城），领肥如县（治所在卢龙县）、临渝县（治所在抚宁区城东）。是年，肥如改名卢龙，更置抚宁县（治所在抚宁区城）。武德七年（624年），将临渝、抚宁归卢龙县，贞观十五年（641年），又设临渝县治。开元二年（714年），在平洲城设安东都护府。天宝元年（742年），平洲改为北平郡。天宝二年（743年），都护府东迁至辽西故郡城（今辽宁义县东南）。是年，于卢龙城设卢龙军。乾元元年（758年）又复为平州，领柳城县。唐初，戴河、榆关以东及长城以北，属营州官府柳城县地，府、县治在今辽宁省朝阳市附近。

五代（907—960年），为营州、平州之地。梁和唐时，在卢龙城设平州、卢龙县治。同光三年（925年），契丹占据了营、平等州，晋、汉、周时，一直为契丹所据，后契丹改国号辽。

辽时（907—1125年），榆关、戴河以西属南京道，在卢龙城设平州、卢龙县治，并设辽兴军；在昌黎城设营州、广宁县治，并设邻海军；在卢龙城南望都县治；抚宁城时为新安镇；营州及各县都隶属平州，榆关、戴河以东及长城以北属中京道，在山海关设迁州、迁民县治，并设兴善军；在海港区海阳镇设润州、海阳县治，并设海阳军。

金时（1115—1234年），金灭辽后，秦皇岛市境为金地。榆关、戴河以西属中都路平州。在卢龙城设平州、卢龙县治，并驻守兴平军；金初，昌黎城仍为广宁县治，大定二十九年（1189年）改名昌黎县；同年，升新安镇为抚宁县（治所在今抚宁区）；辽时的望都县仍保留，金大定七年（1167年），改名海山县。榆关、戴河以东及长城以北属北京路瑞州，在今海港区海阳镇设海阳县治，山海关为迁民镇。

元时（1206—1368年），榆关、戴河以西属中书省平州，元太祖十年（1215年），改平州兴平军为兴平府。中统元年（1260年），将兴平府升为平滦路，大德四年（1300年），因这一带常有水患，遂将平滦路改名永平路，路治及卢龙县治皆设在今卢龙城。至元二年（1265年），将抚宁（治所在今抚宁区）和海山（原海山县治址）并入昌黎县（治所在今昌黎城），一年后，撤销昌黎县，复置抚宁县和海山县，至元四年（1267年），又将抚宁、海山入昌黎县；至元七年（1270年），复置抚宁县，昌黎、海山入抚宁；至元十二年（1275年），又复置昌黎县，榆关、戴河以东及长城以北属辽阳行省大宁路，南部由瑞州总管府管辖，在海阳镇置大宁海阳千户所；北部属卢山县。

明朝（1368—1644年），明初此处为永平路，隶属山东行省，洪武二年（1369年）改名平滦路，改隶北平行省；洪武四年（1371年）改名永平府，并设府治；永乐十九年（1421年），直隶京师。府下辖秦皇岛市范围内的卢龙县、昌黎县、抚宁县，县治皆在今县城址。其时，抚宁县管辖范围东至山海关外，北辖青龙县南部。洪武四年，在府治南建永平卫，在山海关设山海卫。永乐元年（1403年），在抚宁城北设抚宁卫，在府治东北建东胜左卫，后入府南新建卢龙卫，后入永平卫。隆庆三年（1569年），又添置燕河营路、台头营路、石门寨路、山海关路，隶属蓟州总兵，各路驻守参将。

清朝（1616—1911年），这里隶属直隶省通永道永平府。清初，在山海关设山海关副都统，直至清末。同时，还保留山海卫、抚宁卫。顺治元年（1644年），设山海关镇总兵，台头营协驻守副将山海关路、石门寨路、燕河营路，各驻守参将。顺治六年（1649年），裁山海关总兵，改设副将；山永营游击改设山永协副将；裁义院口副将，改设把总；裁台头协副将，设都司，后又改操守；山海关路、石门寨路参将改设都司；裁黄土岭参将，改设操守；燕河营路参将改设守备。顺治七年（1650年），抚宁卫并入山海卫，乾隆二年（1737年）废山海卫。顺治九年（1652年），裁山海关副将统归山永协，顺治十三年（1656年），设蒲河营都司。康熙八年（1669年），永平道治所从卢龙城迁通州城，更名通永道，府名未变。在卢龙城设府治，下辖卢龙县、昌黎县、抚宁县，县治皆在今县城。乾隆二年，在山海关始置临榆县，割抚宁深河以东土地归临榆县。现青龙满族自治县的东部属临榆县，中部属抚宁县，西部属迁安市。道光二十三年（1843年），山海关路都司改为游击，道光二十八年（1848年）移驻永平府。光绪二十四年（1898年），矿务大臣张翼奏准开秦皇岛为商埠，陆续修建运煤码头。从此，秦皇岛的经济得到了较快发展。

中华民国成立后，裁卢龙县，保留永平府及昌黎县、抚宁县、临榆县，属直隶省。中华民国三年（1914年），恢复卢龙县建制，撤销永平府，卢龙县、昌黎县、抚宁县、临榆县，属直隶省津海道，各县治均在今县城，管辖范围同清代。民国十七年（1928年），撤销津海道，直隶省改名为河北省，卢龙县、昌黎县、抚宁县、临榆县直属河北省管辖。翌年，在青龙双山子镇设都山设置局，筹建青龙县。民国二十二年（1933年），在大杖子镇（今青龙镇）正式建立青龙县，割迁安县和抚宁、临榆两县长城以北的绝大部分为青龙县地，属热河省管辖。同年《塘沽协定》签订后，此地为所谓的“非武装区”。

民国二十四年（1935年），在通县成立伪“冀东防共自治政府”，卢龙县、昌黎县、抚宁县、临榆县隶属之，各县先后成立伪县政府。从民国三十一年（1942年）起至解放，在此地建立了双重政权。在中国共产党的领导下，1942年建立了青（龙）抚（宁）临（榆）绥（中）凌（源）联合县办事处，和迁（安）卢（龙）抚（宁）昌（黎）联合县办事处等抗日民主政权。1943年，上述两个联合县办事处分别改建青（龙）凌（源）绥（中）联合县、临（榆）抚（宁）昌（黎）联合县、迁（安）卢（龙）抚（宁）昌（黎）联合县、昌（黎）乐（亭）联合县，次年，又建抚（宁）昌（黎）联合县路南办事处，同年4月，将迁卢抚昌联合县改建为卢抚昌联合县，划出迁安县，年底，又改建为卢抚昌青联合县。

1945年9月，抗日战争胜利后，联合县撤销，恢复各县制，青龙县委、县政府在青龙镇建立，随后又迁至双山子，1949年年底迁回青龙镇；抚宁县委、县政府在深河建立，后迁至台营、后石河，1949年年初迁回抚宁城；临榆县委、县政府在山海关建立，后迁至蚂蚁沟，1948年迁至抚宁海阳镇；昌黎县委、县政府在昌黎荒佃庄建立，后迁至今乐亭姜各庄，1948年迁回昌黎城；卢龙县委、县政府在卢龙城建立，后迁出县城。

1945年11月，国民党军进犯解放区，临榆县在山海关、抚宁县在抚宁城、昌黎县在昌黎城、卢龙县在卢龙城，先后建立伪县政府。以上各县，除青龙属热河省外，其余均属河北省管辖。

民国三十七年（1948年）十一月二十七日，秦皇岛全境解放。

3. 文物普查概况

新中国成立以来，秦皇岛市开展了三次大规模的文物普查。第一次、第二次文物普查合并统计不可移动文物311处。第三次文物普查于2007年9月正式开始，普查规模远大于前两次，随着普查科研技术装备的广泛应用和文博队伍专业水平的不断提升，普查的质量和效率大幅度提高，普查成果更加丰富、真实。至2012年普查全部结束，共登记新发现不可移动文物320处，超出前两次普查之和，全市不可移动文物调查总量达到631处，新发现文物点呈现门类齐全、分布范围广泛的特点。特别是一些重要新发现改写了秦皇岛人类活动历史。

秦皇岛市第三次全国文物普查经历三个阶段，前后历时五载。第一阶段，2007年9月20日至2007年9月30日，确定普查技术标准和规范，制订普查方案，组建调查队伍，开展动员和组织培训。第二阶段分为文物复查和普查新发现，2007年10月至2009年12月为文物复查阶段，主要是以县域为单元，以田野调查、数据采集、现场走访为主要内容的实地文物复查阶段。其中，2009年9月至10月，河北省第三次文物普查队开展行政区域内文物新发现调查。第三阶段，

2010年1月至2011年12月为普查资料的整理阶段，主要对调查资料进行整理、汇总、数据库建设及公布普查成果等。

组织保障方面。秦皇岛市委、市政府高度重视，成立了以主管文化的副市长任领导小组组长，由市政府副秘书长、市文化局局长、市文物管理局副局长担任副组长的秦皇岛市第三次全国文物普查领导小组，成员单位由市发展和改革委员会、市民政局、市财政局、市国土资源局、市建设局、市档案局等13个部门组成。领导小组下设秦皇岛市第三次全国文物普查办公室，主要负责制订普查工作计划与实施方案、召开动员与培训会议、编制经费预算、协调解决重大问题、宣传报道等具体工作。各县区也相继成立了普查机构。普查期间，全市财政先后投入专项资金168.15万元。

普查队伍构成方面。秦皇岛市文物普查办公室集中抽调全市文博业务骨干28人，组成7支文物复查队；省普查办组织抽调全省考古专业技术力量46人，分为15支新发现普查队；此外，先后有20名志愿者参与了此次文物普查工作，另有大量分散于各乡镇的基层文保队员，提供线索、联系居民、宣传动员，成为普查工作最坚实的后盾。每支普查队均配置笔记本电脑、数码相机、GPS定位仪等专业考古设备。

田野普查方面。全市野外文物复查和普查工作共进行了近两年时间，普查队员不顾艰险，克服困难，作出了巨大牺牲。普查队采用乡、镇、行政村、街道、自然村逐一推进，拉网式勘查的方法，徒步踏查了全市79个乡镇，2329个行政村。普查队4人一组，岗位分工明确，相互合作，相互补充，按照调查走访—搜集线索—实地踏勘—采集标本—调查记录—GPS测绘—现场照相—资料整理的工作流程，依据地形地貌、暴露遗物、文化层或文化堆积、遗迹的包含物等多方面来认定采集标本和断代，确认后GPS测点定位、拍摄、文字记录、绘制位置和形制示意图。针对普查阶段周期长、数据采集量大的特点，要求调查的资料保证当天全部完成：现场绘制草图、摄影、测量、采集标本，详细记录各类数据，做到一日一清；现场记录资料和数据要当日进行整理，杜绝缺漏或遗失；拍摄的照片统一定为JPG格式，当日必须填写照片属性并整理备份；绘制的草图当日要用CAD软件绘制正式图纸；标本要填写卡片，贴标编号，难以确定年代名称的，要及时请专家认定、断代；撤离现场前领队负责逐项检查，确保调查资料质量。到2009年年底，全市共记录不可移动文物点达631处。其中，文物复查文物点311处，普查新发现文物点320处，调查结果呈现出文物分布范围广泛、类型多样、保护情况不一的特征。普查期间，广泛宣传秦皇岛市全国第三次文物普查的重要意义，做到家喻户晓、人人皆知，先后发放宣传品和纪念品等5.7万余份，通过媒体进行各种宣传32篇，宣传文物普查的出版物1部，以展览形式宣传普查2场，网站转载56篇次，视频报道7次。

普查数据库建设方面。由于文物部门制定了严格的普查标准、规范、制度和工作方法，辅之以高科技设备与后勤保障，此次普查的数据质量较之以往有了较大提高。所有数据都进行了电子化存储，照片、图纸等各项内容齐全，占地面积、建筑高度、GPS坐标、海拔高程等量化指标均有精确数字。主要体现在：普查点覆盖面广、文物点数量多，普查数据质量高、信息搜集全，普查内容准确、记录信息误差率低等。制作电子档案，采取专门措施：设立档案室，用于存放普查资料，对资料进行了整理、分类、编号及命名；设立专业电子档案夹，收集、整理相关电子数据，对其进行分类管理，不仅包括普查数据，还涵盖了电子照片、电子图纸、电子文档等其他数字文件的类别和格式。此次普查采集的标本分别存放于各县区文物管理所的文物库房内，并对其进行拍照登记、记录存档后，由专人保存。在数据采集过程中，对导出系统中的电子文本，及时更正，确保电子文本数据准确，并及时建立脱机备份，将文本保存入光盘、移动硬盘等载体，确保数据不会遗失。专门购置电脑和存储设备，定期备份和整理，经过整理的电子数据库达到322GB吉字节存储容量。

文物成果保护方面。秦皇岛市第三次全国文物普查取得丰硕成果，文物保护利用力度不断增强，各级别不可移动文物保存状况良好，2012年11月，秦皇岛市人民政府公布了秦皇岛市不可移动文物名录。但由于多种因素制约，仍有部分不可移动文物亟待保护、开发和利用。第一，加强不可移动文物保护项目支持力度。按照“轻重缓急”的原则，对一部分急需实施保护修缮的不可移动文物尽快给予项目立项，并推进项目实施。第二，加大不可移动文物保护的资金支持力度。各级政府按照国家文物局等部门联合发布的《关于进一步做好文物保护“五纳入”的通知》精神，将不可移动文物的保护开发项目列入各级规划及财政预算，给予政策和资金等方面倾斜。第三，完善保护管理机构。部分珍贵的不可移动文物管理机构尚不健全，保护及展示措施有待进一步完善，要建立专门的保护管理机构，用于保护方案的编制及保护单位的日常保护、管理。第四，理清文物本体所有权和使用权。部分不可移动文物归属权尚不属于文物行政部门，甚至存在产权不明、归属人不明的情况，极其不利于保护管理，各级政府要将归属权统一划归当地文物行政主管部门，便于日常的维护和管理。

文物保护事业发展方面。秦皇岛市第三次全国文物普查全面摸清了家底，为科学制定文物保护政策和规划奠定了坚实基础。要对普查数据反映的不可移动文物保护情况进行分析研究，持续推进秦皇岛市文物保护事业的发展。一是，加大重点文物保护单位修缮保护力度，争取利用有限资金最大限度完成全国重点文物保护单位的保护修缮工程。二是，加强新发现不可移动文物的保护利用。按照文物的价值，分批、分级别公布文物保护单位，对其进行合理有效保护，充分挖掘新发现文物内涵，提出相应的保护利用措施。三是，推动法制化建设和指导性文件的编制。开展长城保护管理与研究，推出长城保护相关法律、法规，开展重点文物保护单位保护规划编制，出台各类文物保护管理办法。四是，全面开展工业遗产保护。结合秦皇岛市总体规划布局，提出工业遗产保护方案，促进近现代文物保护利用与旅游开发深度融合。

文物保护服务社会方面。秦皇岛作为著名的旅游城市之一，已经把旅游产业作为我市重要的发展战略，加强文化遗产保护和利用，将文物保护融入经济社会发展是推动城市发展的关键。一方面，加大历史文化名城、名村和革命文物等旅游景区保护利用力度，不断完善景区的保护利用措施及配套设施服务建设，使其能够充分发挥自身的社会效益和经济效益；另一方面，积极推进各类博物馆建设，让文物“活”起来，通过展示利用、宣传教育、科学研究等功能，呈现出多元的历史和文化视角，满足人民日益增长的美好生活需要，促进文化遗产公益服务与社会经济发展。

二、考古发掘

近年来，秦皇岛市文物部门通过科学考古，发现了一些重要遗址和墓葬，为研究不同历史时期演变提供了基础资料。抚宁大所各庄旧石器遗址的清理，再次印证了旧石器晚期人类活动地；卢龙蔡家坟墓葬发掘，为本地葬俗习俗和演变提供了新材料，对研究战国墓葬文化具有重要意义；卢龙黄家营汉墓群抢救清理，为研究该地区丧葬文化提供了翔实、有力的新证据；昌黎裴家堡辽金遗址发掘，反映出人们逐渐掌握了建造火炕、防寒取暖技能的文明程度，出土物呈现出北方游牧民族的特点；卢龙月白楼明代建筑遗址清理，为滦河流域明代中后期的建筑发展提供了新材料；昌黎邢庄明清遗址发掘，印证了史料记载该区域水患变迁的历史，对研究昌黎沿海的环境、气象、水文考古等提供了参考资料。

本节摘选 6 篇考古成果，予以简要阐述。

1. 抚宁大所各庄三村旧石器遗址

大所各庄三村遗址，位于河北省秦皇岛市抚宁区茶棚乡大所各庄三村村东约 500 米的兔耳山西南山坡上。遗址区域三面环山，处在淤积台地上，呈东南高西北低的地形。遗址位置东侧有一条自东南向西北方向环绕，由高处逐次走低的碾子沟（当地人称谓），北面沟底距二阶级台地高约 3 米；向东跨过碾子沟是寺北坡，东南方向往上是小黄崖，西南方向是寺南坡，向北下碾子沟为通往大所庄三村的山路。

1993—1995 年，抚宁县文物管理所在其地采集到石器 10 余件，经对这些石器初步分析研究，应属于旧石器时代。大所庄旧石器遗址，2003 年 6 月 20 日公布为抚宁县第三批文物保护单位。

近年来，遗址两侧被山水冲刷严重，山体断面已经呈现文物遗迹。为确保文化遗产安全，2018 年 11 月、2019 年 7 月，秦皇岛市文物管理处联合抚宁区文物保护管理所，进行了考古调查勘探和抢救清理。发掘布探方 3 个，面积 60 平方米，出土各类石制品 786 件，器形可分为石核、石叶、刮削器、端刮器、边刮器、石片等。

堆积。遗址地层比较简单，鉴于 T2 探方出土石制品最多，现以此为例，加以说明。T2 位于 T1 西南 1.4 米处，平面布 5 米 ×5 米的南北正向探方，地表下约 1.1 ～ 1.2 米下见早期淤积，厚约 1.4 米，大量石器出土于该层中；其下见红褐色黏土，含大石块，未发现石器。经试掘清理，探方深约 2.8 ～ 2.9 米，共出土大小旧石器 484 件。

遗物。石器主要出土于灰白色黏土层下，现选取典型标本简要叙述。

船底形细石核：长宽厚为 11.09 毫米 ×10.19 毫米 ×33.76 毫米，重量 3.52 克。淡茶色双锥船形，内含淡黄色材质，面不平整，由石片疤和天然面构成，底缘为锐棱。

细石叶：长宽厚为 21.63 毫米 ×8.03 毫米 ×4.56 毫米，重量 0.34 克。多面不规则灰白色角锥形，内含有小面积黄白色斑块，剥片面较大，断面较纯净。

小石叶：长宽厚为 29.99 毫米 ×14.21 毫米 ×3.97 毫米，重量 1.55 克。三棱双锥形，浅黄色内含浅橙色斑块，不规则贝壳状片疤，断面较平整椭圆形。

细石叶第一剥片：长宽厚为 16.84 毫米 ×6.52 毫米 ×3.45 毫米，重量 0.27 克。不规则三棱梯形，茶色表面附有淡黄色斑痕；素面平滑工整，边一侧锋利，加工痕迹明显。

双边刃刮削器：长宽厚为 26.25 毫米 ×15.29 毫米 ×6.58 毫米，重量 2.25 克。淡黄橙色夹黑色纹路双锥形，锥角一边尖锐，加工成刃；另一边圆弧，似未完成的椎体，台面剥片痕明显。

单凹刃刮削器：长宽厚为 28.71 毫米 ×16.86 毫米 ×4.19 毫米，重量 2.62 克。淡茶色不规则六棱形，表皮夹有淡黄色斑片，剥片面纯净，片疤凹面大，刃较锋利，

石片：长宽厚为 37.54 毫米 ×28.48 毫米 ×9 毫米，重量 10.03 克。深橙色斧形玛瑙，有多个疤台面，似多次加工和使用痕迹。

端刮器：长宽厚为 34.11 毫米 ×17.18 毫米 ×7.05 毫米，重量 2.56 克。双色三棱单锥形，背脊呈圆弧状，断面平整，素面由背脊向下颜色依次为黑色，占到 60%，淡橙色占到 40%。毛坯为小石叶。

边刮器：长宽厚为 27.99 毫米 ×16.33 毫米 ×7.39 毫米，重量 3.49 克。浅茶色梯形，表面附有浅黄色外皮，素面平整，刃甚钝。

文化年代。遗址处于二级阶台地，三面环山，南面朝阳，周边有水系河流。根据出土的石制器物所处的地层地貌位置及石器特征初步推测，遗址为旧石器时代晚期。

遗迹本质。出土石器均来自距现地表下约 1.4 ～ 1.5 米，灰白色黏土层，土质僵硬，初步判断该地层由山水冲刷淤积形成。发掘地没有发现人类及动物化石，石制品分布无一定规律，但较集中。因此，推测出土的石器是由遗址的高处某地冲刷带至此地形成堆积，显然不是居住地。

石器来源和特点。燧石为最重要的原料，发现较少，周边没有产地。经考察，燧石产地有两处，分别是西距 30 千米的卢龙武山和西距 15 千米的卢龙石门。初步推测，制造石器的原料是在该两处其中之一采集的。

出土的台面种类较多，有素面、天然面、脊面、疤面、线状面、点状面，但未见修理台面。

石片分为长条形、不规则长条形和石屑，石片作为石器毛坯，有使用痕迹的标本；刮削器分为双边刃刮削器、单凹刃刮削器，采用背面加工为主，制作比较粗糙；船底形细石核，一般预先制备台面，然后对核身进行修整，底缘直接利用锐棱，台面多是从剥片面的相对端一次纵击而成。

比对探讨。抚宁大所庄遗址与昌黎渟泗涧遗址地点相距较近，石制品皆来自二级阶地上部，文化内涵基本相同，石器的新材料类型及加工技术也较一致。因此，该两处遗址应属同一年代、同一文化传统，有着紧密联系的石器文化。

2. 卢龙蔡家坟战国墓葬

蔡家坟遗址位于河北省卢龙县卢龙镇蔡家坟村北，地处青龙河与滦河交汇处。遗址所在的

台地呈东北—西南走向，长约 280 米，宽约 110 米。遗址西侧为滦河，南侧和东南侧被金沙河围绕，遗址北约 2 千米为青龙河汇入滦河之处。遗址地表平缓，现为耕地，保存状况较好。2013 年 6—9 月，河北省文物研究所、中国人民大学历史学院和卢龙县文物保护管理所三家单位组建考古队对蔡家坟遗址开展了测绘、勘探和发掘工作，发掘总面积 500 平方米。经初步整理和研究，此遗址文化内涵丰富，包含了新石器时代、青铜时代和战国时期的遗存。在遗址南部堆积的最底部发现了新石器时代的地层和少量陶片、石制品等遗物。遗址的主体遗存属于青铜时代，发现了房址、灶、柱洞以及大量的灰坑和窖穴等遗迹，出土了陶器、石器、骨器、铜器、金器以及鼓风管、石范、铜渣等铸铜遗物。年代最晚的遗迹是一批战国时期的瓮棺葬和土坑墓，瓮棺葬零散分布于发掘区的中南部，土坑墓则有一定规律地分布于整个发掘区。

瓮棺葬。共发现 6 座，均为儿童墓葬。瓮棺由釜、瓮、盆三种陶器组合而成。瓮棺葬的墓圹多呈椭圆形，弧壁，有的没有明显的墓圹。这些瓮棺均没有随葬器物。仅有一瓮棺内骨骼保存较好，头向北，面朝东，略呈侧身直肢葬。墓主为 7 岁左右儿童，性别不明。根据葬具陶釜及陶瓮形制和尺寸推断，年代应为战国中期和晚期。蔡家坟遗址发现的瓮棺葬在埋葬方式、葬具形式及葬具组合方面，反映了燕文化及其波及地区的共同特征。

土坑墓。共 29 座，长方形竖穴土坑墓，墓壁较直，有些墓圹开口略大于墓底。葬具均腐朽无存，在一些墓葬中有熟土二层台，能看出葬具的痕迹。墓葬方向有三种，其中东西向墓葬（方向 90°）1 座，东北向墓葬（方向多为 30°～45°）11 座，南北向墓葬（方向为 0°～15°）17 座。

东西向墓葬：M9 墓圹呈长方形，墓内人骨保存较好，头向东，面向南，仰身直肢葬，双手放在身体两侧。女性，年龄 30～35 岁，无随葬器物。

东北向墓葬：M6 墓圹呈长方形，墓内人骨保存较好，头向东北，仰身直肢葬，双手放在身体两侧髂翼之下。女性，年龄 40～45 岁。随葬器物有陶罐 2 件、陶盂 1 件和扁长石片 3 件。陶器置于头部两侧，石片分别置于墓主两侧腋下与左手中。M16 墓圹呈长方形，墓内人骨保存一般，部分上肢骨、肋骨、椎骨、髂骨缺失。头向东北，俯身直肢葬。男性，年龄 45～50 岁。随葬器物有石璧 14 件和玛瑙环 1 件，相互叠压放置于头部右上方。

南北向墓葬：M7 墓圹呈长方形，葬具已腐朽不存。墓内人骨仅有坐骨、部分髂骨及下肢骨，仰身直肢葬。根据骨骼特征推测，墓主人为成年男性，二次葬。随葬器物有陶鼎 1 件，出于墓圹北端的填土中。M21 墓圹略呈长方形，未发现葬具痕迹。墓内人骨保存较差，仅存头骨和少量下肢骨，头向北，推测为成年女性。随葬器物有带盖陶鼎、带盖陶豆、带盖陶壶各 1 件，出于头骨上方填土中。M27 墓圹呈长方形，距墓口 1.77 米处有熟土二层台，墓底可见棺痕。墓内人骨保存较差，仅存少量头骨及下肢骨，头向北，仰身直肢葬，推测为成年女性。随葬陶器出于头部上方的填土中，出土时破损严重，修复陶豆、陶罐各 1 件。另有一部分朽烂严重的陶片，根据残存器耳及足推测，应为陶鼎。由此可知，随葬器物为鼎、豆、罐组合。

土坑墓年代。东西向墓葬的年代最早，东北向墓葬次之，南北向墓葬最晚。东西向墓葬只有 1 座，虽相对年代最早，但因为没有随葬器物，所以其具体年代无法推测。东北向和南北向墓葬都有随葬器物，东北向墓葬，根据出土的陶盂、陶罐、长条形石片、石璧、玛瑙环等随葬器物的形制和组合特征分析研究，年代推定为战国早期。南北向墓葬，随葬陶器组合是鼎、豆、罐，属于战国早中期流行的器物组合，由此可知，蔡家坟遗址土坑墓历经了战国早、中、晚三个阶段的发展。

蔡家坟土坑墓的特点。墓地整体的密度比较大，在500平方米的发掘区内就发现了29座土坑墓，但多数单体墓葬规模较小；墓圹为长方形竖穴土圹，墓口略大于墓底，有些墓葬有二层台；墓向大多为北向，或略偏东北向；葬式多为单人仰身直肢葬，也发现一些屈肢葬；葬具为木质棺椁，有些墓葬没有葬具；随葬器物普遍不多，有些墓葬没有随葬器物，随葬器物以陶器为主，并呈现出一定的组合。

蔡家坟遗址的土坑墓存在一些独特之处：一是在一些墓葬旁边或墓上有石块堆积，可能是作为墓葬标识或与墓祭活动有关。此外，一些墓葬的填土中也有石块，少数墓葬填土中石块密集。二是在一些墓葬中的随葬动物肢体，主要是猪的左前肢、左前腿、左侧肱骨、左侧股骨、尺骨、桡骨等，还发现有狗的右肩胛骨。三是在两座墓葬中，葬式为俯身直肢，属于比较少见的形式。

蔡家坟墓地形成过程清晰，从层位关系上看，最早的是东西向墓葬，之后是东北向墓葬，接下来是略偏东北向（9°～15°）的墓葬，最晚的是南北向（0°～5°）的墓葬。从随葬器物来看，器物的组合也有阶段性特征。东北向墓葬的年代推断为战国早期，随葬陶器以罐为主，还有鼎和盂，其中绳纹折腹罐、绳纹罐形鼎和束颈鼓腹罐应该是本地文化的器物，而陶盂、薄片石璧和长条形石片则是典型的燕文化器物，由此可以看出本地文化因素和燕文化因素的混合。略偏东北向墓葬的年代推断为战国中期，随葬陶器组合为鼎、豆、罐。南北向墓葬的年代推断为战国晚期，随葬陶器组合为鼎、豆、壶。这两种组合都是中原地区和燕文化的典型代表。由此可知，在战国早期，燕文化因素逐渐与本地文化发生融合；战国中晚期，燕文化因素已经居于主导地位，但本地原有的墓上积石和殉牲习俗仍有保留。

蔡家坟遗址堆积深厚，文化内涵丰富，完善了河北东部地区考古学文化的年代序列。瓮棺葬、土坑墓的基本特征与京津冀的燕山南麓地区、辽西地区的同类墓葬基本一致，同时土坑墓又保留了自己的特色，为讨论燕文化的传播、扩张以及本地葬俗的发展、演变提供了新材料。

（见《文物》2018年第4期。）

3. 卢龙黄家营汉墓群

黄家营遗址，位于秦皇岛市卢龙县蛤泊乡黄家营村村南200米处，当地人俗称下阳坡，据称是位于九龙山的龙尾处，地势呈南高北低的缓坡状。早在1957年就出土过大量的汉代砖块，还发现有类似灶坑样的遗迹，内有烧结土。20世纪70年代曾挖出过刀币和石斧等物品，其中部分瓷碗等物被昌黎县取走收藏。该遗址20世纪八九十年代时种植大量果树，出土过陶灶、陶耳杯、陶甑等器物，最南部高冈上曾经是出土砖块最多的地方。黄家营遗址，2014年6月12日公布为秦皇岛市第四批文物保护单位。

2016年11月13日，接村民举报，黄家营遗址被盗挖，为确保地下文物安全，探明遗址内的文物资源状况，秦皇岛市文物管理处组织考古队于2016年11—12月对黄家营遗址进行考古勘探抢救清理。经勘探，共发现各类遗迹80处，其中墓葬77座，灰坑1处，活土坑2处，均分布在墓葬区域内。

墓葬77座。包括竖穴土圹墓63座、砖室墓12座、竖穴土圹砖室墓2座。墓葬平面布局呈现长方形70处、方形9处、梯形6处、曲尺形4处及由墓道和墓室两部分组成的“凸”字形4座、“刀”把形2座、“甲”字形1座、不规则形1座等几种墓葬形制。墓葬朝向方位有南北向分布42座和东西向分布35座。经勘探统计，墓葬开口深度为0.5～1米，大多数墓葬底部距现地表深1～3米。最深的墓葬M6，底部距地表达到3.8米，最浅的墓葬M19，底部距地表仅有1米。经测算，墓葬底部距地表平均深度为2.15米。

发掘。6座，编号为M1、M14、M16、M21、M56和M58。

堆积。发掘的墓葬地层比较简单，可分为两层。开口均于两层之下，距地表深约0.5～0.7米。填土均为红褐色五花土，内含大量沙石粒及零星碎陶片等。

遗迹、遗物。现以墓葬形制较为复杂的砖室墓M21，作简要叙述。M21位于发掘区北部，东西向竖穴土圹双室券顶砖室墓，方向297°，整体平面呈“甲”字形，由土圹、南北船形砖室组成。南墓室后部有一近方形盗洞，深至墓底。土圹平面近方形，东西6.05米，南北4.7米，距地表深1.55米，与砖室间填黄褐色沙石土，间隙宽约8～26厘米。墓道于土圹西侧，破坏严重，形制结构不清。南、北墓室位于土圹内南侧，由前室与后室组成。前室位于墓葬西端，平面近方形，仅残留北侧部分砖墙、铺地砖与前室案台，余部被盗扰破坏。南室口部残存一段封门，错缝平砌3层，被扰，仅存墓室直壁砖墙，平面呈船形，东西窄，中部宽，为长条砖（30厘米×15厘米×5.5厘米）由底向上一立两横叠错而砌，砖面一侧有麻点纹。南室的前后室铺地砖均为两两并列错缝平铺，近前室口与后室口部出土小陶盆、陶盘（残）各1件。北墓案台为5层条砖错缝平砌，室口部残存有封门砖，在前室与案台均有残碎陶器出土。后室被扰，仅存墓室北壁根脚砖墙，平面约3层墙砖，砌法、铺地及用砖规格与南室相同。葬具在南墓室被扰，未见棺木灰迹等，内填实杂乱砖块。北墓室于后室近底部清出一层黑色炭灰，未有明晰棺木印迹，仅见有残锈铁棺钉。骨骼于北侧墓室灰层南侧清出炭化人骨迹一副，仰身直肢，仅见腿骨、盆骨及头盖骨残迹，头向东，体长约1.6米，其余不详。其颈腹部出土有黑色角质佩饰（带水晶珠）、银耳环、铜戒指，在其北侧发现有炭化牙齿。整个灰层均散落有汉五铢铜钱及石砚残块、铜泡钉等，灰层下至墓底地砖有约10厘米厚黄色淤土。

墓葬的平面形制与布局。呈“甲”字形的墓葬2座，南北向和东西向各有分布。土坑墓葬有4座，皆为竖穴土坑合葬墓。整体墓葬分布相对集中，部分有三两集中分布，初步判断为同一家族的墓葬。

墓葬随葬品组合与特点。有陶器、泥器、铜器等三大类。陶器多为泥质灰陶，以素面为主，器类上有奁、盘、罐、耳杯、盆、案、豆等。铜器有铜钱和铜带钩。随葬品的摆放有一定的规律，且多摆放在墓室的中部或近后壁处，铜钱一般放置在尸身之侧或之下，零星有放置于手指骨处。随葬品中同类器物的质地、形制、纹饰基本一致，应为模制，其生产时间应相差不远。

葬式与葬俗。多为双人合葬墓，尸骨腐朽较严重，多为仰身直肢葬，头向多与墓向一致，亦有部分相反，但面向不明。

从墓葬及出土器物的分布位置关系、地层堆积和功能特征看，墓葬结构、葬具和随葬品的组合基本相似，随葬品都以陶器等生活用品为主，推定为汉代墓葬。

通过考古发掘，基本掌握了墓葬分布特征及墓葬特点，为研究卢龙县汉代时期丧葬文化提供了翔实、有力的新证据，也为秦皇岛市深入研究汉代时期古墓葬提供了新材料。

4. 昌黎裴家堡辽金遗址

为配合沿海高速公路工程建设，河北省文物研究所会同昌黎县文物保护管理所组成考古队，于 2005 年 6 月 24 日—8 月 29 日对公路沿线上的昌黎县裴家堡遗址进行了抢救性考古发掘，发掘面积 1500 平方米。

裴家堡遗址地处冀东平原东北部，碣石山东南麓，位于昌黎县城东约 10 千米处的大蒲河镇裴家堡村南“十二中”一带。遗址东濒渤海，西、南皆为滦河相挟，东有饮马河和东沙河水系相绕，北有京山铁路、205 国道横贯而行。

遗迹。发掘清理房址 6 座、灰坑 35 座、灰沟 4 条、古道 2 条和露炊遗迹 6 处。

遗物。出土的遗物比较丰富，按质地可分为陶、瓷、铁、石、骨等几类。陶器：残片数量较多，除釜为夹砂红陶外，余均为泥质灰陶；多为轮制，质地较硬；大部分为素面，少量饰附加堆纹、抹光纹、弦纹、弦断纹、波浪纹、菱形纹、戳印纹、鱼纹等；可辨器形主要有瓮、罐、盆、盖、甑、盘、盏、钵等。瓷器：种类和数量均较丰富，多施白釉、酱釉、黑釉，少数施赭釉等；多素面，少量为墨书、鱼纹、花草纹等，技法多为刻花、划花与剔花；可辨器类有碗、盘、盖、瓶等。铁器：多为小型器，锈蚀严重，有钉、扒锯、盖、叉、锄、釜、铁块等。铜钱：50 余枚，分别出土于灰坑、地层之中。主要有宋崇宁通宝、咸平元宝、治平元宝、淳化元宝、熙宁元宝、天圣元宝等，另有少量唐开元通宝、乾元重宝等。其他：出土有少量铜矿渣、煤渣、铁矿渣块；另有动物骨骼若干，有鸡骨、鸭骨、羊肱骨、猪门齿和犬齿、马和牛臼齿，其中以马和牛的臼齿居多。

裴家堡辽金时期遗址的考古发掘，揭露了较丰富的遗迹，出土了一批典型遗物。通过对遗迹、遗物的考察，有以下几点收获：

（1）从地层堆积来看，辽金文化层下尽为冲积层，且伴有战国夹砂红陶釜的出现，说明这一带从战国时起就多次发生水患。战国以后很长一段时间无人定居，至辽金时期人们才又开始在此栖居并繁衍生息。这种情况的形成，应该与发大水有关，反映出这里在历史上是水患多发之地。

（2）从所发掘的六座房址来看，其规模较大，房内设灶台、火炕、烟囱等，说明这一时期此地居民以地面定居形态为主，同时掌握了建造火炕、防寒取暖的技能。

（3）从出土的盆、罐等陶器来看，器形厚重，风格粗犷，流露出北方游牧民族的民族特色。从出土的瓷碗、盘等来看，其中Ⅴ型、Ⅷ型、Ⅳ型、Ⅰ型碗与邯郸观台古瓷窑址Ⅴ型碗、Ⅶ型碗，磁州窑遗址Ⅲ式碗、Ⅷ式碗的形制、装饰接近或相同，Ⅲ型盘与磁州窑遗址Ⅲ式盘接近，瓷器盖与观台古瓷窑址Ⅱ型盖形制相同，那么二者的年代也应接近，相当于北宋英宗至金后期。这些造型精致、胎质细腻、釉色透亮的瓷器，同时又折射出精美与细腻的中原文化特色。

5. 卢龙月白楼明建筑遗址

月白楼遗址位于秦皇岛市卢龙县石门镇东阚村北的北山北坡上，距卢龙县城关约 28 千米，滦河由北向南紧邻穿流而过。遗址东侧有一巨石矗立，南面是陡峭山峰，植有樟松，西侧为通往山上的弯曲小路，北面石阶台下便是滦河，面积约 500 平方米。

2015 年，卢龙县石门镇政府对大金山实施文化产业开发时发现该遗址，为配合工程建设，秦皇岛市文物管理处会同卢龙县文物管理所组成联合考古队，于 2015 年 9 月 9 日至 20 日对遗址核心区域进行了抢救性清理。同时，委派专业考古人员随同参与。

月白楼遗址清理面积约 440 平方米，发现房址、残存石砌墙基、甬道、火炕等遗迹。出土有建筑构件、陶器、瓷器、铁器、骨器和石碑等 70 余件遗物，按建筑功能和材质可分为瓦当、滴水、筒瓦、板瓦、砖雕、砖、铁钉、铁锄板及陶、瓷残片等。

地层堆积。遗址地层可分为五层，除表土层外，由上到下依次为浅黄色砂土层、倒塌堆积层、活动面（铺砖层）和原山体碎石垫层。

遗迹。清理房址 5 座共 7 间，方向 148°，平面呈长方形，坐南向北，甬道一条，火炕两座，除房址 1 外，其余房址墙体皆为砖石混合结构。

遗物。共出土 70 余件，按质地可分为陶、瓷、铁、石、骨等几类。建筑构件均为灰色陶质，质地较坚硬，瓦当和滴水为如意形变体花卉纹饰面。大、小方砖质地疏松。瓷器全部为残片，可辨器形有碗 14 件、盆 1 件、缸 1 件，分为白瓷、黑瓷两种。陶器包括盆残片 4 件、罐残片 3 件、陶柄残片 1 件，均为残片，外壁酱褐色，质地较疏松。铁制品包括铁器 2 件、铁钉 12 件、铁锄板 1 件。骨器 1 件，长方形，象牙质。

卢龙月白楼建筑遗址碑刻拓片

石碑 1 通：长方形，青石质，长 0.88 米，宽 0.575 米，厚 0.165 米；正面平整光滑，篆刻行书碑文，共 298 字，背面无字较平整。

遗址位置分析。月白楼遗址建在高台，旁有一巨石矗立，紧邻滦河主干道，距河面现垂直距离约 23 米。从遗址建设方位看，与传统建筑有着明显不同的特征，遗址坐南向北，面对滦河，显然随地形地势因地制宜而建。经勘查，遗址地处滦河中下游，根据滦河水系文献记载，此地原河面较宽，由于受自然因素影响，逐年变窄。因此，遗址所处高台之上，不会受到水患影响。

据清光绪《永平府志》卷二十七载："钓鱼台在卢龙南一柱峰下面，北临滦。韩愈史筑为别墅，有月白楼，在钓台之右，今废。"明滦州伦泱《钓台记》云："平郡山水隩区，西南二十里为钓台山。"这与史料记载的月白楼遗址位置基本一致。

名初不载《郡志》载："台址为石矶，右旁突起，孤峰由石矶东上丈余，有小岩，盖舟子停泊之地。凿石层累之以为基，高三丈余，由基东横筑一壁，壁间设门，入门有巨石蹲踞可当屏。由石右转西向右一门，入门北转，则覆台之端平处，北面直承而下，构七楹小轩，其檐宇飞覆台之外。中三楹向北，牖启扉下瞰河；西二楹为庖湢；东二楹贮器用。各分壁界门窦，轩内敞豁。南距数武架楼三楹，楼东西各翼一小阁。楼下中半为堂。北面周以栏楹，凭眺则连郡山川与夫烟云林树一览在目。楼后基址渐高，即山为壁，东西阔数丈，南北丈许。西面复缭以恒，上接山阿，下接轩之西檐。”从清理的遗迹看，与史料记载描述完全吻合，再次印证此地应是月白楼。此外，遗址地形变化不大，说明该地整体风貌基本没有改变。

建筑构件与年代。瓦当和水滴的纹饰均以如意形变体花卉纹来做艺术性装饰，属于明代中期民居建筑纹饰的典型特点。出土的砖有大砖和小砖两种，砖的尺寸和质地与文物部门以往发现的明代砖体基本相当。另外，出土的砖雕较早期的工艺水平也有较大发展。据名初不载《郡志》载：“是皆缘建置后所增设者，盖台之经始。在万历丁亥阅几稔而后告成，其诸次第修补不悉记，姑记其略如此。”。因此，月白楼应建于明万历后。

碑文释义。雪眉庵亦名月白楼，“月白风清”为明清时期“卢龙八景”之一，明御史韩应庚隐居于此。韩应庚，号西轩，又作西玄，卢龙人，万历五年（1577 年）进士，授御史，巡按陕西、山东，后归隐于滦水钓台三十年。石碑为顺治四年（1647 年）韩应庚之孙韩鼎业所立，记述了韩御史生平及雪眉庵的由来。

韩应庚有两子，次子韩原洞，少为诸生，诗文有奇气，慕古人以身殉国之义。崇祯三年（1630 年），身捍危城，作《忠国论》置于怀中慨然赴死。长子韩原浚至孝，每每念及父亲早逝痛哭流涕，饭前必先祭拜亡父。崇祯十七年（1644 年），韩原浚与其子韩鼎业避难于河朔、鄢陵，十余年后卒于密县。韩鼎业遵从父亲的遗愿，扶着灵柩重返家乡，葬于祖父韩应庚陵墓的一侧。“清初三大儒”之一的孙奇逢为其撰写墓志铭：“不雕不琢，终身慕亲。谋不在食，不忧在贫。”乡人以此为定论。1644 年，甲申之变，边关战乱，天下鼎易。韩鼎业与其父先后流离河朔、林虑间，后南渡黄河到鄢陵，定居密县。顺治四年，天下稍定，韩鼎业曾回到故土，见祖父的钓台已破旧不堪，于是修葺钓台，于雪眉庵内为韩应庚立祠，并邀好友古歙江濯锦作文以记之。

月白楼建设位置和遗址出土的建筑构件为研究滦河流域明代中后期的建筑史演变提供了新材料，为研究明末清初永平府地区的社会经济、文化具有一定的考古价值。出土的石碑碑文为研究韩应庚及卢龙韩氏提供了可靠的新史料，对探讨该地区民风、宗教文化具有一定的参考和借鉴意义。

6. 昌黎邢庄明清遗址

为配合北戴河机场快速路工程建设，2017 年 8 月至 9 月，河北省文物研究所会同秦皇岛市文物管理处、昌黎县文物研究保护管理所组成联合考古队，对快速路项目 K14+200 所涉及的邢庄遗址进行了考古发掘。

邢庄遗址于 2009 年全国第三次文物普查时发现，位于冀东平原东北部，碣石山南麓秦皇岛市昌黎县邢庄村南 0.15 千米处，北距昌黎县城 3 千米，饮马河支流贾河环绕遗址东南蜿蜒流淌，东为省道 261 横贯而行。本次发掘共布 5 米 ×5 米探方 10 个，发掘面积 250 平方米。共清理灰坑 8 座、墓葬 2 座，出土陶、瓷、骨、铁、铜等各类质地遗物残片百余件，小件器物标本 10 余件，器类有碗、罐、盆等，年代为辽金至明清。

灰坑。多分布于发掘区中偏西部，平面呈圆形、椭圆形、圆角方形、不规则形，形制可分为直壁平底、斜壁平底、斜壁圜底等类型。

墓葬。多分布于发掘区东部，均为土坑竖穴墓葬，由于与村内家族墓地位置相符，且墓葬年代、形制均相似，故只清理2座。

陶器。数量相对较多，陶质可分为泥质灰陶、夹砂红皮灰陶、夹砂红皮黑陶、夹砂灰陶等，制作方法均为轮制，质地较硬，陶片边缘较圆钝；大部分为素面，纹饰只见附加堆纹、菱形纹、指甲纹等；可辨器形主要有罐、盆等。

瓷器。有相对较多的可复原器和残片。多为白釉，还有黑釉、青釉、黄白釉等；多为素面，少数残片上发现墨书、鱼纹、花草纹等，技法多微刻花、划花与剔花等，可辨器类有碗、盘、罐等。

铜器。种类较少，仅发现明清时期墓葬出土铜钱、铜条等。铜钱：分别为“乾隆通宝”3枚，“嘉庆通宝”2枚，“道光通宝”1枚。

结论。遗址最早的文化层为明清时期文化层，从该层下尽为冲积土以及该层下发现遗迹出土遗物有战汉时期陶器残片等情况看，这一带在战国以后就曾出现大水患，正如《水经注》所说的“昔在汉世，昔燕齐辽旷，分置营州，今城届海滨，海水北侵，城沉沦者半”。邢庄遗址考古所发现的资料同时印证了史料所记载的昌黎县文化历史的变迁。总之这次考古发掘工作，为该地区文化生活、丧葬习俗的研究提供了新材料，丰富了冀东地区的文化内涵，同时也为环境、气象、水文考古提供了参考资料。

三、保护利用

通过盘活文物本体资源改造升级建设博物馆，是当今保护利用的有效途径之一。

北戴河秦行宫的发现极其重要，不仅印证了秦皇岛地名的由来，而且佐证了史料记载秦始皇第四次东巡碣石所在地的史实，尤其为研究秦代中国文化迅速统一和融合提供了弥足珍贵的实物资料。遗址保护区从全方位、多视角真实复原了秦代行宫建筑基址。主题展览区以艺术的视角塑造了大气磅礴的北戴河秦行宫；展厅揭示了秦扫六合、四海归一，巡行天下、碣石刻辞，汉武挥鞭、巡幸望海，遗址呈现、碣石锁定等秦代辉煌历史，最后是大秦帝国由兴盛到衰亡的阐述，令人深思。

秦皇岛市港口博物馆、玻璃博物馆和电力博物馆都有一个共同点，即皆为建于不同时期、拥有不同功能类型、体现不同建筑风格的老房子改建而成。通过深入研究和提炼这些优秀建筑丰富的历史信息和文化内涵，科学制订保护方案和实施修缮工程，使这些特色博物馆从多主题、多层次传承了近代优秀建筑的历史文脉，彰显弥足珍贵的城市记忆与城市特色，让破旧的厂房幻化成为识别城市的文化新地标，记载和书写了港口煤炭运输、玻璃制造和电力生产及配套设施等重要史迹的百年风雨历程，充分体现了建筑遗产的文物价值。

本节选取 4 座博物馆，予以简要表述。

1. 北戴河秦行宫遗址博物馆

北戴河秦行宫遗址博物馆，位于河北省秦皇岛市北戴河区海滨镇金山嘴路 8 号，馆园占地约 2.67 万平方米，主体建筑面积为 6640 平方米。博物馆包括遗址保护区、主题展览区、临时展览区、观众互动区、办公区和配套服务区等，是集收藏、保护、研究、教育、展示于一体的公共文化设施。2019 年 7 月 16 日，河北省秦皇岛市北戴河秦行宫遗址博物馆免费开放。

（1）发现和发掘

1）发现。早在 1922 年，毕孝浦博士就开始对金沙嘴进行考察，仅得少量古代瓷片。

1924 年，美国斯密兹尼恩博物院组织毕孝浦等中外人士调查北戴河海滨，发现了被认为与“秦皇汉武”有关的历史遗迹，“得不完整之汉砖和瓦当”。因时局动荡，考古工作并没太大进展，仅有少量的文字记录了当时考察的成果。

1960 至 1972 年期间，金山嘴横山高地一带修梯田时发现很多断瓦残片，甚至还有完整的陶罐。

1984 年 8 月至 1985 年 4 月期间，秦皇岛市地方志办公室及有关部门先后 13 次考察北戴河海滨地区，在金山嘴南部海神庙、南天门一带发现有夯土墙、柱础石、菱形方格纹空心砖、陶井、云纹瓦当、板瓦、夔纹大瓦当、双云纹半圆瓦当及明代残碑等大量秦代建筑构建遗物。

1985 年 5 月，特邀河北省文物局孔哲生先生与罗哲文先生、朱希元先生等专家学者来秦考察，当看到地方志办公室保存的夔纹大瓦当残件后，认为该地是秦代遗址无疑，这是一个重大发现。建议即刻保护好这一文化遗址，将发现情况汇报给上级有关部门，同时抄送国家文物局、河北省文化厅等。

2）发掘。1986 年 6 月，为配合横山高地的基建工程，经国家文物局批准同意，河北省文物研究所组织考古队对横山遗址进行了勘探和试掘，发掘出秦代房屋基址两座，预示了遗址的重要性。

1986 年 7 月 19 日，河北省文物局邀请我国考古界著名专家苏秉琦、俞伟超等现场考察并召开专题会议对发掘的遗址进行鉴定。苏秉琦、俞伟超两位专家分别作了金山嘴考古学术报告，详细阐明了文化遗址的年代、性质和认识，一致认定：根据出土的空心砖、千秋万岁瓦当以及建筑遗址的宏大规模，可以断定为秦代，金山嘴遗址的年代基本与 1983 年发现的辽宁墙子里大型秦代宫殿——碣石宫是一样的，再加上发现的夔纹大瓦当只有秦始皇宫殿使用，遗址鉴定为秦皇宫廷性质。金山嘴遗址这个地点极其重要，显示了秦代文明高度，做好保护不仅是我们国家的责任，实际上是全人类的责任。秦始皇统一了六国，秦文化影响了东方，这个发现超出了秦汉时期各大阶段变化的意义。

1987至1991年期间，河北省文物研究所、秦皇岛市文物管理处和北戴河区文物保管所组成考古队，对横山进行了大面积的发掘。6年来，共计开探方163个，其中10米×10米探方137个，11米×10米探方12个，10米×6米探方13个，6米×6米探方1个，发掘面积15836平方米。发掘出建筑遗迹四组以及灶、水井、水管道、窖穴等遗迹，还有大量板、筒瓦、瓦当等建筑构件和少量的盆、甑、锩、罐、瓮等生活用具。发掘后回填。

通过对遗迹、遗物分析研究断定：横山发掘的建筑遗址，遗迹间无打破叠压关系，也不见修补痕迹；横山建筑遗址出土遗物主要是建筑构件，生活用具发现很少；金山嘴还出有横山不见的巨型夔纹和变形夔纹瓦当等秦代遗物，不是民间能够使用的建筑构件；横山揭露的建筑遗址，就其规模和单体建筑而言均很宏大。

金山嘴建筑群体的发现和横山建筑遗址的发掘，其文物成果是研究秦代历史、建筑史、技术史的重要例证，真实地证实、补充、订正文献记载的史实；遗址选位拥有绝佳的自然人文景观，出土的夔纹、饕餮纹、菱形纹、方格纹等大量遗物，具有典型的秦代雕饰艺术特征；建筑基址反映出秦代建筑规划设计思想和形制特点，代表着秦代的建筑科学技术水平。遗址佐证了秦皇岛以皇帝命名的由来，被国家文物局列为第七个五年计划期间全国“十大考古发现”之一。

北戴河秦行宫遗址，1986年11月28日被秦皇岛市人民政府公布为秦皇岛市第二批文物保护单位，1993年7月15日被河北省人民政府公布为河北省第三批文物保护单位，1996年11月20日经国务院核准公布为第四批全国重点文物保护单位。

（2）保护利用

2009年8月，秦皇岛市文化广电新闻出版（版权）局启动建设北戴河秦行宫遗址博物馆项目。

1）保护规划。2009年11月，秦皇岛市文物管理处委托浙江省古建筑设计研究院编制《北戴河秦行宫遗址保护规划》，并按照国家文物局意见补充修改完善。2012年8月，保护规划编制完成并通过国家文物局批准。2013年11月，河北省人民政府批准公布实施。

保护规划提出：最大限度地保护遗址原状及其历史信息，正确把握审美标准，尽可能减少对遗址本体的干预；采取必要的措施保护遗址本体的完整，保护遗址所依存的自然与人文景观环境的整体格局；统筹协调遗址保护与利用的关系，合理使用古代遗存，充分展示、宣传并延续遗址的历史信息及全部价值；坚持把社会效益放在第一位，使文物保护、旅游发展、生态环境保护和城市建设、基础设施建设协调发展。

2）保护方案。2013年11月至2014年9月，秦皇岛市文物管理处委托北京古代建筑研究所编制完成《北戴河秦行宫遗址保护与展示设施方案》。保护方案于2014年5月通过国家文物局批准，2014年9月经河北省文物局核准实施。

方案指出：通过遗址复原和博物馆对该遗址进行全方位保护与展示，使拟建建筑经由遗址建筑自然生成与进化，成为遗址原有建筑发展到现代的自然衍生物。在设计理念上，把握历史的基础，做到展览手法的科学与艺术相结合。在展示功能上，北戴河秦行宫遗址博物馆是集收藏、保护、研究、教育、展示功能于一体的公共文化设施。

3）保护工程。2016 年 6 月，遗址保护工程全面开工建设。项目主要建设内容分为遗址保护区、博物馆及配套服务区两部分。其中，遗址保护区面积 1.56 万平方米，博物馆及配套服务区面积约 6640 平方米。博物馆主体建筑，设计单位为天津中怡建筑规划设计有限公司，施工单位为大元建业集团股份有限公司，监理单位为秦皇岛市建筑设计院。

2019 年 7 月 16 日，河北省秦皇岛市北戴河秦行宫遗址博物馆建成并对游客免费开放。

（3）展示陈列

博物馆主题展览《沧海碣石 • 秦皇行宫》，分为“秦扫六合 • 四海归一，巡行天下 • 碣石刻辞，汉武挥鞭 • 巡幸望海，遗址呈现 • 碣石锁定”四部分，择其摘要简述：

1）前言。“秦皇扫六合，虎视何雄哉，挥剑决浮云，诸侯尽西来。”两千多年前，秦始皇以摧枯拉朽的强大气势扫灭六国，“设立郡县、创建帝制、书同文、车同轨”，中国历史上第一个统一的多民族中央集权制国家在华夏大地诞生。“六王毕，四海一”，为了“示疆威，服海内”，秦始皇开始了具有政治、军事和文化意义的“巡狩”活动，先后五次巡视全国。在有着“沧海”之称的渤海岸边，绵延六十华里、巍峨宏大的行宫建筑群，承载着“千古一帝”第四次东巡的历史记忆。

第一部分 秦扫六合 • 四海归一。公元前 771 年，秦国先后灭掉西方戎族 12 个国家，开辟国土千余里，嬴秦崛起。秦始皇嬴政，公元前 259 年出生于赵国首都邯郸，13 岁的嬴政幼年即位。公元前 238 年，嬴政举行冠礼亲自主政。公元前 230 年—前 221 年，秦派大军战胜并兼并六国，建立了我国历史上第一个专制主义中央集权王朝。嬴政自称始皇帝，都咸阳，统治疆域广阔。公元前 206 年，秦共历三主、15 年，秦建立中央集权制度，推行郡县制，统一文字，统一货币，统一度量衡，对后世封建帝王制度产生了深刻影响。

第二部分 巡行天下 • 碣石刻辞。秦始皇出巡所到之处刻石颂德，另外也与他追求不老之药有关。秦始皇 15 年内的 5 次亲巡，祭祀天地、威立国门、慑服四方、督查政治、整饬风俗、增强边防，开创了多民族统一的中央集权国家新局面，体现了秦始皇追求真正“大一统”的政治雄心。秦始皇第四次出巡至碣石，使燕人卢生求羡门、高誓，刻碣石门，碣石地区成为方术的活动中心。方士卢生因屡次下海求仙药不得，便造了奏录图书，曰：“亡秦者胡也。”公元前 215 年，秦始皇派遣太子扶苏和将军蒙恬率大军打击匈奴人，并修筑起中国历史上第一道万里长城。从次年开始，在原战国秦、赵、燕三国长城的基础之上，修筑起一道西起甘肃临洮、东至辽东的万里长城。秦始皇随后杀戮方士，焚书坑儒，致使碣石方士流亡海外。公元前 210 年，秦始皇死于第五次东巡途中。由少子胡亥继承皇位，即二世皇帝。公元前 209 年，秦二世胡亥效法始皇先后两次经过并驻跸碣石。公元前 209 年，陈胜、吴广发动大泽乡起义，拉开了中国历史上第一次农民大起义的帷幕，随着刘邦的大军进入秦都咸阳，不可一世的秦王朝宣告灭亡。

第三部分 汉武挥鞭 • 巡幸望海。公元前 206 年，刘邦灭秦，称汉王，尔后又打败项羽，于公元前 202 年称帝，国号汉，建都长安（今陕西西安），史称西汉。西汉一代，政治、经济、文化得到进一步发展，对后世产生了深远影响。西汉的统治疆域东抵日本海、黄海、东海及朝鲜半岛中北部，北逾阴山，西至中亚，西南到高黎贡山、哀牢山，南及越南中部和南海。西汉王朝统治时期，中国已经建立起一个以汉族为主体、多民族的、疆域广大的统一国家。初始元年（公元 8 年）王莽代汉称帝，国号新，公元 23 年被农民起义推翻。西汉历 12 帝、200 余年。

第四部分 遗址呈现·碣石锁定。北戴河秦行宫遗址总体规模约 10 万平方米，分布在以金山嘴为起点的南北轴线上，共三个地点：一在金山嘴临海高地上，海拔 24.2 米，面积约 6 万平方米，发现有秦代皇家建筑等级最高的夔龙纹巨型瓦当等大量建筑遗物；二在金山嘴北约 300 米的横山，海拔 18.5 米，面积约 2 万平方米；三在横山北约 500 米的高地上，海拔 25.1 米，面积约 2 万平方米。

2）结束语。“闻说秦皇海上游，至今绝岛有名留。”两千多年前的始皇踪迹，确凿地印证了这座中国唯一因帝王名号而得名的城市——“秦皇岛”。作为一座集历史传承与现代文明于一身的海滨城市，中国古代农耕文化和游牧文化在此交汇；东西方文化的碰撞于此交融；陆地文明和海洋文明的融合借此显现。推开博物馆厚重的历史大门，中华文明闪耀的智慧之光尽收眼底。这是我们文化自信的来源，更是丰厚的精神滋养。规模宏大的北戴河秦行宫遗址，印证了大秦帝国宣功绩于天地沧海的辉煌，也见证了大秦帝国土崩瓦解的衰亡。

以史为鉴，砥砺前行。虽限山川，常怀梦想！

2. 秦皇岛港口博物馆

秦皇岛港口博物馆位于河北省秦皇岛市海港区南山街 13 号，2013 年 6 月正式建成对外开放。博物馆利用全国重点文物保护单位秦皇岛港口近代建筑群——开滦矿务局秦皇岛高级员司俱乐部旧址改造而成，在保持原建筑风格和格局的同时，因地制宜，化繁为简，将秦皇岛港百年发展历程浓缩于此，展现了秦皇岛港悠久的历史和深厚的文化底蕴。

（1）港口发展沿革

1）1900 年以前，清政府奏准开埠，开平矿务局代理。清道光年间（1821—1850 年）秦皇岛海港已形成半岛，是商船、渔船聚泊的理想港口，保留着传统的渔、商、军兼用的港口古朴风貌；1893 年，始建于 1881 年的唐胥铁路，即中国第一条自办铁路（也是中国第一条标准规矩铁路），展筑至秦皇岛汤河和山海关，改称津榆铁路；1898 年，出于国家财政和建设经费的考虑，清政府开辟秦皇岛港为通商口岸，由开平矿务局代管，并设立了“开平矿务局秦皇岛经理处”，秦皇岛港成为其独家经营的“产业”和专用港口；1899 年开始修筑初期防波堤及木质栈桥码头。

2）1900—1911 年，英国骗占秦皇岛港，港口初具规模。1901 年扩建港口，修复之前被义和团拆除的铁路专用线，并从津榆汤河站修筑进港铁路专用线至码头岸壁；1904 年着手兴建开平矿务局秦皇岛经理处办公楼（1909 年完工），并修建南山饭店；1900—1905 年，逐步建成了长 600 英尺、宽 40 英尺（长 182.2 米、宽 12.2 米）的第一座大型库房——南栈房；自 1908 起，开平矿务局秦皇岛经理处实行有计划的造林活动，成立绿化专业队；1909 年，南山特等一号房建成，为历届秦皇岛经理处经理及家属专用住房。

3）1912—1932 年，开滦联合，港口格局形成。1912 年，配套修建了船坞，是当时较为先进的修船场所，开平秦皇岛经理处更名为开滦矿务总局秦皇岛经理处；1913 年，绿化专业队已分别在东、南山和港内各处遍种洋槐、紫藤、柳树、松树等 300 余万棵；1914 年，码头经过续建设和改造，基本上形成老港区大、小码头 1 至 7 号泊位的格局；1916 年，京奉铁路为适应港口的快速发展，撤销汤河车站，铁路南移，绕道秦皇岛，增设了秦皇岛站（今秦皇岛南站），以铁路线为界，秦皇岛分为南、北两大区域，促使城镇沿铁路线扩充；1917 年，设立磅房，为运煤车过磅而修建，是港口唯一的计量中心，1917 年以后，开滦矿务总局对其直接雇用的职员和少数技术工人，根据他们的职别，分别提供了一、二、三、四等住房，同年，开滦矿务局在煤厂始建锅伙；1918 年，随着中日贸易的增加，日本三菱洋行、松昌洋行在秦皇岛南山设置办事处；长城煤矿于 1922 年在港区租赁地亩修建堆煤场，并由港口自备铁路岔道接轨铺设标准轨支线；1926 年，建开滦矿务局车务处；三菱洋行和松昌洋行因故相继关闭，房屋为开滦矿务局秦皇岛经理处办公之用；1928 年，在南山坡西北侧始建港口火力发电厂 1 座，正式称为开滦矿务局秦皇岛电厂，秦皇岛开滦高级员司俱乐部成立；码头工程全部完成，港口建设日臻完善、初具规模，形成了现代秦皇岛港老港区的格局；与此同时，城市公共事业大为发展，以港区为中心的城市格局也初步形成，秦皇岛逐渐形成山海关、北戴河、海港三个城镇区域。

4）1933—1948 年，战争接连，管理易权。侵华战争、解放战争相继进行，港口管理几经更迭，港口建设未发生较大变化；1942 年，在日本对港口执行军事管理后，开始改良灯塔（即南山信号台），两年后完工；港口工人在革命斗争、解放战争、沪港运动中作出重要贡献。

5）新中国成立以来。港口迅速兴盛，技术革新和港口工人的劳动热情使港口取得惊人业绩；1960 年，秦皇岛港自己建设的 8、9 号码头竣工投产，这是中华人民共和国成立以后港口建设的第一座煤炭码头；1983 年，与京秦铁路相配套的秦皇岛港煤码头一期工程建成投产，形成了晋煤外运、北煤南运的一条水上大通道；1985 年，建成了年吞吐量为 2000 万吨的煤二期码头；1989 年，又建成了年吞吐量为 3000 万吨的煤三期码头，使秦港一举成为世界最大的煤炭中转码头；1997 年，年吞吐量 3000 万吨的煤四期码头建成投产。与此同时，国家先后投资 60 多亿元，建成了秦皇岛至“煤都”大同的运煤铁路专线；至此，形成了以秦皇岛港为枢纽和龙头的、我国北煤南运的系统工程。

（2）展示陈列

秦皇岛港口博物馆占地面积 4000 平方米，由室外和室内两大展区组成。

1）室外展区景观。20 世纪八九十年代在秦港服役、经修葺整理后面貌焕然一新的“上游 1115 号”蒸汽机车，开滦缸砖铺设的参观路线，著名书法大师范曾书写的曹操《观沧海》汉白玉浮雕以及反映旧秦港时期单身码头工人生活状态的“锅伙”雕塑群，共同构成博物馆室外景观。

2）室内展区布局。总面积 700 余平方米，分设 5 个展厅。展陈内容分为港口起源、古代碣石港、近代自开港、现在枢纽港四大部分。展陈脉络清晰，主题突出，内容翔实，展品丰富，采取文字说明、图片展示、文物展览、静态模型、动态模型、三维动画、场景再现等多种形式，全方位、多角度、深层次地展现秦皇岛港形成、发展的历史进程，生动体现改革开放以来百年港口迅猛崛起的发展态势以及取得的辉煌成就。

3）室内展区展品。共展出历史文物 150 件、图片 210 余幅、主题造型 1 座、三维动画 1 个、动态模型 2 座、微缩景观 3 处、大型主题展板 12 个。2 号厅远近景结合的“六机联合作业”模型，形象地再现了秦港机械化生产具有里程碑意义的港口装卸生产流程；4号厅“秦皇岛港现代煤炭装卸”动态模型生动展现了目前世界上现代化程度最高、装卸效率最快、装卸规模最大的煤炭码头装卸生产全过程。《大港崛起》三维动画视频全面再现了秦皇岛港从无到有、从小到大、从弱到强的发展历程，生动展现了秦皇岛港作为现代化综合性大港的全貌和风采。

3. 秦皇岛市玻璃博物馆

秦皇岛市玻璃博物馆成立于2010年12月，是我国首家国有玻璃专题博物馆。馆址位于河北省秦皇岛市海港区文化路44号，总占地7500平方米，建筑面积2822平方米。2012年8月6日正式对外开放，馆区由展览区、遗址公园、主题餐厅和办公区四部分组成，是集收藏、研究、教育、展示、休闲功能于一体的公共文化设施。2020年12月21日，经报国家文物局备案，秦皇岛市玻璃博物馆被认定为国家二级博物馆。

（1）玻璃制造及历史沿革

博物馆展览区依托第七批全国重点文物保护单位——耀华玻璃厂旧址的老厂房改建而成。耀华玻璃公司从1922年成立至1948年年底，经历了中比合资、中日合资、官商合办三个阶段。中华人民共和国成立以后，人民政府没收了耀华股份中的官僚资本，耀华老厂获得新生，玻璃制造取得长足发展。

1）筹建。在耀华档案中有一份开滦矿务局伦敦办事处1920年6月1日的报告，详细陈述了利用外国技术在中国特别是秦皇岛建立玻璃厂的有利条件，并提到比利时方面有意在中国投资建厂，同日本竞争。

1921年8月，实业派代表、民族资本家周学熙、王少泉及英国人瓦尔德·那森三人组成筹备小组，起草公司章程。引进当时先进的比利时弗克法专利技术图纸和技术资料共计132份，创建“耀华机器制造玻璃股份有限公司”，这是中国乃至远东地区第一家采用机器制造玻璃的工厂。

同年12月22日，中比双方签订《耀华机器制造玻璃股份有限公司华洋合股合同》。合同约定“专利转让金资本金”339.3万法郎，折合526863银圆；公司股本120万银圆，每股100元，中、比各6000股；董事会中方4人，比方3人；还规定总事务所设天津，总工厂设秦皇岛等。

2）1922—1936年，中国、比利时合资公司。1922年3月17日，耀华建厂于河北省秦皇岛，厂区位于现海港区南站铁路南面，占地面积约8.73万平方米。工厂开工建设，全部用雇来的比利时技术工匠和从比利时运来的特种耐火砖，砌筑了1座熔窑、10台垂直引上机、9台煤气发生炉。

1922年3月27日，在天津召开第一次股东会，选举董事7人：李伯芝为总董，瓦尔德·那森为协董；聘请英国人乔治·那森为总理，陈汝湜为协理，比国人奥利佛·古伯被聘为工厂总工程师，金帮正为副总工程师。此后，每年的3月27日定为建厂日。

1922年12月13日，农商部颁发股份有限公司第三类七百七十号注册执照。公司成立时，资本额为120万银圆，中比各占50%；1923年，扩大规模，增资50万元；1924年，耀华正式委托开滦代管全部业务，办理每年付开滦7万元的代管费。1925年，再增80万元，前后累计资本250万元，中比各出一半。

1924 年 8 月，一号窑建成投产，其费用共计 667528 银圆，主要厂房有容纳玻璃液 500 吨的熔窑、煤气炉综合厂房、玻璃切割厂房、包装储存库房等，建筑面积约 1.71 万平方米。8 月 15 日点火，9 月 15 日出玻璃，年生产能力 15 万标准箱，中国第一块弗克法机制玻璃从这里诞生。1926 年，即投产后的第一年，共生产玻璃 16 万标箱，超过了 15 万标箱设计能力，此后产能逐年增长。同年，耀华玻璃 4000 余标箱第一次出口到美国，此后又扩大到荷属东印度（今印度尼西亚）、南洋群岛（今马来西亚、新加坡）、菲律宾、印度等地。

1927 年，耀华玻璃 5 万标箱外销市场，为当年总产量的四分之一。1931 年，产量增至 27.3 万标箱。同年，公司扩大生产增建第二座熔窑，投资 155 万银圆，主要厂房有 600 吨熔窑、原料库、煤气炉工程及切装造工程等，总建筑面积 1.07 万平方米。1931 年 5 月，增设子弟学校和职工俱乐部。1933 年 1 月，二号熔窑建成量产，厂房空间开阔，采光良好，厂房长度 58.89 米，最大跨度 42.4 米，均为钢筋混凝土和砖混结构，钢屋架，铁瓦屋顶，电力和煤气已广泛采用，玻璃产量增加一倍。

1934 年，正式由秦皇岛港经销耀华玻璃，为该厂输入原料和输出产品，作为秦皇岛港吞吐量的一项重要物资，实现了当时世界上最先进的技术与委托管理的结合。1936 年，达到 44.7 万标箱，在当时，耀华占有国内市场销售量的 60% ～ 70%。

从此，耀华成为亚洲第一家用机器连续制造玻璃的“现代化”企业，其产品在亚洲享有很高声誉，也同时成为中国现代玻璃制造业的发祥地。

3）1936—1945 年，中国、日本合资时期。1936 年 9 月，比利时人在天津办理股份转售给日本旭硝子株式会社移交手续，遂为中日合办。10 月 19 日，耀华召开股东临时会选举日方董事及监察，以替代原来比国代表。耀华从此由初创时的中比合营变成了中日合营。日方股份系由旭硝子株式会社为主出资，大连昌光硝子株式会社也参与投资，均属日本三菱财团。

1937 年 7 月 7 日，日本侵华战争全面爆发，华北首先被占领，耀华实际被日方控制，合营形同虚设。为保持现状，日方对耀华的机构人员未作大的变动，形成了耀华管理中的中、日、英三角关系。

1938 年 8 月，为扩大产能，对二号窑进行技术革新，共投资 65 万元，建筑面积 1979 平方米。翌年 4 月，二号窑恢复生产，产量高达 56.9 万标箱，玻璃产能倍增。1939—1943 年，耀华连续五年均获得较高盈利，“耀华”牌玻璃在国际赛会、博览会及国内展览会上多次获得各种奖项。

1941 年 12 月 7 日，太平洋战争爆发，开滦矿务局由日本军方接管，遂改耀华为自管，重新组织总事务所。日方调任工厂总工程师平冈泰郎为协董兼经理，中方派刘蓊云任副经理。各主要业务部门负责人均由日籍人员担任，至此之后，总事务所工作全部由日方掌握。

1945 年 8 月 15 日，日本全面投降，8 月 31 日所有日本人离开秦皇岛，10 月 23 日，日方将其股票交出，由我国按敌产接管。至此，中日合资结束，耀华便进入官商合办阶段。

4）1945—1948 年，国民政府官商合办时期。1945 年，日本投降后，重庆国民党政府组织接管，耀华划归经济部资源委员会管辖，由资源委员会接管日股。

1946 年 5 月，官商合办耀华玻璃股份有限公司组成新的董事会，并修改公司章程。经双方协商后，新的董事为19人，其中官方9人，商股10人；监察3人，其中官方2人，商股1人。董事长由翁文灏担任，官股常务董事为姚文林，商股常务董事为袁心武。新聘任总经理张训坚，副总经理张鄂联，工厂厂长龚祖同。

1946—1948年期间，3年生产玻璃共66万余标箱，平均年产量仅22万余标箱，与中比合办时期年平均产量25万标箱、中日合办时期年平均35万标箱以及历史上最高的1940年产量56.9万标箱相比较，官商合办的3年是耀华生产水平最低的阶段。

1947年，耀华获得美国塔得琼斯公司设计制造的平板玻璃生产设备一套，包括垂直引上机1台及煤气炉、窑砖材等设备。经过公司事股东大会通过，利用盈余在上海建厂，总经理张训坚移驻上海，主持建厂工作，建厂地址选在浦东杨思港。当时，新厂已建好了码头、部分厂房、油库、公用设施等。

1947至1948年，耀华正式成立台湾经理处，自行销售玻璃。同时，在广州建立耀华广州营业所，向华南推销玻璃。1948年年底，将上海建厂余下的引上机、煤气发生炉等设备装船运往台湾。在台湾利用该批机器集资建成新竹玻璃厂，这是台湾第一家平板玻璃工厂。

1948年10月，辽沈战役打响，生产受到严重影响，整个工厂陷入了无人负责的混乱局面，致使物资财产遭到了严重破坏和损失。11月26日，国民党溃军窜入厂内进行抢劫，放火烧毁铁工厂，夜间驻守秦皇岛的国民党军队从海路逃走，耀华玻璃厂处于无人管理的状态。

5）中华人民共和国成立以后的耀华玻璃厂。1948年11月27日，人民解放军进入市区，秦皇岛获得解放。军管会接管了耀华，成为新中国最早实行公私合营的企业之一。11月30日，秦皇岛市军管会即派军代表进驻耀华厂。12月3日，组成临时管理委员会，设立临时管理机构。

1949年3月3日，耀华玻璃厂点火，3月28日正式恢复了生产；到4月1日，8台引上机全部生产玻璃，4月份就生产玻璃原片5.3万余标箱，切裁出成品达4.2万余标箱。

1949年5月初，正式成立了中共耀华玻璃厂支部委员会，军代表陈新任党支部书记。1949年9月1日，正式选举产生由11名委员组成的第一届工会委员会，新民主主义青年团耀华玻璃厂委员会也于1949年10月正式成立。

1949年，从恢复生产到年底，仅9个月时间就生产平板玻璃38万标箱，日产水平比“官商合办”时期提高70%，收到了较好的经济效益，盈利额达65.4万元。

20世纪80年代，耀华玻璃总厂的生产规模已经由解放初的一窑生产发展到八窑生产（平板玻璃五窑、压延玻璃一窑、玻璃球二窑），同时，还有军工玻璃、钢化玻璃、中空玻璃、玻璃钢生产线；固定资产拥有1.8亿元，比解放初增加50多倍，职工人数达到11000人，相当于解放初的11倍；主导产品平板玻璃年生产能力达600万箱之多，相当1949年的15倍；产品品种已经增加到近百个。生产工艺水平也有了很大发展，具有了一条达到国内先进水平的年产225万重箱玻璃的浮法生产线，使平板玻璃生产由传统的垂直引上工艺向现代化生产迈出了一大步。1987年，平板玻璃产量、质量、出口创汇、2毫米玻璃比例和经济效益五项指标居全国同行业之首。

从某种意义上讲，耀华玻璃厂是中国机制玻璃的摇篮，也是玻璃行业人才培训的摇篮。

（2）保护工程

2005 年 11 月，秦皇岛市实施城市区企业“退城进郊”的搬迁战略，老耀华厂将迁至新工业区。为传承和弘扬优秀历史文化遗产，保护利用城市历史文脉，市人民政府高瞻远瞩地作出决定，将耀华老厂内原有建筑予以保留。为记录这段历史，发挥优秀近代建筑的文物价值，秦皇岛市文物管理局将其保护维修与展示利用一并考虑，利用原有老厂房建设国内第一家玻璃博物馆。

1）耀华玻璃厂旧址改建工程。2008 年年初，经市发改委批准立项，《秦皇岛耀华玻璃厂老厂房维修工程方案》由北京建工建筑设计研究院和北京市古代建筑设计研究所共同编制并修改完善，通过河北省文物局核准实施。同年 11 月正式开工建设，项目总投资 2080 万元。文物保护维修工程实行代建制，严格执行“不改变文物原状”的原则。文物本体维修有 3 处：电灯房：共分两层，总面积 1453.5 平方米，高 13.6 米；水塔：由砖石砌筑，原塔高 16.7 米，储水容量 95.69 立方米，1977 年对塔身进行了增高加固，加固后的塔高为 23.15 米；水泵房：水塔的配套设施，总占地 260 平方米，其中控制室为单层圆形结构，占地 61.34 平方米。工程于 2009 年 5 月 26 日完成。

2）玻璃博物馆布展设计。2010 年 5 月，秦皇岛市玻璃博物馆布展大纲、布展方案和布展施工图，委托清华大学完成编写和设计。博物馆项目总投资 3150 万元，占地 7500 平方米，建筑面积 2822 平方米，由博物馆区、临时展区、游客服务区、辅助设施区四部分组成。以“传承文明、打造亮点、寓教于乐、服务社会”为目标，构建一座全面展示中国玻璃历史、玻璃文化和玻璃艺术精品的专题性博物馆。

（3）陈列展示

博物馆秉承记载历史、普及科学、打造精品、服务社会的宗旨，使其成为展示玻璃历史和文化的重要场所，大量玻璃文物、艺术品收藏地和展览中心，打造面向公众和广大青少年进行爱国主义教育的基地、科学普及的课堂、展示城市形象的窗口、增进行业交流的平台，同时满足人民群众的旅游和休闲需要。

博物馆展陈主题为“天地凝光”。展厅分为“古代玻璃及发展”“中国玻璃工业摇篮”“中国当代玻璃工业”“璀璨神奇的玻璃世界”四个展示单元。

第一单元为古代玻璃及发展。展示了地球形成时，含氧化硅的岩浆在冷却过程中形成了天然玻璃。这些玻璃曾经被人类的祖先作为工具使用。西方世界人工制造玻璃大约从公元前 2500 年前后便开始了；而考古证实，在公元前 11 世纪下半叶的西周初年，中国的土地上也产生了最早的玻璃制品。西方和中国在玻璃的起源和发展上走的是两条不同的道路，但文明是在交汇中发展前进的，玻璃也不例外。中国和西方古代的玻璃制造技术，就是在长期的交流碰撞中发展进步的。

第二单元为中国玻璃工业摇篮。展现了大约在 4 世纪，罗马人开始把玻璃应用到门窗上。17 世纪，又有制作大块玻璃的工艺。1903 年，比利时人埃米尔·弗克发明了机器连续制造平板玻璃技术——“有槽垂直引上法（即‘弗克法’）”，为当代大规模的玻璃工业建立奠定了基础。中国的玻璃工业起步较晚，1922 年，秦皇岛耀华玻璃厂的诞生，拉开了中国当代玻璃工业的序幕，而且是当时亚洲最先采用弗克法的玻璃工业。耀华玻璃厂建厂近 100 年来，在中国玻璃工业技术的发展及创新方面，始终走在领军前列，被誉为是“中国玻璃工业的摇篮”。“耀华”如其名，不但为华夏大地增辉，也为美丽的海滨城市秦皇岛增添了炫目的光彩。

第三单元为中国当代玻璃工业。呈现了改革开放30年来，我国玻璃工业的工艺技术和装备水平取得了革命性突破，创造发明了具有中国特色和自主知识产权的浮法玻璃生产工艺；产业结构、技术结构、规模结构和产品结构都发生了质的飞跃；形成了一批世界玻璃制造业的重点企事业；生产规模、产品品种质量等方面都获得了突飞猛进的发展，加工玻璃及玻璃机械制造业也有了长足发展，成为生机勃勃的、有着广阔前景的新兴行业。

第四单元为璀璨神奇的玻璃世界。展览了玻璃像一个魔法师，它给人类社会带来的是生活的喜悦和创作的灵感。玻璃是一种神奇的物质，艺术家们利用它晶莹剔透、冷峻又不失流动性、同时具有折光反射的特点，在艺术创作上使玻璃工艺变化莫测、难以预期，达到了魔幻般的、给人以惊叹和遐想的艺术效果。

4. 秦皇岛电力博物馆

秦皇岛电力博物馆依托全国重点文物保护单位——开滦矿务局秦皇岛电厂改建而成，位于秦皇岛市海港区东港路60号院内，2015年12月28日正式开馆。博物馆主题鲜明地展示了秦皇岛电力工业发展的历史和成就，是传播电力科普知识，兼备展示、服务、研究、交流、教育等多种功能的主题博物馆，是中国利用工业遗产的发电老厂房建立的电力主题博物馆之一，也是河北省首座电力博物馆。

（1）电厂建设及发展沿革

早在1903年，开平矿务有限公司就开始在唐山、林西两矿建设电厂，从比利时购进五台往复式发电机及配套设备和德国西门子公司生产的三相交流电机。1906年，唐山矿发电厂建成发电，共安装3台发电机。林西矿发电厂在原林西矿锅炉房的基础上动工修建，1907年竣工投入运行。至1920年11月，开滦已经建成了自己的环型自备电网，成为开滦的中心发电厂，开创了中国煤矿企业自备电厂的先河。秦皇岛初开口岸时期，无发电供电设备。1909年以前，港口一直使用的照明设备为压力式汽灯。直至1916年，于港区开滦火车站附近斥资建立了发电所（电灯房），所发电量仅供车站附近照明之用电。

1928年，开滦矿务局决定建设一个具有5000瓦发电能力的火力发电厂，这个发电厂就是开滦矿务局秦皇岛电厂，亦称“南山电厂”。电厂由比利时沙勒罗伊市电气工程作坊设计，英国建筑师建造，工程从1928年8月开始到1929年12月13日建成。电厂平面东西60.13米，南北约30.14米，占地总面积约1800平方米。主体建筑为二层砖混结构，局部三层作办公楼，包括主厂房、高压配电装置、燃料贮存、北排水设施、辅助生产和附属设施、管理和生活等区。其中，主厂房由汽轮机房、储氧气间、煤仓间、锅炉房、引风机室组成。建筑通体采用开滦红缸砖砌筑，厂房采用瓦楞铁质斜坡顶，檐口高度15.585米，为简化的爱德华七世巴洛克建筑风格。外立面窗每两三个为一组，放置在一个大的窗券下，使立面简洁有序又富于变化的层次。处于中部的汽轮机厂区，大量采用高宽比为5：1的高飘窗，是哥特风格的典型特征。在北立面主入口处，层层退进的圆券门洞强化了大门的入口效果。

1956年，在原厂房东侧进行了加建，作为大功率锅炉的生产用房。建筑同为砌体结构，使用相同质地色彩的缸砖，与原电厂建筑形式上融为一体。在窗过梁用水泥砂浆过梁代替了砖拱券过梁，保留半圆券的形式。各立面的窗户采用高宽比为4：1的高窗，既满足了生产过程中的采光需求，又和原有建筑协调一致。加建厂房东立面有明显的年代和红五星标记，体现了鲜明的时代特征。

南山电厂的建成取代了港口的老电气房和耀华玻璃工厂的电气房。第一期工程发电机组的设计能力为2500瓦，实际发电功率只达到设计要求的80%左右。新发电厂的主要设备有：3000伏、50周期、1250瓦的透平交流发电机2台，配有机械炉栅的高压锅炉2座，变电所2座，其中一所安装有整流器，专供玻瑞厂直流用电；架设3000伏高压线3条，分别输往机修厂老变电所，1929年11月新建的玻璃厂变电所，以及1920年年初刚刚投产的“西海滨水泵站”，还有一条500伏高压路线从水泵站通往美国营盘。初步统计，1930年至1932年6月，煤场增添40盏照明灯，办公室、新员司和工人宿舍增加了25瓦电泡3500盏。

1940年，日本发动侵华战争，华北沦陷，南山电厂被日军控制。为扩大势力范围、增加电费收入，日军从本土移来1500瓦旧发电机一台，供电区域由秦皇岛、山海关两地，发展到昌黎县及北戴河海滨。1945年，日本投降后，南山电厂由国民党资委会接收。1948年11月27日，秦皇岛全境解放，军管会接管电厂划归国有。到1966年10月，南山电厂停止了运行，结束了发电使命。

（2）电厂保护修缮工程

2013年5月，秦皇岛港口近代建筑群——开滦矿务局秦皇岛电厂被国务院核准公布为第七批全国重点文物保护单位。同年，电力公司联合文物部门启动了“百年秦电”历史传承文化项目，对楼体进行抢救性修缮，谋划建设“秦皇岛电力博物馆”。

2015年4月，秦皇岛市电力集团公司启动南山电厂维修工程。文物保护修缮工程遵循“不改变文物原状”的真实性原则，最大限度地保存文物建筑的原有空间、格局、结构、外观、材料、工艺等信息，尽最大可能利用相同材料，保留原有构件，使用原始工艺尽可能少地对文物作扰动，尽可能多地保存历史信息，保持文物建筑的可持续性、真实性和完整性。工程主要做法有：按结构加固修缮要求，对不能满足抗震荷载的承重墙体、砖柱进行加固处理；对屋面进行全面修缮，按现代使用要求更换1929年厂房区的屋架系统，维修更换破损的檐沟与落水管；维修更换缺损构件，加固、扶正松动台阶、墙体，补齐缺损的石材，对门窗进行更换、维修，对门窗表面油饰进行维修，对后期改变的门窗要进行复原；建筑外墙按原有材料、工艺修复；建筑细部的用料、材质、规格、色彩，按原样修复，保持建筑的原有风格，原有的釉面墙裙必须保护完好。应对釉面砖材料组成进行试验分析，对缺失部分原样烧制。2015年12月建设完成并对外开放，秦皇岛又一优秀的工业建筑遗产和博物馆展示于世人面前。

（3）博物馆展示陈列

秦皇岛电力博物馆占地面积约4.43万平方米，建筑面积2110.46平方米，布展面积1923.84平方米，分为室内展区和室外设备展区两大部分。

博物馆南、北两侧为室外设备展区。南侧展区展示原铁路、站台及老火车头等工业遗产景观；北侧展区展示10千伏、110千伏及220千伏线路及变电设备。

主建筑展厅分为六大部分：第一部分为中国电力发展概况，阐述中国点亮第一盏电灯以来100余年电力的发展情况，国家电网机构的沿革，中国电力发展的每一种里程碑工程等；第二部分为京津唐电网发展概况，表述京津唐电网的发展，冀北公司的机构沿革，冀北公司的重点工作等；第三部分为秦皇岛电力发展概况，以秦皇岛点亮第一盏灯开始，从电厂建设、供电线路建设及机构变迁3个方面详述了秦皇岛电力百年发展史，同时记述了公司近两年的发展历程；第四部分为能源互联网展区；第五部分为社会责任展区；第六部分为秦皇岛老照片展区，分风光长城、城市记忆、中西交融、市井百姓4个系列，全面记忆了19世纪末至20世纪初期秦皇岛的风土人情。

博物馆馆藏各类实物、史料、图片7000余件。从中华民国时期的电力欠费催缴单，到抗战时期由日本大阪于1944年生产的单相变压器、侵华日军留下的中国资源分布图，再到改革开放时期不断更新换代的各种电表等。

四、附图表

秦皇岛市全国重点文物保护单位一览表

统计日期：2020年12月31日

公布编号	名称	年代	地址
1-0102-3-055	万里长城——山海关	明	山海关区
4-0033-1-033	北戴河秦行宫遗址	秦	北戴河区金山嘴路10号
4-0136-3-058-01	万里长城——九门口（河北段）	明	海港区驻操营镇九门口村南
5-0215-3-021	源影寺塔	金代	昌黎县黎镇一街古塔寺69号
7-0034-1-034	板厂峪窑址群遗址	明	海港区驻操营镇板厂峪村
7-0744-3-042	永平府城墙	明	卢龙县卢龙镇五街村西
6-0814-4-004	大佛顶尊胜陀罗尼经幢	金代	卢龙县城南门里十字路口处
6-0892-5-019	山海关八国联军营盘旧址（6处）	1901—1904年	山海关区
6-0892-5-019-1	六国饭店旧址	清	山海关区火车站东南侧工人街
6-0892-5-019-2	英国营盘旧址	清	山海关区老龙头景区宁海城内外

（续表）

公布编号	名称	年代	地址
6-0892-5-019-3	法国营盘旧址	清	山海关区小湾村北
6-0892-5-019-4	德国营盘旧址	清	山海关区石河口东
6-0892-5-019-5	意大利营盘旧址	清	山海关区小湾村南
6-0892-5-019-6	日本营盘旧址	清	山海关区肖庄村南
6-0893-5-020	北戴河近代建筑群（20 处）	清至中华民国	北戴河区
6-0893-5-020-1	乔和别墅	中华民国	北戴河区安二路 2 号
6-0893-5-020-2	汉纳根别墅	中华民国	北戴河区保四路 7 号
6-0893-5-020-3	东岭会教堂	中华民国	北戴河区鹰角路 39 号
6-0893-5-020-4	布吉瑞别墅	1941 年	北戴河区康乐路 11 号
6-0893-5-020-5	王振民别墅	1941 年	北戴河区东经路 196 号
6-0893-5-020-6	五凤楼（5 处）	中华民国	北戴河区草厂西路 26 号
6-0893-5-020-7	徐世章别墅	中华民国	北戴河区西经路
6-0893-5-020-8	东金草燕别墅	1942 年	北戴河区东经路 5 号
6-0893-5-020-9	常德立别墅	中华民国	北戴河区鹰角路 7 号
6-0893-5-020-10	来牧师别墅	中华民国	北戴河区鹰角路 7 号
6-0893-5-020-11	白兰士别墅	中华民国	北戴河区东经路 65 号
6-0893-5-020-12	张学良楼	1925 年	北戴河区西经路
6-0893-5-020-13	吴鼎昌楼	1919 年	北戴河区西经路
6-0893-5-020-14	段芝贵楼	1924 年	北戴河区西经路
6-0893-5-020-15	海关楼	中华民国	北戴河区西经路
6-0893-5-020-16	巴贝楼	1919 年	北戴河区西经路
7-1636-5-029	秦皇岛市港口近代建筑群（9 处）	清至中华民国	海港区
7-1636-5-029-1	津榆铁路基址	1881 年	海港区燕山大街 188 号
7-1636-5-029-2	秦皇岛港大码头	1899 年	海港区港务局大码头
7-1636-5-029-3	开平矿务局秦皇岛经理处办公楼	1904 年	海港区港务局院内
7-1636-5-029-4	南山特等一号房	1909 年	海港区南山头岸壁之上
7-1636-5-029-5	开滦矿务局办公楼	1918 年	海港区南山街 8 号
7-1636-5-029-6	秦皇岛开滦矿务局高级员司俱乐部	1919 年	海港区南山街 13 号
7-1636-5-029-7	秦皇岛开滦矿务局车务处	1923 年	海港区港务局机厂院内
7-1636-5-029-8	开滦矿务局秦皇岛电厂	1928 年	海港区东环路
7-1636-5-029-9	南山信号台	1940 年	海港区港务局南山山崖
7-1640-5-033	耀华玻璃厂旧址	1922 年	海港区文化路 44 号

秦皇岛市省级文物保护单位一览表

统计日期：2020 年 12 月 31 日

公布编号	名称	年代	地址
Ⅲ -1-61	红山长城采石场遗址	明	卢龙县燕河营镇城柏庄村
Ⅴ -1-28	水岩寺遗址	辽金	昌黎县碣石山宝峰台
Ⅴ -1-30	白云山庆福寺遗址	清	海港区驻操营镇温庄村
Ⅴ -1-31	山海关副都统衙署遗址	清	山海关区关城内胜利胡同
Ⅱ -3-84	板厂峪塔	明	海港区驻操营镇板厂峪村
Ⅱ -3-	宝峰禅寺	明	抚宁区平市庄
Ⅱ -3-	孟姜女庙	清	山海关区望夫石村
Ⅳ -3-14	背牛顶太清观	明	抚宁区平市庄林场
Ⅳ -3-30	白衣庵	明	卢龙县刘家营乡桃林口村
Ⅳ -3-31	先师庙	明	山海关区西大街三中
Ⅳ -3-32	韩文公祠	明	昌黎县五峰山
Ⅳ -3-33	北戴河观音寺	明	北戴河区联峰山
Ⅴ -3-39	双阳塔	明	昌黎县荒佃庄镇陈青坨村
Ⅴ -3-40	西山场赵家老宅	清	昌黎县十里铺乡西山场村
Ⅱ -4-30	天马山石刻	明	抚宁区抚宁镇白家堡子村
Ⅲ -4-8	傍水崖古战场碑刻	明	海港区石门寨镇北未庄村
Ⅴ -5-29	天主教永平主教府修道院	1898 年	卢龙县卢龙镇范庄村
Ⅴ -5-30	贵贞女学馆贵贞楼	1910 年	昌黎县汇文街 21 号
Ⅴ -5-31	田中玉公馆	1920 年	山海关区西大街
Ⅴ -5-32	山海关近现代铁路附属建筑（3 处）	清至中华民国	山海关区
Ⅴ -5-32-1	英式公寓	1894 年	山海关区南海道
Ⅴ -5-32-2	日本行车公寓	1938 年	山海关区铁路街
Ⅴ -5-32-3	津渝铁路山海关机务段、山海关车站旧址	1903 年	山海关区南铁路街
Ⅴ -5-33	南大街绸布庄	中华民国初年	山海关区南大街
Ⅴ -5-35	秦皇岛港口近代建筑群（12 处）	1881—1949 年	海港区
Ⅴ -5-35-1	开滦路老街	1905 年	海港区开滦路
Ⅴ -5-35-7	南山饭店	1909 年	海港区南山街
Ⅴ -5-35-9-1	秦皇岛开滦矿务局高级员司特等房（16 号）	中华民国	海港区海滨路 16 号
Ⅴ -5-35-9-2	秦皇岛开滦矿务局高级员司特等房（27 号）	中华民国	海港区海滨路 27 号
Ⅴ -5-35-9-3	秦皇岛开滦矿务局高级员司特等房（56-1 号别墅）	中华民国	海港区求仙入海处

（续表）

公布编号	名称	年代	地址
Ⅴ-5-35-9-4	秦皇岛开滦矿务局高级员司特等房（56号别墅）	中华民国	海港区求仙入海处
Ⅴ-5-35-10	秦皇岛开滦矿务局外籍高级员司特等房	1922年	海港区光明路14号
Ⅴ-5-35-12	秦皇岛港小码头	1904年	海港区南山街港务局
Ⅴ-5-35-13	南栈房	1905年	海港区南山街港务局
Ⅴ-5-35-14	老船坞	1915年	海港区南山街港务局
Ⅴ-5-35-16	老港站磅房	1917年	海港区南山街港务局
Ⅴ-5-35-17	南山高级引水员住房	中华民国	海港区南山街港务局
Ⅵ-5-5	北戴河近代别墅群（5处）	中华民国	北戴河区
Ⅵ-5-5-1	美利德别墅	中华民国	北戴河区东海滩路8号
Ⅵ-5-5-2	陶通伯别墅	中华民国	北戴河区东经路95号
Ⅵ-5-5-3	卡其别墅	中华民国	北戴河区东经路65号
Ⅵ-5-5-4	班地聂别墅	中华民国	北戴河区东经路65号
Ⅵ-5-5-5	比亚德别墅	中华民国	北戴河区黑石路4号
Ⅵ-5-9	山海关季大夫楼	1921年	山海关区新建胡同2号

秦皇岛市市级文物保护单位一览表

统计日期：2020年12月31日

公布编号	名称	年代	地址
Ⅱ-1-3	悬阳洞	第三纪	山海关区孟姜镇三道关村西
Ⅱ-1-4	五花城遗址	汉	山海关区石河镇古城村
Ⅱ-1-9	骊城遗址	东汉	抚宁区抚宁镇南壁庄村
Ⅱ-1-10	峪门口遗址	新石器	抚宁区大新寨镇峪门口村
Ⅱ-1-11	长城古桥遗址	明	海港区驻操营镇西沟村
Ⅱ-1-14	城西石砌码头	元	卢龙县卢龙镇五街村
Ⅱ-1-16	武山卡斯特溶洞	商	卢龙县石门镇武山北坡
Ⅱ-1-18	夷齐读书处遗址	清	卢龙县石门镇高各庄村
Ⅱ-1-19	卧龙寺遗址	商	卢龙县潘庄镇沈庄村
Ⅳ-1-1	鞑子城	元	抚宁区台营镇麻姑营村
Ⅳ-1-2	西老城	辽	抚宁区抚宁镇坟坨管区后明山村

（续表）

公布编号	名称	年代	地址
Ⅳ -1-3	孤石城	明	抚宁区抚宁镇坟坨管区后明山村
Ⅳ -1-5	红石岭上遗址	旧石器	青龙满族自治县双山子镇黄杖子村
Ⅳ -1-6	铁瓦乌龙殿遗址	辽	青龙满族自治县祖山镇牛心山村
Ⅱ -2-21	护国真人墓	清	抚宁区大新寨镇大石窟村
Ⅳ -2-4	黄家营古墓群	汉	卢龙县蛤泊乡黄家营村
Ⅱ -3-5	山海关清真寺	明	山海关区关城西门外
Ⅱ -3-6	古戏楼	清	青龙满族自治县祖山镇牛心山村
Ⅲ -3-38	清道台署衙门	清同治	山海关区南门外火车站西井东里
Ⅳ -3-1	宗峰寿塔	清	海港区石门寨镇柳观峪村
Ⅳ -3-2	燕窝庄石桥	明	卢龙县燕河营镇燕窝庄村
Ⅳ -3-3	重庆砖塔	清	卢龙县刘田庄镇塔上村
Ⅰ -4-11	韦陀像	唐	北戴河区西联峰山
Ⅱ -4-13	香山纪寿石	明	抚宁区大新寨镇梁家湾村
Ⅲ -4-33	“莲花石公园记”碑	1919 年	北戴河区联峰山公园
Ⅱ -5-23	山海关烈士陵园	1957 年	山海关区孟姜镇吕家沟村
Ⅱ -5-24	昌黎烈士陵园	1958 年	昌黎县昌黎镇杏树园村
Ⅱ -5-25	台营烈士陵园	1947 年	抚宁区台营镇台营 4 村
Ⅲ -5-16	华文学校	中华民国	北戴河区东三路 1 号
Ⅲ -5-18	阿温太太别墅	中华民国	北戴河区东经路 65 号
Ⅲ -5-32	史娄纳别墅	中华民国	北戴河区西经路
Ⅲ -5-34	朱氏墓地	1924 年	北戴河区联峰山公园
Ⅲ -5-29	陶牧师别墅	中华民国	北戴河区鹰角路 14 号
Ⅳ -5-1	狄西叶别墅	中华民国	北戴河区中西经路 26 号
Ⅳ -5-2	何文境别墅	中华民国	北戴河区西经路 26 号
Ⅳ -5-3	根纳第夫人别墅	中华民国	北戴河区西经路 26 号
Ⅳ -5-4	顾维钧别墅	中华民国	北戴河区西经路 26 号
Ⅳ -5-6	德辅郎别墅	中华民国	北戴河区保一路 8 号
Ⅳ -5-7	铁路官房	1917 年	北戴河区海宁路
Ⅳ -5-8	长城煤矿发电厂旧址	1939 年	海港区石门寨镇上庄坨村
Ⅳ -5-9	秦皇岛中国煤炭工人学校旧址	1952 年	海港区石门寨镇上庄坨村
Ⅳ -5-10	锅伙	1917 年	海港区港务局煤场院内
Ⅳ -5-11	京奉铁路汤河桥	1921 年	海港区大、小汤河桥上

海港区不可移动文物分布图

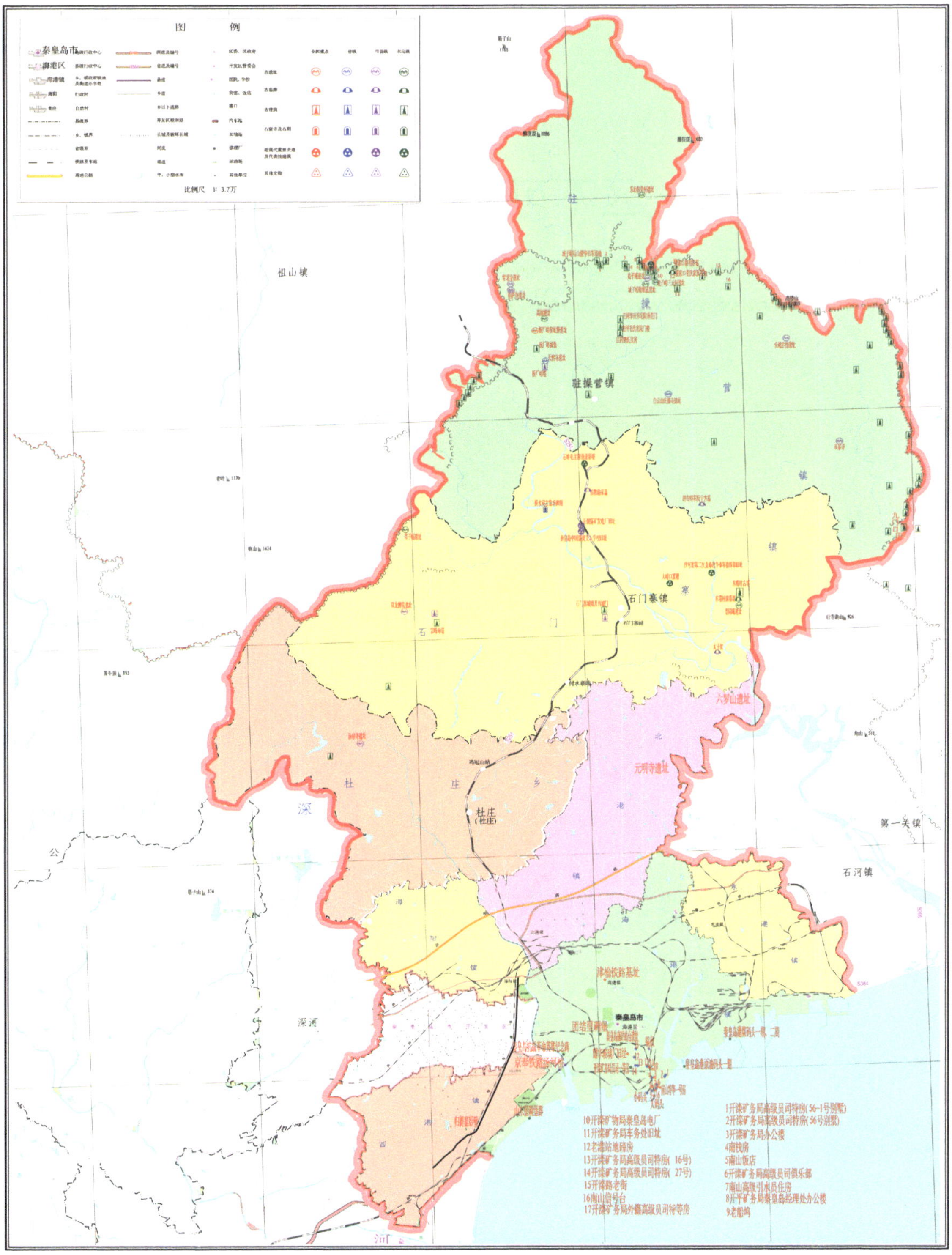

秦皇岛市文物保护中心编制

山海关区不可移动文物分布图

秦皇岛市文物保护中心编制

北戴河区不可移动文物分布图

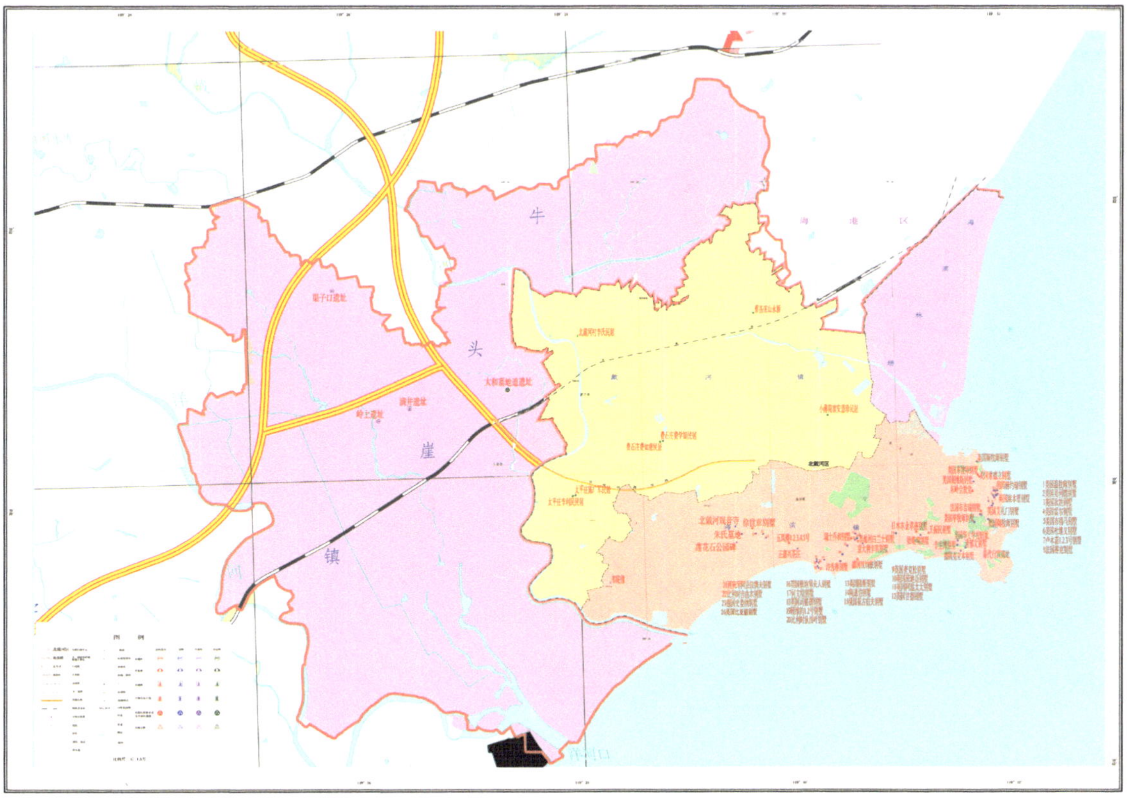

秦皇岛市文物保护中心编制

抚宁区不可移动文物分布图

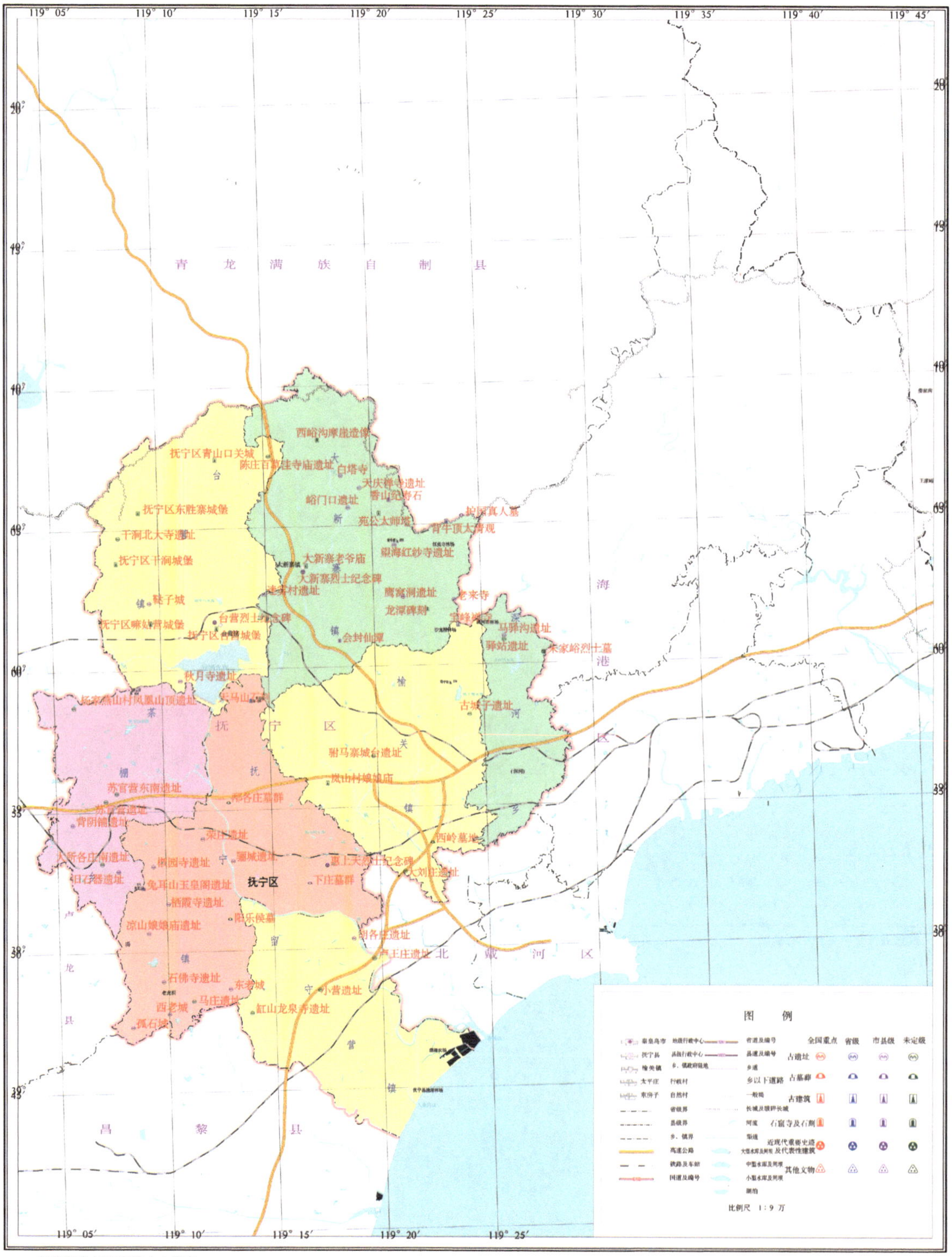

秦皇岛市文物保护中心编制

青龙满族自治县不可移动文物分布图

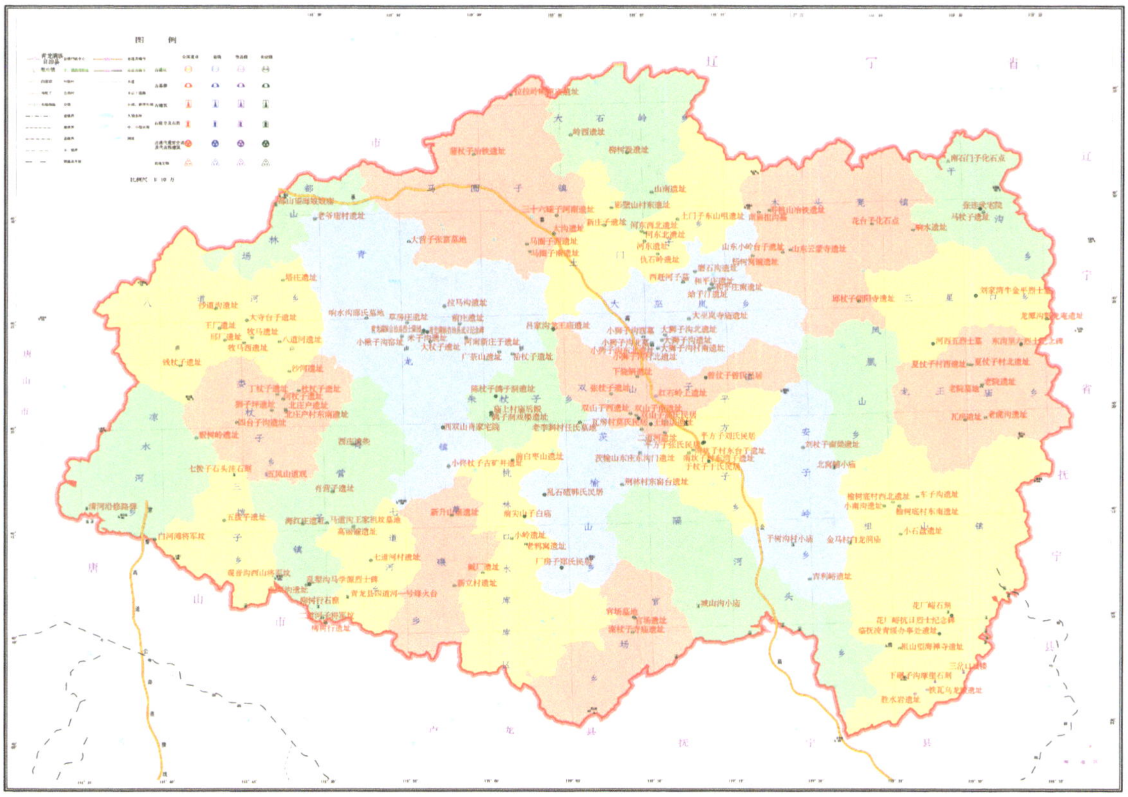

秦皇岛市文物保护中心编制

昌黎县不可移动文物分布图

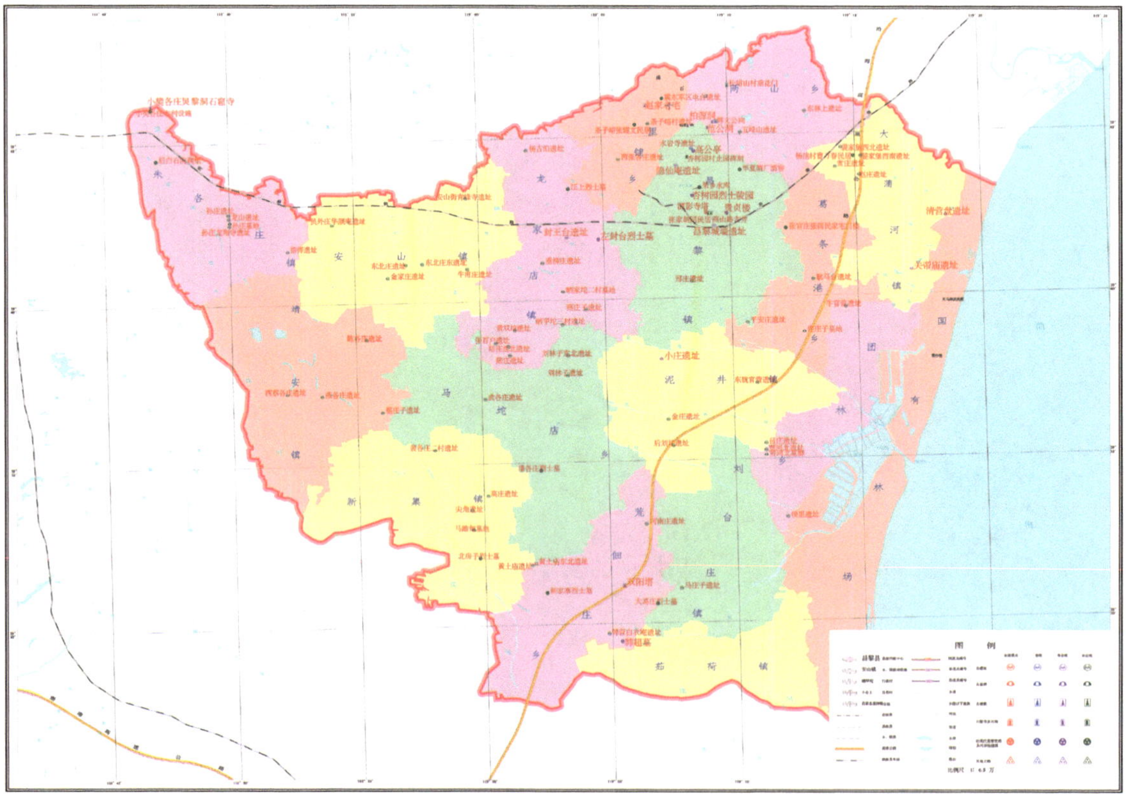

秦皇岛市文物保护中心编制

卢龙县不可移动文物分布图

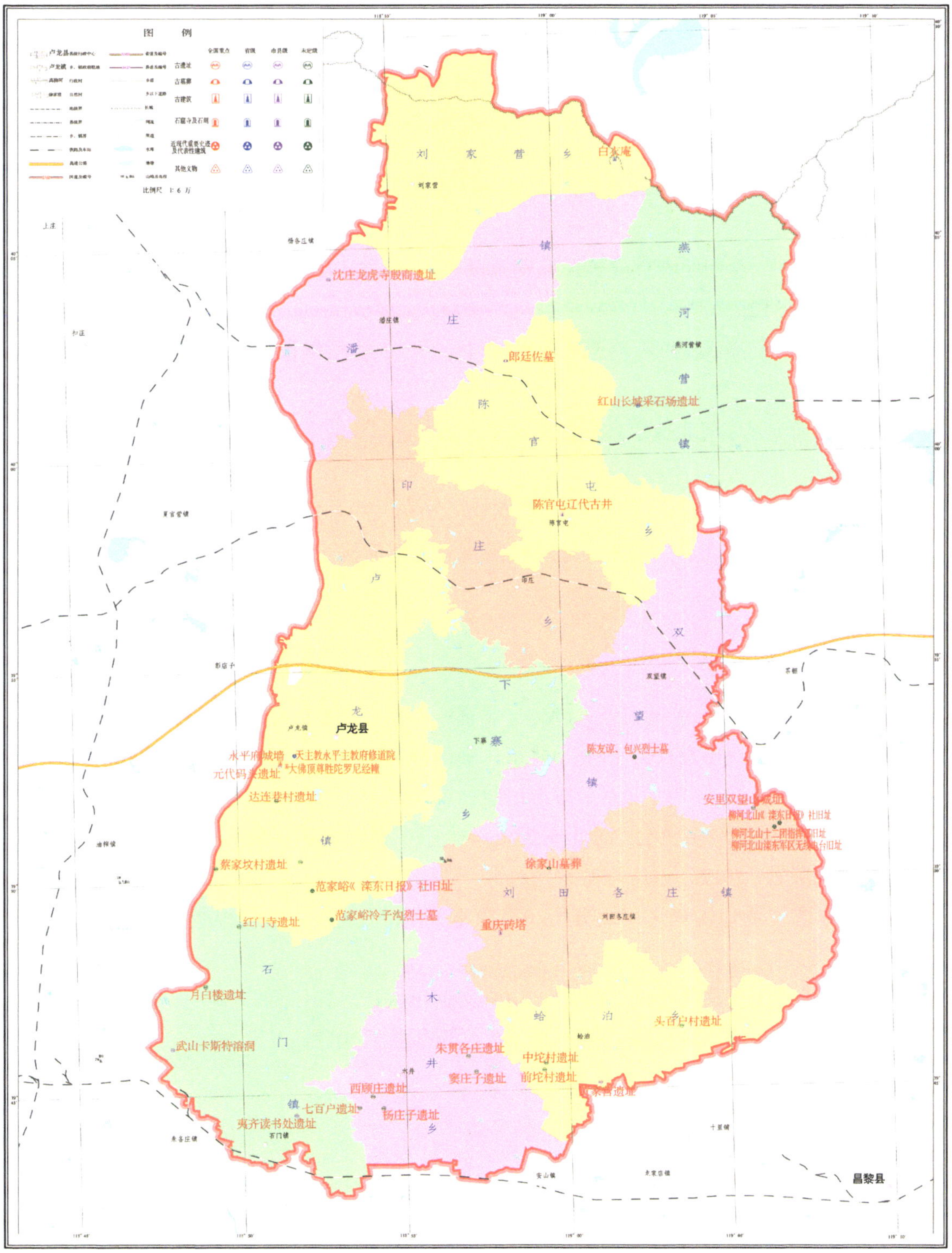

秦皇岛市文物保护中心编制

参考文献

期刊类：

［1］李珺，王恩林，闫乐耕．河北昌黎渟泗涧细石器地点［J］．文物春秋，1992（S1）：121-127.

［2］孔哲生，李恩佳．金山咀秦代建筑遗址发掘报告［J］．文物春秋，1992（S1）：267-300，310-312.

［3］王恩林．河北昌黎渟泗涧细石器遗址的新材料［J］．人类学学报，1997（1）：1-10.

［4］河北省文物研究所．河北抚宁县邴各庄汉墓发掘简报［J］．文物春秋，1997（3）：30-37.

［5］赵战护．裴家堡遗址发掘报告［J］．文物春秋，2010（3）：33-39，46.

［6］吕学明，佘俊英．河北卢龙蔡家坟遗址战国墓葬发掘简报［J］．文物，2018（4）：20-34.

图书专著类：

［1］郭正山．秦皇岛年鉴·1987—1989［M］．北京：中国标准出版社，1990.

［2］王庆普．秦皇岛港百年建设史［M］．北京：中国标准出版社，2002.

［3］沈朝阳．秦皇岛长城［M］．北京：方志出版社，2002.

［4］河北省政协文史资料委员会．河北文史资料全书·秦皇岛港［M］．北京：中国文史出版社，2012.

［5］高大伦．中国文物地图集·河北分册（上中下）［M］．北京：文物出版社，2013.

［6］邢留逮．秦皇岛历史词典［M］．北京：中央文献出版社，2013.

［7］闫宗学．北戴河记忆［M］．秦皇岛：燕山大学出版社，2018.

后　记

秦皇岛经过三次大规模的文物普查与复查，记录了大量的不可移动文物数据，把这些蕴含着时代烙印的“原生态”素材加工整理成册，充分体现文物的价值，为研究秦皇岛历史文化及社会发展提供参考和服务，意义深远。

我有幸参加了20年一遇的第三次全国文物普查，在秦皇岛市普查办公室承担着组织协调与业务指导工作，亲身体验了田野考古的艰辛困苦。每当我们背上行囊，踏上寻宝之旅，面对一方黄土，手持一柄手铲、一本记录册，时常汗水与泪水并存，时常空手而归，有时发现的即使是残破的陶片，也是巨大的收获。油然而生地想到，这是对文化遗产的一种责任、对信仰的一种追求和探索未知历史文明的坚强信念。普查成果来之不易，凝聚着工作者的心血和智慧。

从编辑到完稿，过程之艰难，超出了我以往承担的任何一项工作。首先要领悟这些“食材”的精髓，再用专业术语浓缩表述，使调查数据条理化、简明化，确保普查资料的准确性、可靠性，这都需要投入百分之百的心力和智力去努力完成。编写的过程，不仅是学习的过程，同时也是认识的过程。编辑时，偶尔对一节文字部分反复修改，促使自己不断锤炼逻辑思维能力，不断扩充知识积累体系。因为了解得越多，就越不敢妄言；因为越研究下去，就越发现其深奥。

在书稿即将付梓之际，不禁想起了曾经鼓励和帮助我的各级文物部门的同人和文史专家，是他们给予了我源源不断的动力。首先，要感谢县区文物部门的鼎力支持；其次，要感谢秦皇岛市旅游和文化广电局李文生书记对此书的知照。尤其要感谢秦皇岛市旅游和文化广电局原副局长、文物专家沈朝阳先生，是他审阅了大部分稿件，对章节内容进行了细致、耐心的指导，使这本书更加完善。此外，对拍摄图片的人们，一并致谢。

本书记述的建筑面积数据未经住房保障和房产部门核实，不可作为房屋产权依据。书内插图均未署名，如涉及图片版权归属，请照片所有权人联系作者予以确认。

愿此书与读者之间能够架起一座沟通的桥梁，为文物事业发展起到微薄的作用。

罗军

2021年6月18日